Die Reaktion des europäischen Beihilferechts auf die Finanz- und Wirtschaftskrise

Alexandra Isabelle Siedschlag

Die Reaktion des europäischen Beihilferechts auf die Finanz- und Wirtschaftskrise

Temporary Framework oder grundsätzliche Neuorientierung?

PL ACADEMIC RESEARCH

Bibliografische Information der Deutschen Nationalbibliothek
Die Deutsche Nationalbibliothek verzeichnet diese Publikation in der Deutschen Nationalbibliografie; detaillierte bibliografische Daten sind im Internet über http://dnb.d-nb.de abrufbar.

Zugl.: Kiel, Univ., Diss., 2014

Gedruckt auf alterungsbeständigem,
säurefreiem Papier.

D 8
ISBN 978-3-631-65146-9 (Print)
E-ISBN 978-3-653-04324-2 (E-Book)
DOI 10.3726/978-3-653-04324-2

PL Academic Research ist ein Imprint der Peter Lang GmbH.

Peter Lang – Frankfurt am Main · Bern · Bruxelles · New York ·
Oxford · Warszawa · Wien

www.peterlang.com

Inhaltsverzeichnis

Abkürzungsverzeichnis XI

1. Kapitel: Einleitung 1
  A. Einführung in die Thematik 1
  B. Gegenstand der Untersuchung 4
  C. Vorgehensweise 5

2. Kapitel: Rechtsgrundlagen des Beihilferechts 7
  A. Beihilfenverbot gemäß Art. 107 Abs. 1 AEUV 8
    I. Begriff „staatliche Beihilfe“ 9
    II. Tatbestandsmerkmale des Beihilfebegriffes 10
      1. Bewirken eines wirtschaftlichen Vorteils für das Unternehmen 10
        a. Bewirken eines wirtschaftlichen Vorteils („Begünstigung“) 10
        b. Unternehmen als Begünstigte 13
      2. Transfer „staatlicherseits“ 14
      3. „Selektivität“ der Zuwendung 16
      4. Wettbewerbsverfälschung und Beeinträchtigung des zwischenstaatlichen Handels 16
    III. Formen staatlicher Beihilfen 18
      1. Garantie 19
      2. Bürgschaft 21
  B. Ausnahmen nach Art. 107 Abs. 2 und 3 AEUV 23
    I. Tatbestände 24
      1. Art. 107 Abs. 3 lit. a) AEUV 24
      2. Art. 107 Abs. 3 lit. b) AEUV 25
      3. Art. 107 Abs. 3 lit. c) AEUV 26
      4. Art. 107 Abs. 3 lit. d) und e) AEUV 27
    II. Das Ermessen der Kommission 27
      1. Grundlagen 27
      2. Die Entwicklung der Genehmigungspraxis 31
      3. Gemeinschaftsrahmen, Leitlinien und Mitteilungen 34
        a. Rechtsnatur 34
        b. Bindungswirkung 36

4. Die Gruppenfreistellung von Beihilfen durch Kommissionsverordnungen ... 41
a. Die Ermächtigungsverordnung Nr. 994/98 (VO) ... 42
b. Gruppenfreistellungsverordnungen ... 43
aa. Gruppenfreistellungen für horizontale und regionale Beihilfen ... 43
bb. Kontrollmechanismen ... 44
cc. De-minimis-Beihilfen ... 45
c. Allgemeine Gruppenfreistellungsverordnung ... 47
5. Horizontale Beihilfen ... 47
a. KMU ... 47
b. Forschung, Entwicklung, Innovation ... 49
c. Umweltschutzbeihilfen ... 49
d. Risikokapitalbeihilfen ... 50
e. Rettungs- und Umstrukturierungsbeihilfen ... 51
aa. Grundsätzliches zu den R&U-Leitlinien ... 52
bb. Unternehmen in Schwierigkeiten ... 53
cc. Voraussetzungen der R&U-Beihilfen ... 54
(1) Rettungsbeihilfe ... 54
(2) Umstrukturierungsbeihilfe ... 55
C. Beihilfeverfahren nach Art. 108 AEUV ... 55
I. Kompetenzen ... 56
II. Differenzierung zwischen bestehenden und neuen Beihilfen ... 56
III. Kontrollverfahren bezüglich neuer Beihilfen ... 57
1. Notifizierung und Vorprüfungsverfahren ... 57
2. Beihilferegelungen und Einzelbeihilfen ... 58
3. Das Hauptprüfverfahren („förmliches Prüfverfahren“) ... 59
IV. Fortlaufende Kontrolle bestehender Beihilfen ... 59
V. Rechtswidrige Beihilfen und ihre Kontrolle ... 60

3. Kapitel: Die europäische Beihilfepraxis während der Krise ... 61
A. Die Kommissionspraxis in der Finanzwirtschaft ... 61
I. Systemrelevanz ... 62
II. Rechtliche Grundlage für krisenspezifische Maßnahmen ... 64
1. Traditioneller Ansatz: R&U-Beihilfen nach Art. 107 Abs. 3 lit. c) AEUV ... 64
2. Feststellung der Ungeeignetheit der R&U-Leitlinien ... 65

a. Nichteignung der R&U-Leitlinien für „grundsätzlich gesunde Banken“ ... 66
b. Reversibilität von Rettungsbeihilfen ... 66
c. Befristung von Rettungsbeihilfen ... 67
d. Grundsatz der einmaligen Beihilfe ... 67
e. Dauer des Genehmigungsverfahrens ... 67
3. Neuer Ansatz: Die Aktivierung von Art. 107 Abs. 3 lit. b) AEUV ... 68
4. Gezielte Unterstützung des Bankensektors durch Mitteilungen ... 70
a. Bankenmitteilung ... 71
aa. Beträchtliche Störung im Wirtschaftsleben eines Mitgliedstaates ... 72
bb. Unterscheidung zwischen gesunden und nicht gesunden Banken ... 73
cc. Weitere Bestimmungen ... 74
dd. Konkrete Rettungsmaßnahmen für den Bankensektor ... 75
(1) Garantien ... 75
(2) Rekapitalisierung von Finanzinstituten ... 76
(3) Kontrollierte Liquidation und Bereitstellung anderer Liquiditätsbeihilfen ... 77
b. Vernachlässigung des Grundsatzes der einmaligen Beihilfe ... 77
c. Rekapitalisierungsmitteilung ... 78
aa. Unterscheidung zwischen Bankentypen ... 79
(1) Gesunde Banken ... 80
(2) Nicht gesunde Banken ... 80
bb. Anreize für Rückzahlung ... 81
d. Risikoaktivamitteilung ... 81
aa. Voraussetzungen für Entlastungsmaßnahmen ... 84
(1) Beihilfecharakter der Rettungsmaßnahme ... 84
(2) Offenlegung der Wertminderung und Rentabilitätsprüfung ... 84
(3) Kohärente Kostenverteilung ... 85
(4) Bewertung der wertgeminderten Vermögensstände ... 86
(5) Vergütung der Entlastungsmaßnahme ... 87

bb. Folgemaßnahmen während der Umstrukturierungsphase 87
e. Umstrukturierungsmitteilung 88
aa. Wiederherstellung der langfristigen Rentabilität 90
bb. Eigenbeitrag des Begünstigten/Lastenverteilung 91
cc. Ausgleichsmaßnahmen 92
dd. Kein Grundsatz der einmaligen Beihilfe 93
f. Verlängerungsmitteilung 93
g. Verlängerungsmitteilung ab dem 1. Januar 2012 94
B. Die Kommissionspraxis in der Realwirtschaft 96
I. Einführung „Vorübergehender Gemeinschaftsrahmen“ 98
II. Inhalt des Gemeinschaftsrahmens 101
1. De-minimis-Beihilfen 101
2. Beihilfen in Form von Garantien 103
3. Beihilfen in Form von Zinszuschüssen 105
4. Sonstige Beihilfeinstrumente 106
5. Verfahrensvorschriften 106
III. Verlängerung des Gemeinschaftsrahmens 107
C. Die Umsetzung der krisenspezifischen Beihilfevorschriften 109
I. Bankensektor 109
II. Realwirtschaft 110
D. Rettungsmaßnahmen in der Bundesrepublik während der Krise 111
I. Das Finanzmarktstabilisierungsgesetz 112
1. Grundlagen der Beihilferegelung 113
a. Überblick 113
b. FMStG i.V.m. FMStFG 114
aa. SoFFin 114
bb. FMSA 117
cc. Die einzelnen Instrumente 118
(1) Garantieermächtigung 118
(2) Rekapitalisierung 119
(3) Risikoübernahme 120
(4) Auflagen bei Stabilisierungsmaßnahmen 120
dd. Entscheidungsverfahren über die Stabilisierungsmaßnahmen 120
2. Die Vereinbarkeitsentscheidung der Kommission zur Beihilferegelung 121

a. Klassifizierung des Rettungspaketes als Beihilfe 122
b. Vereinbarkeit mit dem Binnenmarkt 124
II. Rettungspakete für die Realwirtschaft 124
1. Konjunkturpaket I 125
2. Konjunkturpaket II 125
3. Die einzelnen Förderprogramme 127
a. Das KfW-Sonderprogramm der Konjunkturpakete I und II 127
b. Das Bürgschaftsprogramm 129
aa. Antragsprocedere für Bürgschaften 131
bb. Kriterien für die Vergabe von Krediten und Bürgschaften 132
c. Bundesregelung Kleinbeihilfen 133
d. Sonstige Förderprogramme 133
e. Kein Unternehmen in Schwierigkeiten 134

4. Kapitel: Kritische Würdigung 135
A. Chronologie des beihilferechtlichen Krisenmanagements 135
B. Aspekte und Perspektiven 138
C. Analyse de lege lata 139
I. Rechtliche Möglichkeiten 139
1. Mögliche materiell-rechtliche Grundlagen für krisenspezifische Maßnahmen 139
a. Art. 107 Abs. 2 lit. b) AEUV 140
b. Art. 107 Abs. 3 lit. c) AEUV 142
c. Art. 107 Abs. 3 lit. b) 2. Alt. AEUV 144
d. Wirtschaftspolitisch geprägte Ausgleichsmaßnahmen 148
e. Kompetenzüberschreitung durch wirtschaftspolitische Maßnahmen 152
f. Rechtfertigung der Kompetenzüberschreitung 155
2. Verfahrensrechtliche Grundlagen für Krisenmaßnahmen 158
a. Rationalisierung der Genehmigungspraxis 158
b. Zusagenentscheidungen in Abkehr vom ex ante Kontrollsystem 160
c. Verfahrensrechtliche Aspekte und Rechtsschutz Dritter 162
d. Qualität der Prüfung 163

II. Denkbare Alternativen während der Krise 165
1. Aussetzen des Beihilfeverbots 166
2. Erweiterte Auslegung der R&U-Leitlinien 169
3. Weitere stringente Anwendung der R&U-Leitlinien 170
III. Bewährung des (bestehenden) Beihilferechts in der Krise 171
1. Zwischenbilanz der Beihilfepraxis 171
2. Die Vereinbarkeit von Flexibilität und Kontrolle 172
3. Restriktiver Ansatz und gradueller Ausstieg 174
4. Kritische Würdigung der abstrakten Parameter 176
a. Mangelnde Präzision und divergierende Rettungsmaßnahmen 177
b. Pauschale Einteilung in Bankentypen 178
c. Ungenaue Anforderungen an Beihilfen 181
d. Systemrelevanz 183
e. Stichtagsregelung 185
f. Stellungnahme 186
5. Kritische Würdigung aus praktischer Sicht 187
a. Restriktive Kreditvergabe 188
b. Zurückhaltende Inanspruchnahme von Bürgschaften 189
c. Bedeutungszuwachs der Kommission 189
d. Intransparentes Mandatarsystem 191
D. De lege ferenda 192

5. Kapitel: Fazit 199

Literaturverzeichnis 205

Abkürzungsverzeichnis

ABl. L/C	Amtsblatt der Europäischen Union, Teil L/Teil C
Abs.	Absatz
AEUV	Vertrag über die Arbeitsweise der Europäischen Union
AGFVO	Allgemeine Gruppenfreistellungsverordnung
AGVO	Allgemeine Gruppenfreistellungsverordnung
Alt.	Alternative
Art.	Artikel
BaFin	Bundesanstalt für Finanzdienstleistungsaufsicht
BB	Der Betriebs-Berater
BGB	Bürgerliches Gesetzbuch
BGBl.	Bundesgesetzblatt
BGH	Bundesgerichtshof
BIP	Bruttoinlandsprodukt
BIZ	Bank für Internationalen Zahlungsausgleich
BmWi	Bundeswirtschaftsministerium für Wirtschaft und Technologie
BRZ	Zeitschrift für Beihilfenrecht
BT-Drucks.	Bundestagsdrucksache
CMLR	Common Market Law Review
CPN	Competition Policy Newsletter
DVBl.	Deutsches Verwaltungsblatt
ECOFIN	Rat „Wirtschaft und Finanzen“
EBA	European Banking Authority
EG	Europäische Gemeinschaft
EGV	Vertrag zur Gründung der Europäischen Gemeinschaft
EStAL	European State Aid Law (Journal)
EU	Europäische Union
EuG	Gericht der Europäischen Union

EuGH	Gerichtshof der Europäischen Union
EUR	Euro
EuR	Europarecht (Zeitschrift)
EUV	Vertrag über die Europäische Union
EuZ	Zeitschrift für Europarecht
EuZW	Europäische Zeitschrift für Wirtschaftsrecht
EWG	Europäische Wirtschaftsgemeinschaft
EWGV	Vertrag zur Gründung der Europäischen Wirtschaftsgemeinschaft
EWR	Europäischer Wirtschaftsraum
EWS	Europäisches Wirtschafts- und Steuerrecht (Zeitschrift)
EZB	Europäische Zentralbank
f./ff.	Folgende Seite(n)
FMS	Finanzmarktstabilisierungsfonds
FMSA	Bundesanstalt für Finanzmarktstabilisierung
FMStBG	Finanzmarktstabilisierungsbeschleunigungsgesetz
FMStErG	Finanzmarktstabilisierungsergänzungsgesetz
FMStErgG	Finanzmarktstabilisierungsergänzungsgesetz
FMStFG	Finanzmarktstabilisierungsfortentwicklungsgesetz
FMStFortG	Finanzmarktstabilisierungsfortentwicklungsgesetz
FMStG	Finanzmarktstabilisierungsgesetz
FMSAVSa	Verordnung über die Satzung der Finanzmarktstabilisierungsanstalt
FMStFV	Finanzmarktstabilisierungsfonds-Verordnung
Fn.	Fußnote
FuE	Forschung und Entwicklung
GR	Gemeinschaftsrahmen
GVO	Gruppenfreistellungsverordnung
Hrsg	Herausgeber
i.d.R.	in der Regel
IDW	Institut der Wirtschaftsprüfer

i.S.d.	im Sinne des
i.S.v.	im Sinne von
i.V.m.	in Verbindung mit
IKB	Deutsche Industriebank AG
InsO	Insolvenzordnung
Jura	Juristische Ausbildung (Zeitschrift)
JZ	Juristen Zeitung
KfW	Kreditanstalt für Wiederaufbau
KMU	kleine und mittlere Unternehmen
KOM	Dokument der Europäischen Kommission
lit.	Buchstabe
LL	Leitlinien
m.w.N.	mit weiteren Nachweisen
NBER	National Bureau of Economic Research
NJW	Neue Juristische Wochenschrift
Nr.	Nummer
R&U-LL	Rettungs- und Umstrukturierungsleitlinien
RettungsG	Rettungsübernahmegesetz
RL	Richtlinie
RMUE	Revue du Marché unique européen
Rn.	Randnummer(n)
Rs.	Rechtssache
RWI	Rheinisch-Westfälisches Institut für Wirtschaftsforschung
S.	Seite
Slg.	Amtliche Sammlung der Entscheidungen des EuGH
SoFFin	Sonderfonds Finanzmarktstabilisierung
UAbs.	Unterabsatz
Urt.	Urteil
verb. Rs.	verbundene Rechtssachen
VerfVO	Verfahrensverordnung
vgl.	vergleiche
VGR	Vorübergehender Gemeinschaftsrahmen

VO	Verordnung
WiVerw	Zeitschrift für Wirtschaftsverwaltungsrecht
WM	Wertpapiermitteilungen (Zeitschrift für Wirtschafts- und Bankrecht)
WuW	Wirtschaft und Wettbewerb (Zeitschrift für Deutsches und Europäisches Wettbewerbsrecht)
ZBB	Zeitschrift für Bankrecht und Bankwirtschaft
Zfbf	Zeitschrift für betriebswirtschaftliche Forschung
ZG	Zeitschrift für Gesetzgebung
ZHR	Zeitschrift für das gesamte Handels- und Wirtschaftsrecht
Ziff.	Ziffer
ZIP	Zeitschrift für Wirtschaftsrecht und Insolvenzpraxis
zit.	zitiert/e
ZWeR	Zeitschrift für Wettbewerbsrecht

1. Kapitel: Einleitung

A. Einführung in die Thematik

Im Jahre 2008 erfasste die Finanzmarktkrise, die sich zunächst in den USA entwickelt hatte und dort dann auch eskalierte, das gesamte internationale Finanzsystem. Sie betraf zunächst nur den Bankensektor. Das zunehmende Misstrauen unter den Banken hatte gravierende Auswirkungen auf die Bereitschaft zur Darlehensgewährung. Die restriktive Kreditvergabebereitschaft schwächte vor allem Kreditinstitute, die auf kurzfristige Refinanzierungen angewiesen waren.[1] Die Insolvenz der Investmentbank Lehman Brothers Mitte 2008 lähmte schließlich den gesamten internationalen Finanzsektor. Der sich damit einstellende Vertrauensverlust in den Bankensektor zeigte sich auch in Europa. Es war unübersehbar, dass sich die Krise nicht nur auf einige Banken mit risikoreicher Geschäftspraxis beschränkte.[2] Angesichts der starken globalen Vernetzung der Finanzmärkte führte die zurückhaltende oder gänzlich verweigerte Kreditvergabe zu enormen Verlusten oder gar Insolvenzen von Finanzunternehmen. Auch grundsätzlich „gesunde" Unternehmen wurden von den Liquiditätsschwierigkeiten erfasst.[3] Ende 2008 weitete sich die Krise schließlich auch auf die Realwirtschaft aus. Das führte in ganz Europa zu staatlichen Interventionen beachtlichen Ausmaßes. Unzählige Rettungsaktionen für einzelne betroffene Banken und umfassende Maßnahmenpakete waren die Folge. Die Aktionen zielten darauf ab, den Krisenherd einzudämmen und weitere negative Folgen abzuwenden.

Diese staatlichen Eingriffe in den Kreislauf der Wirtschaft zugunsten bestimmter Sektoren oder Unternehmen erfolgen nicht im rechtsfreien Raum, sie waren und sind vielmehr der strengen wettbewerbsrechtlichen Kontrolle der Europäischen Beihilfeaufsicht unterworfen. Diese richtet sich nach den primärrechtlichen Vorschriften der Art. 107 ff. AEUV. Wenngleich Beihilfemaßnahmen zur Krisenüberwindung durchaus sinnvoll sein können, so lassen sich aber auch als Folge Verzerrungen des zwischenstaatlichen Handels und eine Verfälschung des

---

1 Vgl. *Cecchetti*, S. 3.
2 *Quardt/Lipinsky*, BRZ 2009, 63.
3 *Quardt/Lipinsky*, BRZ 2009, 63.

Wettbewerbs im Binnenmarkt nicht gänzlich ausschließen.[4] Im Rahmen der ihr zugewiesenen Beihilfenaufsicht gemäß Art. 108 AEUV fällt der Europäischen Kommission die schwierige, oft auch politisch unpopuläre Aufgabe zu, die Beihilferegelungen der Staaten zu überprüfen. Die Beaufsichtigung zielt auf das ordnungsgemäße Funktionieren eines unverfälschten Wettbewerbs im Binnenmarkt.

Für die im Zusammenhang mit der internationalen Finanzmarktkrise eingetretenen ökonomischen Schwierigkeiten musste die Kommission spezielle Lösungen finden. Insbesondere als Beihilfeaufsichtsbehörde sah sie sich mit außerordentlich schwierigen Herausforderungen konfrontiert. Es galt, den Spagat zwischen dem Erhalt wettbewerbsrechtlicher Grundsätze und der krisenbedingt notwendigen Flexibilisierung des Beihilferechts zu meistern.[5] Zur Umsetzung der wirtschaftspolitisch als notwendig erkannten Rettungsmaßnahmen, die nicht am Europäischen Beihilferecht scheitern durften, lockerte die Kommission die beihilferechtlichen Vorschriften. Für den Bankensektor erließ sie krisenspezifische Mitteilungen und für die Realwirtschaft verabschiedete sie einen befristeten beihilferechtlichen Rahmen („temporary framework")[6]. Den Europäischen Mitgliedstaaten eröffnete sich damit die Möglichkeit, zusätzliche Maßnahmen zur Abwehr der Kreditklemme im Bankensektor sowie in der Realwirtschaft zu ergreifen. Insgesamt waren die Finanzmarktkrise sowie das Erfordernis krisenspezifischen Handelns für das Beihilferecht wie auch die Kommission eine besondere Bewährungsprobe. Die Vorschriften des AEUV zu staatlichen Beihilfen haben dadurch einen unübersehbaren Bedeutungszuwachs erfahren.

Mit dem „Bankenrettungsschirm" und den „Konjunkturpaketen I + II" hat die Bundesregierung von den erweiterten beihilferechtlichen Möglichkeiten Gebrauch gemacht, um den Konjunktureinbruch durch eigene Investitionen und gezielte Wirtschaftsförderung abzufedern. Die staatlichen Rettungspakete dienten der

---

4 Vgl. Mitteilung der Kommission vom 19.08.2009 über die Wiederherstellung der Rentabilität und die Bewertung von Umstrukturierungsmaßnahmen im Finanzsektor im Rahmen der derzeitigen Krise gemäß den Beihilfevorschriften, ABl. 2009 Nr. C 195/09, Ziff. 28.

5 Vgl. *Haverkamp/Schmidt*, BRZ 2009, 71.

6 Mitteilung der Kommission – Vorübergehender Gemeinschaftsrahmen für staatliche Beihilfen zur Erleichterung des Zugangs zu Finanzierungsmitteln in der gegenwärtigen Finanz- und Wirtschaftskrise, ABl. 2009 Nr. C 83/1 (konsolidierte Fassung vom 7.4.2009 des am 17.12.2008 angenommenen und am 25.02.2009 veränderten Gemeinschaftsrahmens); geändert durch die Mitteilung der Kommission vom 31.10.2009, ABl. 2009 Nr. C 261/2 und durch die Mitteilung vom 15.12.2009, ABl. 2009 Nr. C 303/6.

Stabilisierung des Finanzsystems und des monetären Sektors, der für das Funktionieren des Wirtschaftskreislaufs unabdingbar ist.[7] Das wachsende Misstrauen der Marktteilnehmer gegenüber dem Finanzsektor veranlasste Bundesregierung und Bundestag im Herbst 2008, Maßnahmen zur Wiederherstellung des Vertrauens in den Finanzmarkt zu ergreifen.[8] Daher verabschiedete der Gesetzgeber das Finanzmarktstabilisierungsgesetz (FMStG)[9] im Schnellverfahren.[10] Das am 18. Oktober 2008 in Kraft getretene Gesetz[11] setzt neben der Einführung von neuen Unterstützungsinstrumenten teilweise wesentliche Grundsätze des Gesellschafts-, Wirtschafts- und Insolvenzrechts außer Kraft.[12] Insbesondere durch Einführung des Art. 5 FMStG ist die bisherige insolvenzrechtliche Überschuldungsdefinition des § 19 Abs. 2 InsO geändert [13] worden.[14] Die neu gefasste Überschuldungsregelung der Insolvenzordnung soll zum einen der aktuellen Situation am Finanzmarkt Rechnung tragen, d. h. einen Zusammenbruch des Bankensystems der Bundesrepublik verhindern, und zum anderen für operativ gesunde Unternehmen ein mögliches Insolvenzverfahren vermeiden. Die Wirtschaft soll dadurch für einen begrenzten Zeitraum von der zwingenden Insolvenzantragspflicht entlastet werden.[15] Die durch die Art. 6 Abs. 3 und Art. 7 Abs. 2 FMStG zunächst auf den 31.12.2010 befristete Geltungsdauer des neuen Überschuldungsbegriffes wurde durch das „Gesetz zur Erleichterung der Sanierung von Unternehmen“[16] bis zum 31.12.2013 verlängert. Für den angegebenen Zeitraum gilt wieder der „modifiziert zweistufige Überschuldungsbegriff“, den der Bundesgerichtshof bis zum Inkrafttreten der

---

7 *Müller*, in: Analysen & Argumente 2009, Ausgabe 63, S. 4.

8 *Körnert/Wagner*, ZBB-Report 2009, 320; *Herzog*, in: Analysen & Argumente 2008, Ausgabe 59, S. 3.

9 „Gesetz zur Umsetzung eines Maßnahmenpakets zur Stabilisierung des Finanzmarktes“ vom 17.10.2008 (BGBl. I S. 1982).

10 *Amend*, ZIP 2009, 589; *Körnert/Wagner*, ZBB-Report 2009, 320, 321, Fn. 6.

11 BT-Drucks. 16/10651, S. 15 f.

12 Vgl. *Soltész*, in: Schwarze, Rechtsschutz und Wettbewerb, S. 61, 69.

13 Gemäß § 19 Abs. 2 InsO n.F. liegt Überschuldung vor, wenn das Vermögen des Schuldners die bestehenden Verbindlichkeiten nicht mehr deckt, es sei denn, die Fortführung des Unternehmens ist nach den Umständen überwiegend wahrscheinlich.

14 *Körnert/Wagner*, ZBB-Report 2009, 320, 321.

15 Vgl. BT-Drucks. 16/10600, S. 1; *Körnert/Wagner*, ZBB-Report 2009, 320, 321; *Konrad-Adenauer-Stiftung*, Fragen und Antworten zur Finanz- u. Wirtschaftskrise, S. 44; *Herzog*, in: Analysen & Argumente 2008, Ausgabe 59, S. 3.

16 BT-Drucks. 16/13927.

InsO zum 01.01.1999 vertrat.[17] Danach erlangt die Fortbestehungsprognose neben der Ermittlung der rechnerischen Überschuldung eine eigenständige Bedeutung.[18] Damit soll erreicht werden, dass bei letztlich positiver Fortführungsprognose die rechnerische Überschuldung zumindest bis zum Abklingen dieser Finanzkrise temporär keinen Antragsgrund mehr darstellt.

B. Gegenstand der Untersuchung

In der vorliegenden Arbeit werden die mit der globalen Finanz- und Wirtschaftskrise einhergehenden Entwicklungen auf dem Gebiet des europäischen Beihilferechts dargestellt. Sie sind der Ausgangspunkt für die kritische Auseinandersetzung mit der Frage, ob sich das Beihilferecht in der Krise bewährt hat. In diesem Rahmen wird untersucht, ob die Kommission grundsätzlich an der neuen Praxis des Beihilferechts festhalten sollte, was zu dessen Weiterentwicklung geboten ist und ob bzw. inwieweit es einer grundlegenden Neuorientierung bedarf.

Ausgangspunkt dieser Arbeit ist die Dokumentation des bisherigen Beihilferechts sowie der krisenbedingten Veränderungen in diesem Rechtsgebiet. Es werden vor allem die „Legislativakte" der Kommission aufgezeigt, die im Rahmen der sich ausweitenden Krise ergingen. Auch die Darstellung bereits abgelaufener Regelungen – insbesondere Kleinstbeihilfen bis zu 500 000 Euro[19] – ist angezeigt, da sie rechtlich noch nicht abgeschlossen sind und zudem heute wie auch zukünftig exemplarische Auswirkungen im Marktgeschehen haben könnten. Einzelne Beihilfemaßnahmen für Unternehmen des Finanzsektors und der Realwirtschaft sowie die Überprüfung von gewährten Beihilfen sollen nicht Gegenstand der Arbeit sein. Für ein diesbezüglich abschließendes Urteil sind die zahlreichen Fälle zu unterschiedlich gelagert, und Einzelfälle können wiederum nicht für die ganzheitliche Bewertung der Krise herangezogen und damit generalisiert werden. Die zunächst auch denkbare Überprüfung von gewährten Beihilfen am Beispiel einiger Unternehmen des Finanzsektors und der Realwirtschaft scheidet aufgrund ihrer Unterschiedlichkeiten und der nicht vergleichbaren wirtschaftlichen und

---

17 BGHZ 119, 201 (214) = NJW 1992, 2891, 2894; BGH NJW 1995, 1739, 1743; *Körnert/Wagner,* ZBB-Report 2009, 320, 321, Fn. 7.

18 Vgl. *Körnert/Wagner*, ZBB-Report 2009, 320, 321.

19 Mitteilung der Kommission vom 11.01.2011 – Vorübergehender Unionsrahmen für staatliche Beihilfen zur Erleichterung des Zugangs zu Finanzierungsmitteln in der gegenwärtigen Finanz- und Wirtschaftskrise, ABl. 2011 Nr. C 6/05, Ziff. 1.2.

politischen Rahmenbedingungen ebenfalls aus. Nicht zuletzt stünde auch der eingeschränkte oder ausgeschlossene Zugang zu den *wirklich* interessanten und aussagekräftigen Unternehmenszahlen und -interna einem solchen Ansatz entgegen.

Nach der Einführung in die Thematik werden in chronologischer Abfolge die Grundlagen des Beihilferechts erörtert sowie die während der Krise für den Finanzsektor und die Realwirtschaft ergangenen Mitteilungen der Kommission aufgezeigt. Über eine umfängliche Erläuterung des Beihilferechts und der Rechtsdokumentation der einzelnen „Legislativakte" der Kommission werden die Entwicklung des Beihilferechts in der Krise sowie der Bedeutungszuwachs der Kommission herausgestellt. Mit der durch die Kommission vorgenommenen Anpassung des bestehenden beihilferechtlichen Regelwerks an die Krise sind die Voraussetzungen für das Umsetzen krisenspezifischer Unterstützungsmaßnahmen auf nationaler Ebene ermöglicht worden. Als Beispiel für die Umsetzung der neuen beihilferechtlichen Mitteilungen auf nationaler Ebene und deren Vereinbarkeit mit ihnen dient die Darstellung der deutschen Unterstützungsmaßnahmen für den Finanzsektor und die Realwirtschaft.

Die kritische Würdigung des materiellen Regelwerkes und der entsprechenden Verfahrensabläufe ist die Voraussetzung für die Bewertung der rechtlichen Entwicklungen und die abschließende Beantwortung der Frage, ob sich das Beihilferecht in Gänze bewährt hat.

C. Vorgehensweise

Die Arbeit untergliedert sich in fünf Kapitel. Dem einleitenden 1. Kapitel schließt sich im 2. Kapitel die Behandlung beihilferechtlicher Grundlagen an. Angesichts des gesteigerten Stellenwertes der Beihilfenkontrolle im europäischen Wettbewerbsraum werden die materiellen und formellen Normen des AEUV sowie die Handlungsformen der Kommission umfassend erläutert. Vor allem wird auf den Begriff der Beihilfe, dessen Tatbestandsmerkmale und Erscheinungsformen sowie das Beihilfeverbot eingegangen. Im Hinblick auf ihre herausragende Bedeutung vor und während der Krise werden insbesondere die Ermessensausnahmen des Art. 107 Abs. 3 lit. b) und c) AEUV sowie Rechtscharakter und Bindungswirkung von Kommissionsmaßnahmen herausgearbeitet. Im Anschluss daran werden Gruppenfreistellungen von Beihilfen, horizontale Beihilfen sowie das Beihilfeverfahren beschrieben.

Das 3. Kapitel behandelt die beihilferechtlichen „Legislativakte", die die Kommission während der Krise für den Bankensektor und die Realwirtschaft verabschiedete, sowie die nationalen Fördermaßnahmen in Deutschland. Hier wird zunächst auf den Begriff „Systemrelevanz“ näher eingegangen, der in der Krise für die Rettung von großen, systemrelevanten Unternehmen zur Anwendung kam. Dem schließt sich die Erläuterung der krisenbedingten Aktivierung und Umfunktionierung des Art. 107 Abs. 3 lit. b) AEUV an. Im Rahmen der Dokumentation der unterschiedlichen Bankenmitteilungen auf europäischer Ebene werden die möglichen krisenspezifischen Unterstützungsinstrumentarien dargelegt. Im Anschluss daran folgt die Darstellung des für die Realwirtschaft ergangenen krisenspezifischen vorübergehenden Gemeinschaftsrahmens („temporary framework“). Am Beispiel der Rettungspakete in Deutschland wird die Umsetzung einer von der Kommission verabschiedeten Mitteilung auf nationaler Ebene und deren Vereinbarkeit mit dem europäischen Unionsrecht veranschaulicht. Hier wird näher auf die einzelnen Fördermaßnahmen, wie den Bankenrettungsschirm sowie die Konjunkturpakete I und II in Deutschland während der Krise eingegangen. In diesem Zusammenhang werden Antragsprocedere und Prüfungsinhalt von Unterstützungsmaßnahmen erörtert.

Darauf aufbauend wird im 4. Kapitel der Arbeit die derzeitige Ausgestaltung der unionsrechtlichen Aufsicht über mitgliedstaatliche Beihilfen kritisch erörtert. Insbesondere wird dabei diskutiert, ob die getroffenen krisenspezifischen Maßnahmen de lege lata materiell- und verfahrensrechtlich überhaupt zulässig waren und ob sie sich bewährt haben. Rechtspolitisch wird dann untersucht, ob eine grundsätzliche Neuorientierung des Beihilferechts angezeigt ist und welche mögliche Folgen sich damit für das Beihilferecht de lege ferenda ergeben können.

Eine Zusammenfassung der Analyseergebnisse bringt das Fazit im 5. Kapitel.

2. Kapitel: Rechtsgrundlagen des Beihilferechts

Der Wettbewerb im europäischen Binnenmarkt kann durch verschiedene Maßnahmen beeinträchtigt werden. Durch den Einsatz von Geld oder unentgeltliche finanzielle Vorteile von Seiten des Staates an einzelne Unternehmen kann der Wettbewerb und damit der Markt beeinflusst werden. Daneben können sich unternehmerische Kartelle, wirtschaftliche Machtkonzentration und schützend wirkende staatliche Handelsregelungen wettbewerbsverzerrend auswirken.[20] Um eine Benachteiligung anderer europäischer Wirtschaftsteilnehmer gegenüber innerstaatlichen Anbietern zu verhindern bzw. gering zu halten, wurde das Europäische Beihilferecht eingeführt.[21] Die grundlegenden Beihilferegelungen des AEUV finden sich in Art. 107 bis 109. Als Teil des Wettbewerbskapitels des Vertrages (Art. 101 bis 109 AEUV) leisten sie einen Beitrag zu dem nach Art. 3 lit. g) EGV[22] zu errichtenden System, welches den Wettbewerb innerhalb des europäischen Binnenmarktes vor Verfälschungen schützen soll.[23] Diese Rechtsnormen schränken die Möglichkeiten der Staaten ein, Subventionen und ähnliche Förderungen zu vergeben.

Artikel 107 AEUV ist die materiell-rechtliche Zentralvorschrift des Beihilferechts. Seine drei Absätze normieren die Zulässigkeit von Beihilfen. Art. 107 Abs. 1 AEUV bestimmt, dass wettbewerbsverfälschende Beihilfen mit dem Binnenmarkt unvereinbar sind. Angesichts der praktischen Undurchführbarkeit eines völligen

---

20 *Oppermann/Classen/Nettesheim*, Europarecht, § 22, Rn. 1.

21 *von Wallenberg*, in: Grabitz/Hilf, EU, vor Art. 92, Rn. 1 ff.; *Giesberts/Streit*, EuZW 2009, 484, 485.

22 Der bisherige Art. 3 Abs. 1 lit. g) EGV, der den Schutz des Wettbewerbs unmißverständlich zum Ausdruck brachte, wurde in seiner bisherigen Form gestrichen. Der Vertrag von Lissabon hat den Schutz des Wettbewerbs nicht als selbständiges Ziel der Europäischen Union in Artikel 3 des Vertrags über die Arbeits- weise der Europäischen Union (AEUV) übernommen. Eine Aufgabe dieses Zieles kann daraus jedoch nicht abgeleitet werden, denn ein rechtsverbindliches Protokoll zum EUV und AEUV vom 09.05.2008 (ABl. 2008 Nr. C 115/209, Protokoll Nr. 27) bekräftigt den Wettbewerbsschutz als Ziel und Grundlage legislativer Maßnahmen der Union (nahezu wortgleich mit Artikel 3 Abs. 1 lit. g) EGV).

23 Vgl. EuGH Beschl. v. 20.09.1983, Rs. 171/83 R, Slg. 1983, 2621, Rn. 9 (Kommission/Frankreich).

Beihilfeverbots sieht Art. 107 Abs. 2 lit. a) bis c) AEUV jedoch zwingende unionsunschädliche[24] Ausnahmetatbestände vor, die Beihilfen überwiegend aus sozialen und regionalen Gründen ermöglichen. Ferner legt Art. 107 Abs. 3 lit. a) bis e) AEUV die Voraussetzungen fest, unter denen staatliche Beihilfen in der EU vergeben werden können.[25] Im Unterschied zu Art. 107 Abs. 2 AEUV wird der Kommission in Art. 107 Abs. 3 AEUV ein Ermessensspielraum eingeräumt.[26] Angesichts dieses Ermessens ist das Verbot des Art. 107 Abs. 1 AEUV nicht als absolut oder unbedingt zu verstehen.[27]

Art. 108 AEUV normiert das Beihilfeverfahren. Artikel 109 AEUV ermächtigt den Rat, Durchführungsverordnungen auf Vorschlag der Kommission und nach Anhörung des Parlaments für die vorher genannten Artikel zu erlassen.

A. Beihilfenverbot gemäß Art. 107 Abs. 1 AEUV

Art. 107 Abs. 1 AEUV konstituiert ein grundsätzliches Verbot für wettbewerbsverfälschende staatliche Beihilfen. Darin heißt es: „soweit in diesem Vertrag nicht etwas anderes bestimmt ist, sind staatliche oder aus staatlichen Mitteln gewährte Beihilfen gleich welcher Art, die durch die Begünstigung bestimmter Unternehmen oder Produktionszweige den Wettbewerb verfälschen oder zu verfälschen drohen, mit dem Binnenmarkt unvereinbar, soweit sie den Handel zwischen Mitgliedstaaten beeinträchtigen.“ Sofern eine staatliche Förderung dem Beihilfebegriff des Art. 107 Abs. 1 AEUV entspricht, ist sie entweder nicht zulässig oder darf nur mit Genehmigung der Kommission gewährt werden.[28] Dem Beihilfebegriff kommt somit eine zentrale Funktion zu, da er in den Art. 107 – 109 AEUV die mitgliedstaatliche Souveränität in Bezug auf ihren wirtschaftspolitischen Handlungsspielraum begrenzt. Darüber hinaus sind Reichweite und Definition des Beihilfebegriffes bestimmend für den Umfang der Kontroll- und Aufsichtsbefugnisse der Kommission.[29]

---

24 *Geiger*, EUV/EGV, Art. 87, Rn. 2.

25 *Oppermann/Classen/Nettesheim,* Europarecht, § 22, Rn. 5.

26 *Cremer*, in: Calliess/Ruffert, EUV/AEUV, Art. 107, Rn. 1.

27 *Kreuschitz/Rawlinson*, in: Lenz/Borchardt, Art. 87, Rn. 2; *Koenig/Kühling,* in: Streinz, EUV/EGV, Art. 87, Rn. 4.

28 *Kreuschitz/Rawlinson*, in: Lenz/Borchardt, Art. 87, Rn. 1.

29 *Bär-Bouyssierère*, in: Schwarze, EU-Kommentar, Art. 87, Rn. 22.

I. Begriff „staatliche Beihilfe“

Der Terminus der „Beihilfe“ wird in Art. 107 AEUV vorausgesetzt, dort aber nicht definiert. Die Herausbildung einer solchen Definition wurde gezielt der späteren Praxis der Kommission und der Rechtsprechung des Gerichtshofes überlassen.[30] Nahezu zwangsläufig hat sich aus diesem Ansatz ein pragmatischer, sehr kasuistischer Beihilfebegriff entwickelt. Die Vielzahl der Entscheidungen und ihr Detailreichtum erschweren den Überblick. Die Rechtsanwendung lässt sich kaum auf einen gemeinsamen Nenner bringen. Um hier mehr Transparenz zu erreichen, ging die Kommission Anfang der neunziger Jahre verstärkt dazu über, ihre eigene Auslegung zu verschiedenen Aspekten des Beihilfebegriffs in unverbindlichen Mitteilungen abstrakt zu formulieren.[31]

Die Formulierung „Beihilfen gleich welcher Art“ in Art. 107 Abs. 1 AEUV macht deutlich, dass der Begriff der Beihilfe in einem weiten Sinne zu verstehen ist.[32] Nach Ansicht des Europäischen Gerichtshofes geht der Beihilfebegriff über den klassischen Begriff der Subvention hinaus, denn er umfasst nicht nur positive Leistungen, sondern auch Maßnahmen, die Belastungen vermindern, die ein Unternehmen in der Regel zu tragen hat, und die Subventionen nach Art und Wirkung entsprechen.[33] Obgleich weder das Vertragsrecht noch der Europäische Gerichtshof noch die Kommission den Begriff der Beihilfe abschließend definiert haben, lässt sich entsprechend festhalten, dass sowohl Leistungsgewährungen als

---

30 *Mederer*, in: G/T/E, EU-/EGV, Art. 92, Rn 2.

31 Vgl. Mitteilung der Kommission vom 10.07.1997 betreffend Elemente staatlicher Beihilfe bei Verkäufen von Bauten oder Grundstücken durch die öffentliche Hand, ABl. 1997 Nr. C 209/3; Mitteilung der Kommission vom 11.03.2000 über die Anwendung der Art. 87 und 88 EG-Vertrag auf staatliche Beihilfen in Form von Haftungsverpflichtungen und Bürgschaften, ABl. 2000 Nr. C 71/14, S. 14–18; *Mederer*, in: G/T/E, EU-/EGV, Art. 92, Rn. 76.

32 Vgl. *Geiger*, EUV/EGV, Art. 87, Rn. 7; *Lübbig/Martin-Ehlers*, Rn. 49, 70 f.; EuGH Urt. v. 25.06.1970, Rs. 47/69, Slg. 1970, 487, Rn. 16/17 (Frankreich/Kommission); Urt. v. 23.02.1961, Rs. 30/59, Slg. 1961, 3, 43 (De Gezamenlijke Steenkolenmijnen); vgl. Aufzählung der Kommission in: Antwort der Kommisson auf die parlamentarische Anfrage Nr. 48, ABlEG. 1963 Nr. C 125/2235.

33 EuGH Urt. v. 23.02.1961, Rs. 30/59, Slg. 1961, 1, 43 (De gezamenlijke Steenkolenmijnen); Urt. v. 15.03.1994, Rs. C-387/92, Slg. 1994, I-877, Rn. 13 (Banco Exterior de Espana); Urt. v. 08.11.2001, Rs. C-143/99, Slg. 2001, I-08365, Rn. 38 (Adria-Wien Pipeline); *Bär-Bouyssierère*, in: Schwarze, EU-Kommentar, Art. 87, Rn. 22; *Lübbig/Martin-Ehlers*, Rn. 49, 68.

auch Belastungsverminderungen wie z. B. Steuerbefreiungen unter den Beihilfebegriff fallen.[34]

II. Tatbestandsmerkmale des Beihilfebegriffes

Nach einer von der Kommission sowie dem EuGH in ständiger Praxis verwandten Formel können nur solche Maßnahmen als Beihilfen qualifiziert werden, die alle in Art. 107 Abs. 1 AEUV genannten tatbestandlichen Voraussetzungen erfüllen.[35]

1. Bewirken eines wirtschaftlichen Vorteils für das Unternehmen

a. Bewirken eines wirtschaftlichen Vorteils („Begünstigung")

Der Terminus der „Begünstigung" ist durch das Vorteilsmoment geprägt, das ein Unternehmen durch die staatliche Förderung erfährt. Er beinhaltet, dass dem Unternehmen nur aufgrund der staatlichen Maßnahme wirtschaftliche Vorteile zufließen, die es im freien Leistungswettbewerb nicht erhalten hätte. Dadurch kann die wirtschaftliche Betätigung des Unternehmens bzw. seine Stellung im Wettbewerb gefördert werden.[36] Entscheidend für die Kategorisierung als Beihilfe ist die objektive Wirkung der Maßnahme; Rechtsnatur, Bezeichnung oder der mit der Maßnahme verfolgte Zweck sind unbeachtlich.[37]

Der Beihilfebegriff ist durch die Einseitigkeit der staatlichen Vorteilsgewährung gekennzeichnet. Eine Beihilfe liegt demnach vor, wenn die Zuwendung unentgeltlich erfolgt oder der Begünstigte für sie im Falle eines Leistungsaustausches keine angemessene bzw. marktübliche Gegenleistung erbringt.[38] Wird die Beihilfe in Teilbeträgen über längere Zeiträume gezahlt, so berechnet die Kommission das

---

34 Vgl. *Bär-Bouyssierère*, in: Schwarze, EU-Kommentar, Art. 87, Rn. 22 f. m.w.N.

35 EuGH Urt. v. 16.05.2002, Rs. C-482/99. Slg. 2002, I-4397, Rn. 68 (Frankreich/Kommission); Urt. v. 24.07.2003, Rs. C-280/00, Slg. 2003, I-7747, Rn. 74 (Altmark Trans); Kommission, XXVI. Bericht über die Wettbewerbspolitik (1996), S. 80, Ziff. 166; *Lübbig/Martin-Ehlers*, Rn. 66; *Kreuschitz/Rawlinson*, in: Lenz/Borchardt, Art. 87, Rn. 4.

36 *Lübbig/Martin-Ehlers,* Rn. 67.

37 *Kreuschitz/Rawlinson*, in: Lenz/Borchardt, Art. 87, Rn. 5 m.w.N.; *Bär-Bouyssière*, in: Schwarze, EU- Kommentar, Art. 87, Rn. 22.

38 *Kreuschitz/Rawlinson*, in: Lenz/Borchardt, Art. 87, Rn. 5; *Bär-Bouyssière*, in: Schwarze, EU-Kommentar, Art. 87, Rn. 27; *Cremer*, in: Calliess/Ruffert, EUV/AEUV, Art. 107, Rn. 10.

Subventionsäquivalent anhand bestimmter Referenzzinssätze.[39] Die Differenz der tatsächlichen und der marktüblichen Leistung ist dann das Beihilfeelement.

Für die Feststellung der Marktüblichkeit wird im Rahmen einer wirtschaftlichen Untersuchung erörtert, in welcher Lage sich ein „unter normalen Marktbedingungen tätiges Unternehmen“ unter sonst gleichen Umständen befunden hätte.[40] Hier wird der subventionsfreie mit dem Istzustand des geförderten Unternehmens verglichen. Verhält sich der Staat wie ein privater Investor, scheidet eine Beihilfe im Sinne des § 107 AEUV aus. Tritt er dagegen als am Wettbewerb Unbeteiligter auf und gewährt lediglich aus politischen Gründen Unterstützung, so kann er den Wettbewerb zwischen den Unternehmen verzerren. Die Bewertung der Frage, ob der Staat wie ein Privater handelt, beurteilen die europäische Rechtsprechung und die Kommission anhand des Kriteriums des „marktwirtschaftlich handelnden privaten Investors“.[41] Zur Ermittlung wird ein in der Praxis unterschiedlich benannter[42] Test herangezogen. Er wird als „Market-Economy-Investor“-Test[43], „Market-Economy-Test“[44] oder „Private Investor Test“ bezeichnet.[45] Ursprünglich für die Bewertung des Investorenverhaltens des öffentlichen Sektors eingeführt,[46] wird der Test mittlerweile als allgemeiner Prüfungsmaßstab für das gesamte wettbewerbsrelevante staatliche Förderungsverhalten herangezogen.[47] Bei der Durchführung wird geprüft, ob sich ein hypothetischer Privatinvestor von vergleichbarer Größe wie die öffentliche Einrichtung in vergleichbarer Situation

---

39 *Bär-Bouyssière*, in: Schwarze, EU-Kommentar, Art. 87, Rn. 27.

40 EuGH Urt. v. 11.07.1996, Rs. C-39/94, Slg. 1996, I-3547, 3596, Rn. 61. (SFEI u. a./ La Poste u. a.).

41 Vgl. EuG Urt. v. 21.01.1999, T-129/95, T-2/96 u. T-97/96, Slg. 1999, II-17, Rn. 203 (Neue Maxhütte Stahlwerke und Lech-Stahlwerke/Kommission); EuGH Urt. v. 21.03.1991, Rs. C-303/88, Slg. 1991, I-1433, Rn. 21 f. (Italien/Kommission); Urt. v. 11.07.1996, Rs. C-39/94, Slg. 1996, I-3547, 3596, Rn. 60 f. (SFEI u. a./La Poste u. a.); Mitteilung der Kommission vom 09.12.2005, Gemeinschaftliche Leitlinien für die Finanzierung für Luftfahrtunternehmen und Regionalflughäfen, ABl. 2005 Nr. C 312/01, Ziff. 3.2.4; *Giesberts/Streit*, EuZW 2009, 484, 485; *Cremer,* in: Calliess/Ruffert, EUV/ AEUV, Art. 107, Rn. 11.

42 *Giesberts/Streit*, EuZW 2009, 484, 485, Fn. 1 u. 2.

43 EuGH Urt. v. 21.03.1991, Rs. C-305/89, Slg. 1991, I-1603, Rn. 20 (Italien/Kommission).

44 *Lübbig/Martin-Ehlers*, Rn. 78.

45 *Giesberts/Streit*, EuZW 2009, 484, 485.

46 Vgl. *Cremer*, in: Calliess/Ruffert, EUV/AEUV, Art. 107, Rn. 12; *Koenig*, in: Koenig/ Roth/Schön, Aktuelle Fragen, S. 9.

47 *Lübbig/Martin-Ehlers*, Rn. 78.

ebenso eingebracht hätte.[48] Wenn ein hypothetischer privater Investor den zu überprüfenden wirtschaftlichen Vorteil dem Unternehmen nicht oder allenfalls zu anderen bzw. ungünstigeren Konditionen gewähren würde, so ist darin eine Begünstigung und somit eine Beihilfe im Sinne von Art. 107 AEUV zu sehen.[49] Entsprechend bejaht die Rechtsprechung eine Beihilfe, wenn das „begünstigte Unternehmen eine wirtschaftliche Vergünstigung erhält, die es unter normalen Marktbedingungen nicht erhalten hätte" und somit von „Kosten entlastet wird, die es normalerweise aus seinen Eigenmitteln hätte bestreiten müssen".[50] Die Ermittlung der Angemessenheit der Gegenleistung kann in der Praxis Schwierigkeiten bereiten; dies insbesondere dann, wenn es sich um Leistungen handelt, die nicht durch einen allgemein anerkannten Börsen- und Marktpreis zu ermitteln sind.[51] Aus diesem Grund wird der Test in Ermangelung ausreichend konkreter Durchführungskriterien und Vergleichsparameter bei dessen praktischer Umsetzung von einigen Stimmen als problematisch bewertet.[52]

Bei der Anwendung des Tests wird die wirtschaftliche Rationalität der staatlichen Fördermaßnahme zum Zeitpunkt der Entscheidung für das Handeln, also *ex ante,* beurteilt.[53] Daher basiert die Bewertung auf den zum Zeitpunkt der Vorteilsgewährung vorliegenden Informationen und vorhersehbaren Entwicklungen.[54] Nach wie vor ist ungeklärt, „ob das staatliche Handeln nur objektiv *ex ante* gewinnversprechend sein muss oder ob öffentliche Stellen eine entsprechende subjektive Vorstellung zusätzlich gebildet haben müssen".[55] Der EuGH bleibt bislang die abschließende Beantwortung dieser Frage schuldig.[56] Während in der Literatur von einigen die objektiven ökonomischen Erfolgsaussichten staatlichen Handelns in der Problemstellung bevorzugt werden,[57] spielt für die Kommission

48 EuGH Urt. v.21.03.1991, Rs. C-305/89, Slg. 1991, I-1603, Rn. 20 (Italien/Kommission); *Lübbig/Martin- Ehlers*, Rn. 78.

49 *Cremer*, in: Calliess/Ruffert, EUV/AEUV, Art. 107, Rn. 11.

50 EuGH Urt. v. 29.04.1999, Rs. C-342/96, Slg. 1999, I-2459, Rn. 41 f. (Spanien/ Kommission).

51 Vgl. *Cremer*, in: Calliess/Ruffert, EUV/AEUV, Art. 107, Rn. 12.

52 *Giesberts/Streit*, EuZW 2009, 484.

53 *Lübbig/Martin-Ehlers*, Rn. 274; EuGH Urt. v. 16.5.2002, Rs. C-482/99, Slg. 2002, I-4397, Rn. 71 (Frankreich/ Kommission); *Giesberts/Streit*, EuZW 2009, 484, 486.

54 Vgl. *Bär-Bouyssière*, in: Schwarze, EU-Kommentar, Art. 87, Rn. 28; *Nitsche/Milde/ Soltèsz*, EuZW 2012, 408.

55 *Giesberts/Streit*, EuZW 2009, 484, 485.

56 *Giesberts/Streit*, EuZW 2009, 484, 486.

57 *Giesberts/ Streit*, EuZW 2009, 484, 487.

das subjektive Element eine maßgebliche Rolle: Ausschlaggebend für die Einordnung als Beihilfe ist demnach, ob die öffentliche Stelle wie ein privater Unternehmer handeln *wollte*. Die Kommission geht folglich von der subjektiven Erwartungshaltung des jeweiligen Akteurs aus. Ob sie tatsächlich wie ein Privatinvestor gehandelt hat, ist nachrangig.[58] Diese Sichtweise ist nicht überzeugend und damit die objektive Ansicht vorzugswürdig. Dem Staat, der grundsätzlich in seinen Pflichten auch andere Ziele verfolgen wird, kann nicht zugemutet werden, dass er über einen Vergleich mit einem privaten Unternehmen hinaus auch so wie ein solches denken muss.[59]

Dessen ungeachtet verlangt die Kommissionspraxis einen Nachweis dafür, dass die öffentliche Stelle wie ein Privatinvestor agiert hat. Dafür ist als schriftliche Dokumentation die Vorlage eines Geschäftsplans oder Vergleichbares zu erbringen.[60]

b. Unternehmen als Begünstigte

Art. 107 AEUV erfasst nur Beihilfen, die Unternehmen oder Produktionszweigen zugutekommen. Schrifttum und Rechtspraxis definieren den Begriff „Unternehmen“ wie im Wettbewerbsrecht gemäß Art. 101 und 102 AEUV.[61] Er ist funktional und weit auszulegen.[62] Nach der Rechtsprechung des Gerichtshofes erfasst der „Begriff des Unternehmens im Rahmen des Wettbewerbsrechts jede eine wirtschaftliche Tätigkeit[63] ausübende Einheit unabhängig von ihrer Rechtsordnung und der Art ihrer Finanzierung“.[64] Entscheidend dabei ist die wirtschaftliche Aktivität, die sich definieren lässt als „jede Tätigkeit, die darin besteht, Güter oder Dienstleistungen auf einem bestimmten Markt anzubieten.“[65] Gewinnerzielung

---

58 Vgl. Mitteilung der Kommission vom 13.11.1993, ABl. 1993 Nr. C 307/03, Ziff. 28 und 31; *Giesberts/ Streit*, EuZW 2009, 484, 486.

59 Vgl. *Giesberts/Streit*, EuZW 2009, 484, 485, 487.

60 Vgl. Entscheidung der Kommission vom 12.02.2004, ABl. 2004 Nr. L 137/01, Ziff. 80 (Charleroi).

61 *Mederer*, in: G/T/E, EU-/EGV, Art. 92, Rn. 21; *Koenig/Kühling/Ritter*, EG-Beihilfenrecht, S. 76 f.

62 *Oppermann/Classen/Nettesheim*, Europarecht, § 21, Rn. 11.

63 EuGH Urt. v. 23.03.2006, Rs. C-237/04, Slg. 2006, I-2843, Rn. 28 (Enirisorse/Sotacarbo); Urt. v. 10.01.2006, Rs. C-222/04, Slg. 2006, I-289, Rn. 107 (Cassa di Rispar-Mio. di Firenze).

64 EuGH Urt. v. 17.02.1993, verb. Rs. C-159/91 und C-160/91, Slg. 1993, I-637, Rn. 17 (Poucet und Pistre).

65 EuGH Urt. v. 12.09.2000, verb. Rs. C-180/98 bis C-184/98, Slg. 2000, I-6451, Rn. 74 f. (Pavlov).

wird nicht verlangt,[66] so dass auch entsprechende Tätigkeiten des Staates erfasst werden.[67] Folglich können Leistungen an staatliche Stellen eine Beihilfe darstellen.[68] Die wirtschaftliche Organisation einer Institution als juristische Person des öffentlichen Rechts schließt die Anwendung des beihilferechtlichen Unternehmensbegriffes nicht aus.[69] Die Rechtsform oder -grundlage der wirtschaftlichen Einrichtung ist damit unerheblich.[70] Maßnahmen der Konjunktur- und/oder Wirtschaftspolitik,[71] Vergünstigungen für private Haushalte im Rahmen der Einkommens- und Sozialpolitik, die Ausübung hoheitlicher Gewalt sowie das Handeln von Trägern der sozialen Sicherheit zu ausschließlich sozialen Zwecken[72] sind ausgegrenzt und unterfallen nicht dem Unternehmensbegriff.

Der Unternehmensbegriff ist eng mit der Feststellung des durch eine staatliche Zuwendung Begünstigten verwoben. Aus Art. 107 Abs. 2 lit. a) AEUV folgt, dass die Begünstigung nicht unmittelbar dem Unternehmen gegenüber erfolgen muss. Be günstigter ist nicht unbedingt das Unternehmen als unmittelbarer Empfänger einer Beihilfe; vielmehr kommt es auf die Wirkungen der Maßnahme an. Nutznießer ist also dasjenige Unternehmen, das den tatsächlichen Nutzen der Zuwendung hatte.[73] Folglich sind auch Zuschüsse an Kunden eines Unternehmens unter den Unternehmensbegriff subsumierbar, sofern die sonstigen Tatbestandsmerkmale erfüllt sind.[74]

2. Transfer „staatlicherseits“

Das in Art. 107 Abs. 1 AEUV normierte Verbot bezieht sich nur auf „staatliche oder aus staatlichen Mitteln gewährte Beihilfen“. Die begriffliche Unterscheidung dient dem Zweck, in den Beihilfebegriff nicht nur *unmittelbar* vom Staat gewährte Beihilfen einzubeziehen. Vielmehr sollen auch jene Förderungen darunter fallen, „die durch vom Staat benannte oder errichtete öffentliche oder private

---

66 *Bär-Bouyssière*, in: Schwarze, EU-Kommentar, Art. 87, Rn. 42.

67 *Koenig/Kühling/Ritter*, EG-Beihilfenrecht, S. 76 f.

68 *Oppermann/Classen/Nettesheim*, Europarecht, § 22, Rn. 9.

69 *Koenig/Kühling/Ritter*, EG-Beihilfenrecht, S. 76 f.

70 *Oppermann/Classen/Nettesheim*, Europarecht, § 21, Rn. 11; *Bär-Bouyssière*, in: Schwarze, EU-Kommentar, Art. 87, Rn. 42.

71 *Bär-Bouyssière*, in: Schwarze, EU-Kommentar, Art. 87, Rn. 42.

72 *Geiger*, EUV/EGV, Art. 87, Rn. 12; *Lübbig/Martin-Ehlers*, Rn. 73.

73 Vgl. *Lübbig/Martin-Ehlers*, Rn. 74.

74 *Oppermann/Classen/Nettesheim*, Europarecht, § 22, Rn. 9.

Einrichtungen gewährt werden".[75] Die mittelbare Zuwendung an das Unternehmen kann also durch Einschaltung öffentlicher und privater Dritter erfolgen.[76] Um jedoch als Beihilfen im Sinne des Art. 107 Abs. 1 AEUV eingestuft werden zu können, müssen die Vergünstigungen zum einen unmittelbar oder mittelbar aus staatlichen Mitteln gewährt werden und zum anderen dem Staat zuzurechnen sein.[77] Daher liegt ein besonderes Augenmerk auf der Prüfung der Zurechenbarkeit. Sofern die Behörden in irgendeiner Weise am Erlass dieser Zuwendungen beteiligt waren, ist von der Zurechenbarkeit der gewährten Finanzhilfen auszugehen. Der Nachweis von behördlichen Handlungsanweisungen erübrigt sich, denn er ist de facto kaum oder nur schwer zu erbringen. Die privilegierten Beziehungen zwischen dem Staat und einem öffentlichen Unternehmen sind für Außenstehende oft so undurchsichtig, dass sich die Praxis auf Indizien[78] des konkreten Falles und des entsprechenden Kontextes konzentriert. Diese sind: die Abhängigkeit unternehmerischen Handelns von den Anforderungen der öffentlichen Stellen und den behördlichen Richtlinien, die Eingliederung eines öffentlichen Unternehmens in die Strukturen der öffentlichen Verwaltung sowie die Art seiner Tätigkeit und deren Ausübung auf dem Markt unter normalen Bedingungen des Wettbewerbs mit privaten Wirtschaftsteilnehmern.[79]

Um der zunehmenden Ausuferung des weit ausgelegten Beihilfebegriffes und einer damit einhergehenden „Allzuständigkeit" der Kommission entgegenzuwirken, hat der EuGH den Beihilfetatbestand in den letzten Jahren erkennbar eingeschränkt.[80] Daher stellt die Rechtsprechung des EuGH häufig[81] darauf ab, dass nur

---

75 EuGH Urt. v. 17.03.1993, verb. Rs. C-72/91 und C-73/91, Slg. 1993, I-887, Rn. 19 (Sloman Neptun); Urt. v. 07.05.1998, verb. Rs. C-52/97 und C-54/97, Slg. 1998, I-2629 (Viscido); *Kruse*, ZHR 2001, 576; *Bär-Bouyssière*, in: Schwarze, EU-Kommentar, Art. 87, 38.

76 EuGH Urt. v. 07.05.1998, verb. Rs. C-52/97 und C-54/97, Slg. 1998, I-2629, Rn. 13 (Viscido).

77 EuGH Urt. v. 16.05.2002, Rs. 482/99, Slg. 2002, I-4397, Rn. 24 (Frankreich/Kommission); Urt. v. 15.07.2004, Rs. C-345/02, Slg. 2004, I-7139, Rn. 35 (Pearle); *Bär-Bouyssière*, in: Schwarze, EU-Kommentar, Art. 87, Rn. 38 m.w.N.

78 *Kreuschitz/Rawlinson*, in: Lenz/Borchardt, EU- und EG-Vertrag, Art. 87, Rn. 17.

79 *Bär-Bouyssière*, in: Schwarze, EU-Kommentar, Art. 87, Rn. 40.

80 Vgl. EuGH Urt. v. 24.07.2003, Rs. C-280/00, Slg. 2003, I-7747, Rn. 87–94; *Soltész*, ZWeR 2010, 198, 199.

81 Diese Rechtsprechung hat jedoch durch das *Wienstrom*-Urteil des EuGH eine wesentliche Einschränkung erfahren. Vgl. EuGH Urt. v. 18.12.2008, Rs. C-348/07, Slg. 2008, I-10393 (Wienstrom).

solche Maßnahmen in den Anwendungsbereich des Art. 107 Abs. 1 AEUV fallen, die zu einer finanziellen Belastung der öffentlichen Haushalte führen.[82]

3. „Selektivität" der Zuwendung

Art. 107 Abs. 1 AEUV setzt voraus, dass nur *bestimmte* Unternehmen oder Unternehmensgruppen begünstigt werden. Dieses Bestimmtheitsmerkmal – von der Rechtsprechung als Kriterium der Spezifität bzw. Selektivität der staatlichen Maßnahme bezeichnet – [83] grenzt die Beihilfe und damit Art. 107 Abs. 1 AEUV von allgemeinen gesetzgeberischen Maßnahmen des Staates ab. Differenzierende Regelungen weisen grundsätzlich einen selektiven Charakter auf. Eine Maßnahme wird als spezifisch eingestuft, wenn sie nur ein Unternehmen oder einen ganzen Wirtschaftszweig allein begünstigt. Es werden somit Begünstigungen erfasst, die entweder einem individuellen Unternehmen oder einer regional bzw. sektoriell definierten Gruppe von Unternehmen zugewendet werden.[84] Gleiches gilt, wenn die Selektivität nicht auf Anhieb erkennbar ist.[85] Maßnahmen, die unterschiedslos allen Unternehmen zugutekommen (z. B. steuerliche Vergünstigungen), sind nicht als Beihilfen anzusehen.[86] Dabei müssen die Zuwendungen für alle gleichermaßen möglich und tatsächlich auch nutzbar sein.[87]

4. Wettbewerbsverfälschung und Beeinträchtigung des zwischenstaatlichen Handels

Nach Art. 107 Abs. 1 AEUV muss die Beihilfe den Wettbewerb verfälschen oder zu verfälschen drohen und den Handel zwischen den Mitgliedstaaten beeinträchtigen.

---

82 EuGH Urt. v. 13.03.2001, Rs. C-379/98, Slg. 2001, I-2099, Rn. 58 (PreussenElektra); Urt. v. 17.03.1993, verb. Rs. C-72/91 u. C-73/91, Slg. 1993, I-887, Rn. 19 ff. (Sloman Neptun); *Oppermann/Classen/Nettesheim*, Europarecht, § 22, Rn. 7; *Soltész*, ZWeR 2010, 198, 199. Diese Ansicht wird von einzelnen Literaturstimmen kritisch betrachtet. Vgl. hierzu: *Kreuschitz/Rawlinson*, in: Lenz/Borchardt, EU- und EG-Vertrag, Art. 87, Rn. 14; *Bär-Bouyssière*, in: Schwarze, EU-Kommentar, Art. 87, Rn. 39; *Lübbig/Martin-Ehlers*, Rn. 113 f.

83 EuG Urt. v. 06.03.2002, verb. Rs. T-92/00 und T-103/00, Slg. 2002, II-1385, Rn. 23, 48 (Territorio Histórico de Álava/Kommission).

84 *Lübbig/Martin-Ehlers*, Rn. 125.

85 *Bär-Bouyssière*, in: Schwarze, EU-Kommentar, Art. 87, Rn. 43.

86 Vgl. EuGH Urt. v. 29.06.1999, Rs. C-256/97, Slg. 1999, I-3913, Rn. 27 (DMT).

87 *von Wallenberg*, in: Grabitz/Hilf, EU, Art. 92, Rn. 36.

Beide Tatbestandsmerkmale weisen Parallelen auf. Deshalb fasst die Rechtsprechung sie oft unter einem Prüfungspunkt zusammen.[88]

Eine Wettbewerbsverfälschung liegt vor, wenn die staatliche Zuwendung geeignet ist, in den Wettbewerb einzugreifen und die Wettbewerbslage zugunsten des subventionierten Unternehmens zu verändern. Da jede finanzielle Zuwendung die Situation des Begünstigten im Wettbewerb verbessert, ist das Kriterium der Wettbewerbsverfälschung in der Regel erfüllt.[89] Die Beihilfe kann schon dann den innerstaatlichen Handel beeinflussen, wenn die Zuwendung die Stellung des Unternehmens gegenüber anderen Wettbewerbern in diesem Handel stärkt.[90] Weder die drohende Wettbewerbsverfälschung noch die Handelsbeeinträchtigung müssen einen gewissen Intensitätsgrad erreichen.[91] Da es auf eine Spürbarkeitsgrenze[92] für die Erfüllung des Beihilfetatbestandes nicht ankommt, ist die Höhe der Zuwendung aus juristischer Sicht unerheblich.[93] Damit soll eine Umgehung des Beihilfeverbotes verhindert werden.[94] Ein Nachweis der tatsächlichen Auswirkung der Beihilfen ist nicht erforderlich. Es hat nur die Prüfung zu erfolgen, ob die Beihilfen geeignet sind, diese Auswirkungen hervorzubringen.[95] Als Vergleichsparameter der subventionierten Lage wird die Situation vor der

---

88 Vgl. EuGH Urt. v. 17.09.1980, Rs. 730/79, Slg. 1980, 2671, Rn. 12 (Philip Morris/ Kommission), Urt. v. 10.07.1986, Rs. 234/84, Slg. 1986, 2263, Rn. 19, 22 (Belgien/ Kommission).

89 EuGH Urt. v. 17.09.1980, Rs. 730/79, Slg. 1980, 2671, Rn. 11 f. (Philip Morris/ Kommission).

90 EuGH Urt. v. 22.06.2006, verb. Rs. C-182/03 und C-217/03, Slg. 2006, I-5479, Rn. 131 (Belgien/ Kommission); Urt. v. 15.12.2005, Rs. C-148/04, Slg. 2005, I-11137, Rn. 56 (Unicredito).

91 Vgl. EuGH Urt. v. 24.02.1987, Rs. 310/85, Slg. 1987, 901, Rn. 9 ff.(Deufil); Urt. v. 11.11.1987, Rs. 259/85, Slg. 1987, 4393, Rn. 23 (Frankreich/Kommission); Urt. v. 21.03.1990, Rs. C-142/87, Slg. 1990, I-959, Rn. 43 (Belgien/Kommission).

92 EuGH Urt. v. 19.09.2000, Rs. C-156/98, Slg. 2000, I-6857, Rn. 32, 39 (Deutschland/Kommission); EuG Urt. v. 30.04.1998, Rs. T-214/95, Slg. 1998, II-717, Rn. 46 (Vlaamse Gewest/Kommission).

93 *Oppermann/Classen/Nettesheim*, Europarecht, § 22, Rn. 11.

94 *von Wallenberg*, in: Grabitz/Hilf, EU, Art. 92, Rn. 27.

95 EuGH Urt. v. 15.12.2005, Rs. C-148/04, Slg. 2005, I-11137, Rn. 54 (Unicredito); Urt. v. 29.04.2004, Rs. C- 372/97, Slg. 2004, I-3679, Rn. 44 (Italien/Kommission); Urt. v. 13.03.1985, verb. Rs. 296/82 und 318/82, Slg. 1985, 809, Rn. 24 (Niederlande und Leeuwarder Papierwarenfabrik/Kommission).

staatlichen Förderung herangezogen. Auch hier ist die objektive Folge der Beihilfe und nicht die von vornherein gegebene Absicht des Beihilfegebers entscheidend.[96]

Das Tatbestandsmerkmal der Beeinträchtigung des zwischenstaatlichen Handelns soll nach Auffassung des EuGH bereits dann erfüllt sein, wenn von der Möglichkeit der Beeinträchtigung des innergemeinschaftlichen Handelns auszugehen ist.[97] Für die Beurteilung, ob die Wettbewerbsbeeinträchtigung geeignet ist, sich auf den Handel im Binnenmarkt auszuwirken, ist ggf. eine Prognose zu erstellen. Liegt eine Wettbewerbsverfälschung vor, so wirkt sich diese regelmäßig in der einen oder anderen Weise auf den zwischenstaatlichen Handel aus. Bei Kleinbeihilfen, sog. „De-minimis-Beihilfen", geht die Praxis davon aus, dass diese infolge ihrer Geringfügigkeit weder den Wettbewerb verfälschen noch den zwischenstaatlichen Handel beeinträchtigen.[98] Daher stellt die Kommission Beihilfen unterhalb eines Gesamtbetrages von 200 000 Euro innerhalb von drei Jahren vom Genehmigungserfordernis nach Art. 108 AEUV frei.[99]

III. Formen staatlicher Beihilfen

Der Beihilfebegriff umfasst nicht nur klassische Subventionen in Form von finanziellen Zuschüssen. Vielmehr sind sämtliche Maßnahmen, die die finanziellen Belastungen eines Unternehmens mindern, Beihilfen. Die entlastenden Förderungen umfassen u. a.: verbilligte Darlehen, Forderungsstundungen,[100] „Investitionszuschüsse, Befreiungen von Abgaben, Zinszuschüsse, Übernahmen von Bürgschaften unter besonders günstigen Bedingungen, unentgeltliche oder besonders preiswerte Überlassung von Gebäuden oder Grundstücken, Lieferung von Gütern oder Dienstleistungen zu Vorzugsbedingungen, Übernahme von Verlusten, Verzicht auf öffentliche Forderungen, Erlass von Geldbußen oder Zwangsgeldern, Anordnung einer Sonderverwaltung", um das in Schwierigkeiten befindliche Unternehmen vor dem Untergang zu bewahren, Ermäßigung von Verzugszinsen.[101]

---

96 *Oppermann/Classen/Nettesheim*, Europarecht, § 22, Rn. 11.

97 EuGH Urt. v. 17.09.1980, Rs. 730/79, Slg. 1980, 2671, Rn. 11 f. (Philip Morris/Kommission).

98 *Oppermann/Classen/Nettesheim*, Europarecht, § 22, Rn. 12.

99 Verordnung (EG) Nr. 1998/2006 der Kommission vom 15.12.2006 über die Anwendung der Art. 87 und 88 EG-Vertrag auf „De-minimis"-Beihilfen, ABl. 2006 Nr. L 379/05.

100 *Bär-Bouyssière*, in: Schwarze, EU-Kommentar, Art. 87, Rn. 23 m.w.N.

101 *Geiger*, EUV/EGV, Art. 87, Rn. 8.

In der Finanzkrise spielten vor allem Garantien und Bürgschaften eine bedeutsame Rolle. Daher wird im Folgenden lediglich auf diese beiden Beihilfeformen eingegangen. Wenngleich die Kommission in ihrer „Bürgschaftsmitteilung“[102] diese in zusammengefasster Weise behandelt, so ist dennoch unverändert von ihrer grundsätzlichen Unterschiedlichkeit auszugehen.

1. Garantie

Staatliche Garantien können Beihilfen enthalten,[103] im Beihilferecht spielen sie somit eine wichtige Rolle. Sie sind besonders im Rahmen der Finanz- und Wirtschaftskrise in den Fokus der Unterstützungsmaßnahmen gerückt. Die unterschiedlichen Garantieformen hängen von der Rechtsgrundlage, der Art der garantierten Transaktion sowie deren Laufzeit ab. Garantien werden überwiegend für einen Kredit oder sonstige finanzielle Verpflichtungen übernommen.[104] Im Bankgeschäft sind sie ein wichtiges Sicherungsmittel, das im internationalen Geschäft die Bürgschaft ersetzt. Staatliche Garantien haben den Vorteil, dass das abgesicherte Risiko vom Staat getragen wird. Diese Risikoübernahme ist durch eine angemessene Prämie an den Staat zu vergüten. Eine unangemessen niedrige Vergütung ist zwar ein Vorteil für das Unternehmen, führt gleichzeitig aber zu einem Defizit im Staatshaushalt und ist somit eine Beihilfe.[105] Denn dem geldwerten Vorteil steht keine angemessene Gegenleistung gegenüber.[106] Der Kreditnehmer[107] hätte sich den Kredit auf dem freien Markt nur zu weniger günstigen Konditionen beschaffen können.[108]

Eine Beihilfe hingegen liegt nicht vor, wenn für die übernommene Garantie ein marktübliches Entgelt zu entrichten ist. Die Bewertung der Marktüblichkeit bemisst sich an den Merkmalen der Garantie und des Kredits, wie z. B. die Höhe

---

102 Mitteilung der Kommission über die Anwendung der Art. 87 und 88 des EG-Vertrags auf staatliche Beihilfen in Form von Haftungsverpflichtungen und Bürgschaften vom 20.6.2008, ABl. 2008 Nr. C 155/10, Ziff. 1.1. (nachstehend „Bürgschaftsmitteilung“ genannt).

103 *Bär-Bouyssière*, in: Schwarze, EU-Kommentar, Art. 87, Rn. 23.

104 Bürgschaftsmitteilung, Ziff. 1.2.

105 Vgl. Bürgschaftsmitteilung, Ziff. 4.1.

106 Vgl. EuGH Urt. v. 11.07.1996, Rs. C-39/94, Slg. 1996, I-3547, Rn. 60 ff. (SFEI u. a./ La Poste u. a.).

107 Da es sich bei der garantierten Transaktion überwiegend um einen Kredit handelt, wird der Hauptbegünstigte der Garantie hier als „Kreditnehmer“ bezeichnet und die Instanz, deren Risiko sich durch die staatliche Garantie verringert, als „Kreditgeber“.

108 Vgl. *Jickeli/Altmann*, in: Nolte, Staatliche Wirtschaftsförderung, S. 89.

und die Laufzeit der Transaktion. Auch sind die vom Kreditnehmer geleistete Sicherheit, die Ausfallwahrscheinlichkeit, sein Geschäftsbereich einschließlich Prognosen und anderer wirtschaftlicher Aspekte für die Berechnung der Marktüblichkeit entscheidend. Hiernach lässt sich der Kreditnehmer in eine Risikoklasse einordnen. Dies erfolgt durch eine international anerkannte Rating-Agentur oder durch ein internes Rating des kreditgebenden Instituts.[109] Mit dem bereits zuvor beschriebenen „Market-Economy-Investor-Test" wird die Angemessenheit der Gegenleistung ermittelt.[110]

Vereinzelt wird die Beihilfe auch darin gesehen, dass das Unternehmen durch die Garantie überhaupt erst einen Kredit erhält bzw. Zinsen oder Sicherheiten zu günstigeren Konditionen angeboten bekommt.[111] Da die Darlehensbedingungen aber ausschließlich von der Bank und nicht vom Staat festgelegt werden, führen sie nicht für den Staatshaushalt zu monetären Defiziten. Da die Belastung des Haushalts jedoch für das Beihilfetatbestandsmerkmal „staatlicherseits" unabdingbar ist, kann somit allein in der Ermöglichung eines Kredits keine Beihilfe gesehen werden.[112]

Die Garantie ist international üblich, jedoch im BGB nicht geregelt. Es handelt sich aus deutscher Perspektive um einen schuldrechtlichen Vertrag eigener Art im Sinne von § 311 BGB.[113] Der Inhalt kann von den Vertragspartnern im Rahmen der Vertragsfreiheit weitgehend individuell festgelegt werden. Infolge der mangelnden gesetzlichen Regelung beruht die Garantie daher ausschließlich auf ihrer textlichen Abfassung, die den Formulierungen fremder Rechtsvorschriften angepasst werden kann.

Unter den Begriff der Garantie fallen Haftungsverpflichtungen sowie Bürgschaften.[114] Dennoch sind Garantien keine Bürgschaften. Daher können die Bestimmungen über die Bürgschaft auch nicht analog angewendet werden.[115] Im

---

109 Bürgschaftsmitteilung, Ziff. 3.2. lit. d) i.V. m. Ziff. 2.1.

110 EuGH Urt. v. 24.10.1996, verb. Rs. C-329/93, C-62/95 und C-63/95, Slg. 1996, I-5151, Rn. 23 (Bremer Vulkan/Kommission).

111 Vgl. *Lübbig/Martin-Ehlers*, Rn. 223; Für Einzelgarantien die Bürgschaftsmitteilung, ABl. 2000 Nr. C 71/14, Ziff. 3.2; *Tollmann*, WM 2000, 2030, 2031; *Schütte/Kirchhoff*, EWS 1996, 189 f.

112 Vgl. *Lübbig/Martin-Ehlers*, Rn. 223; *Wielpütz*, EWS 2010, 14, 15 f.

113 *Sprau*, in: Palandt, vor § 765, Rn. 16.

114 Vgl. unter: http://europa.eu/legislation_summaries/competition/state_aid/l26083_de.htm, abgerufen am 4.11.2012; *Lübbig/Martin-Ehlers*, Rn. 218; Bürgschaftsmitteilung, Ziff. 1.1.

115 *Sprau*, in: Palandt, vor § 765, Rn. 16.

Unterschied zum akzessorischen Bürgschaftsvertrag begründet der Garantievertrag eine selbständige neue Verbindlichkeit, die mit dem schuldrechtlichen Vertrag nicht verbunden ist. Die Garantie ist somit ein abstraktes Zahlungsversprechen und nicht von der Wirksamkeit der Verbindlichkeit des Schuldners gegenüber dem Gläubiger bzw. Garantiebegünstigten abhängig.[116] Sie stellt also eine abstrakte Haftung dar, die selbständig neben der Hauptschuld übernommen wird, selbst wenn letztere aus Rechtsgründen nicht (mehr) besteht. Der Garant hat beim Eintritt des Gewährleistungsfalles den Gläubiger so zu stellen, als ob der garantierte Erfolg eingetreten bzw. der Schaden nicht entstanden wäre.[117]

2. Bürgschaft

Wird eine Bürgschaft von einer öffentlichen Stelle übernommen (sog. öffentliche Bürgschaft), so kann in dieser staatlichen Unterstützungsmaßnahme eine Beihilfe gesehen werden. Dies beurteilt die Kommission nach einem von ihr erstellten Kriterienkatalog.[118] Öffentliche Bürgschaften sind Bürgschaften der Gebietskörperschaften (Bund, Bundesländer, Gemeinden), der von diesen getragenen Anstalten oder Körperschaften des öffentlichen Rechts oder staatlich rückverbürgten Bürgschaftsbanken. Diese Art der Eventualhaftung kommt insbesondere im Bereich der Wirtschaftsförderung und zur Absicherung von Risiken im Exportgeschäft vor.

Die Gewährung von Staatsbürgschaften läuft in der Regel nach folgendem Schema ab: Beantragt ein Unternehmen ein Darlehen bei einem Kreditinstitut und verlangt dieses die Stellung einer entsprechenden Sicherheit, so kann der Darlehensnehmer der Bank eine Bürgschaft als Sicherheit anbieten. Diese kann von einer Kommune, einem Bundesland oder einem öffentlichen Unternehmen zugesagt werden.[119] Infolge der Verbürgung des Staates erklärt sich die Bank dann zu dem Abschluss eines Darlehensvertrages bereit und zahlt das Darlehen an das Unternehmen aus. Hier besteht auch die Möglichkeit, dass die öffentliche Hand in der Funktion des Bürgen ein bereits bestehendes Darlehen absichert.[120] Denkbar ist auch die Sicherung der Darlehensgewährung zu vergünstigten Zinskonditionen.[121]

116 Vgl. BGH NJW 1996, 2569, 2570.
117 BGH NJW 1999, 1542, 1544.
118 Vgl. hierzu: Bürgschaftsmitteilung; *Lübbig/Martin-Ehlers*, Rn. 215.
119 *Lübbig/Martin-Ehlers*, Rn. 216.
120 *Wielpütz*, EWS 2010, 14, 15 f.
121 Bürgschaftsmitteilung, Ziff. 2.2.

In dem dargestellten Dreiecksverhältnis bestehen folgende Rechtsbeziehungen der Beteiligten: Zwischen Hauptschuldner und Gläubiger richtet sich das Verhältnis nach dem Rechtsverhältnis, das der zu sichernden Schuld zu Grunde liegt.[122] Stellt ein Unternehmen einen Antrag für ein Darlehen, so schließt es mit der Bank einen Darlehensvertrag. Die Bank schließt einen Bürgschaftsvertrag mit der öffentlichen Hand. Dieser ist allgemein privatrechtlicher Natur. Grundlage für diesen Vertrag ist die im Innenverhältnis zwischen Unternehmen und Staat zugesagte Gewährung einer Bürgschaft. Diese Zusage erfolgt in der Regel in Form eines Verwaltungsaktes oder eines öffentlich-rechtlichen Vertrages.[123] Während zwischen privaten Wirtschaftsteilnehmern ein Geschäftsbesorgungsvertrag abgeschlossen wird,[124] erfolgt die Zusage des öffentlichen Sektors anhand eines Bewilligungsbescheides.[125] Gegenstand dieses Bescheides ist das mit dem Bürgschaftsvertrag verbundene Risiko einer Inanspruchnahme der öffentlichen Stelle.[126] Die Leistung an das Unternehmen besteht dann darin, dass der Staat durch die übernommene Bürgschaft das Risiko einer Nicht-Rückzahlung des Darlehens seitens des Unternehmens übernimmt. Dies bewirkt, dass dem Unternehmen überhaupt erst ein Darlehen von dem Kreditinstitut gewährt wird oder dass das Unternehmen das Darlehen zu günstigeren Bedingungen erhält.[127] Im Gegenzug entrichtet das Unternehmen an den staatlichen Bürgen für seine Risikoträgerfunktion eine Prämie[128], die sogenannte Avalprovision.[129] Grundsätzlich richtet sich die Höhe der Provision prozentual nach der jeweiligen Darlehenssumme. In der Regel bewegt sich die Höhe der Avalprovision in einer Größenordnung von bis zu 1,5 % des abgesicherten Betrages. Ein darüber liegender Prozentsatz ist aber in Sonderfällen möglich.[130]

Verzichtet der Staat auf die Prämie insgesamt oder ist deren Höhe unangemessen und führt dies zu einem Entzug von Ressourcen des Staates, so betrachtet dies die Kommission als Vorteilserlangung. Die Beihilfe liegt also in der gänzlich ersparten oder unangemessenen Prämie. Die jeweilige Beurteilung der Staatsbürgschaft und deren etwaige Einordnung als Beihilfe erfolgt im Zeitpunkt ihrer

---

122 *Sprau*, in: Palandt, Einführung v § 765 Rn. 4 a.
123 *Wielpütz*, EWS 2010, 14.
124 *Sprau*, in: Palandt, Einführung v § 765 Rn. 5.
125 *Lübbig/Martin-Ehlers*, Rn. 216.
126 *Lübbig/Martin-Ehlers*, Rn. 219.
127 Bürgschaftsmitteilung, Ziff. 2.2.
128 *Tollmann*, WM 2000, 2030, 2031.
129 *Pannen*, Kapitel 2, Rn. 55.
130 *Lübbig/Martin-Ehlers*, Rn. 216.

Übernahme.[131] Das Beihilfeelement orientiert sich daran, ob die Höhe der Prämie angemessen ist. Die Angemessenheit der Provision richtet sich bei der Berechnung entscheidend nach der Finanzlage des Darlehensnehmers. Das Risiko steht jeweils im Verhältnis zur wirtschaftlichen Situation des Unternehmens. Je nachdem, ob das Unternehmen wirtschaftlich gut gestellt ist, steigt oder fällt das Risiko für den Bürgen und demzufolge auch die Höhe der Avalprovision.[132]

B. Ausnahmen nach Art. 107 Abs. 2 und 3 AEUV

Art. 107 sieht in Abs. 2 und 3 AEUV Legal- und Ermessensausnahmen vom grundsätzlich geltenden Beihilfeverbot vor.

Art. 107 Abs. 2 AEUV normiert Beihilfen, die ex lege mit dem Binnenmarkt vereinbar sind.[133] Die Legalausnahmen müssen mit den gemeinschaftsrechtlichen Grundsätzen vereinbar sein und in einem angemessenen Verhältnis zu dem verfolgten Ziel stehen.[134] Trotz ihrer Ähnlichkeit zu den Voraussetzungen des Art. 107 Abs. 1 AEUV haben sie keine wettbewerbsverzerrende Wirkung. In der heutigen Praxis spielen die Legalausnahmen nur eine untergeordnete Rolle.[135] Im Einzelnen sind nach lit. a) Sozialbeihilfen an einzelne Verbraucher mit dem Binnenmarkt vereinbar, sofern nicht nach der Herkunft der Waren diskriminiert wird. Nach lit. b) sind Beihilfen zur Beseitigung von Schäden aus Naturkatastrophen oder aus sonstigen außergewöhnlichen Ereignissen zulässig. Zu den letztgenannten Ereignissen zählen z. B. Krieg oder Terroranschläge. Wirtschaftliche Rezessionen fallen nicht darunter.[136] Mit der Wiedervereinigung waren als Ausgleich für die durch die Teilung nachteilig betroffenen Gebiete Zahlungen durch die Bundesrepublik Deutschland zu leisten. Nach Art. 107 Abs. 2 lit. c) AEUV sind Beihilfen dieser Art zulässig. Dieser Tatbestand ist aufgrund des zeitlichen Abstandes zur Wiedervereinigung in Bezug auf die deutsche Wiedervereinigung nunmehr gegenstandslos geworden.[137]

Wenngleich Art. 107 Abs. 2 und 3 AEUV jeweils Ausnahmen von dem Beihilfeverbot vorsehen, zeigt sich der Unterschied auf der Rechtsfolgenseite: während

---

131 Bürgschaftsmitteilung, Ziff. 2.1.

132 *Lübbig/Martin-Ehlers*, Rn. 220.

133 *Lübbig/Martin-Ehlers*, Rn. 52.

134 Kommission, XXIV. Bericht über die Wettbewerbspolitik (1994), S. 187, Ziff. 354.

135 *Oppermann/Classen/Nettesheim*, Europarecht, § 22, Rn. 14.

136 *Oppermann/Classen/Nettesheim*, Europarecht, § 22, Rn. 15.

137 Vgl. Presseerklärung der Kommission vom 27. Juli 1994 (IP/94/727).

Legalausnahmen eine Durchbrechung des Beihilfeverbots *zwingend* vorschreiben, ist Art. 107 Abs. 3 AEUV als Ermessensvorschrift angelegt.[138]

Die in Art. 107 Abs. 3 AEUV genannten Fallgruppen sind nicht *per se* mit dem Binnenmarkt vereinbar, *können* aber als mit ihm vereinbar angesehen werden. Über die Vereinbarkeit wird in dem Verfahren nach Art. 108 AEUV entschieden. Der Europäische Gerichtshof räumt der Kommission die Befugnis ein, im Rahmen ihres pflichtgemäßen Ermessens bestimmte Beihilfen ausnahmsweise für mit dem Binnenmarkt vereinbar zu erklären.[139] Einziges einschränkendes Kriterium bei diesem weiten Ermessensspielraum ist, dass die angestellten Erwägungen in sich schlüssig sein müssen.[140]

Da Art. 107 Abs. 2 AEUV in der Finanzkrise für die Krisenmaßnahmen nicht von Bedeutung war, wird im Folgenden nur auf Art. 107 Abs. 3 AEUV näher eingegangen.

I. Tatbestände

1. Art. 107 Abs. 3 lit. a) AEUV

Gemäß Art. 107 Abs. 3 lit. a) AEUV können „Beihilfen zur Förderung der wirtschaftlichen Entwicklung von Gebieten, in denen die Lebenshaltung außergewöhnlich niedrig ist oder eine erhebliche Unterbeschäftigung herrscht“, ausnahmsweise von der Kommission genehmigt werden. Der Befreiungstatbestand zielt auf den Ausgleich des wirtschaftlichen Ungleichgewichts innerhalb des Binnenmarktes. Die Schaffung gleicher Wettbewerbsvoraussetzungen soll „den Abstand zwischen einzelnen Gebieten und den Rückstand weniger begünstigter Gebiete [zu] verringern“.[141] Gemeint sind nur Gebiete, in denen sich die wirtschaftliche Lage im Vergleich zur *gesamten Union* wesentlich schlechter darstellt. Dies ist der Fall, wenn das BIP der Region unter 75 % des EU-Durchschnitts liegt.[142] Im Unterschied dazu können nach der weiter gefassten Vorschrift des Art. 107 Abs. 3 lit. c) AEUV Beihilfen zur Förderung der Gebiete eines Mitgliedstaates genehmigt

138 *Zivier*, Jura 1997, 116.

139 EuGH Urt. v. 14.09.1994, verb. Rs. C-278/92, C-279/92 und C-280/92, Slg. 1994, I-4103-4173, Rn. 51 (Spanien/Kommission).

140 EuGH Urt. v. 14.09.1994, verb. Rs. C-278/92, C-279/92 und C-280/92, Slg. 1994, I-4103-4173, Rn. 51.

141 *Oppermann/Classen/Nettesheim*, Europarecht, § 22, Rn. 17.

142 *Oppermann/Classen/Nettesheim*, Europarecht, § 22, Rn. 22.

werden, die im Vergleich zur durchschnittlichen Situation *in diesem Staat* benachteiligt sind.[143] Vergleichsmaßstab für die von Art. 107 Abs. 3 lit. a) AEUV erfassten regionalpolitischen Beihilfen ist also das Niveau der Union, nicht das des jeweiligen Mitgliedstaates.[144] Die Genehmigungsvorgaben sind in den jeweils aktuellen Leitlinien für Regionalbeihilfen ausgeführt.[145]

2. Art. 107 Abs. 3 lit. b) AEUV

Nach Art. 107 Abs. 3 lit. b) AEUV können „Beihilfen zur Förderung wichtiger Vorhaben von gemeinsamem europäischen Interesse oder zur Behebung einer beträchtlichen Störung im Wirtschaftsleben eines Mitgliedstaates" von der Kommission genehmigt werden. Dabei handelt es sich inhaltlich um zwei separate und damit jeweils eigene Ausnahmetatbestände.

Die erste Alternative beinhaltet Vorhaben, die die Ziele der Gemeinschaft unterstützen. Auch zwischenstaatliche sowie einzelstaatliche Maßnahmen sind erfasst. Die Durchführung entsprechender Förderungen setzt ein unmittelbares Interesse der Union oder mehrerer Staaten voraus.[146] Ein weiterer Anwendungsbereich des Art. 107 Abs. 3 lit. b) AEUV ist die Förderung von Forschung und Entwicklung (FuE). Die Kommission hat diese Art von grenzüberschreitenden Projekten im Gemeinschaftsrahmen für staatliche Forschungs- und Entwicklungsbeihilfen dargelegt.[147] Ferner sind Maßnahmen in den Bereichen Energie, Telekommunikation, Luftfahrt und Umweltschutz zugelassen.[148]

Die 2. Alternative des Art. 107 Abs. 3 lit. b) AEUV betrifft allgemeine krisenhafte Störungen der Gesamtwirtschaft eines Staates. Spezifisch sektorielle und regionale Probleme werden nicht erfasst.[149] Ferner scheiden allgemeine

---

143 EuGH Urt. v. 14.10.1987, Rs. 248/84, Slg. 1987, 4013, Rn. 19 (Deutschland/Kommission).

144 EuGH Urt. v. 14.10.1987, Rs. 248/84, Slg. 1987, 4013, Rn. 19 (Deutschland/Kommission); Urt. v. 17.09.1980, Rs. 730/79, Slg. 1980, 2671, Rn. 25 (Philipp Morris/Kommission).

145 Vgl. Leitlinien für Staatliche Beihilfen mit Regionaler Zielsetzung, ABl. 1998 Nr. C 74, S. 9–31.

146 *Bär-Bouyssière*, in: Schwarze, EU-Kommentar, Art. 87, Rn. 54; *Mederer*, in: G/T/E, EU-/EGV, Art. 92 EGV, Rn. 99.

147 Vgl. Gemeinschaftsrahmen für staatliche Forschungs- und Entwicklungsbeihilfen, ABl. 1996 C 45/05; geändert in ABl. 1998 C 48/02.

148 Vgl. *Bär-Bouyssière*, in: Schwarze, EU-Kommentar, Art. 87, Rn. 54 m.w.N.; *Mederer*, in: G/T/E, EU-/EGV, Art. 92, Rn. 98 ff.

149 *Bär-Bouyssière*, in: Schwarze, EU-Kommentar, Art. 87, Rn. 55.

Konjunkturschwankungen oder arbeitsmarktbedingte Probleme als Genehmigungsgrund aus. Die Krisenerscheinungen müssen vielmehr schwerwiegender oder sozialer Natur sein.[150] Die Feststellung einer Störung beurteilt sich im Vergleich mit anderen europäischen Mitgliedstaaten.[151] Die restriktive Auslegung des Art. 107 Abs. 3 lit. b) AEUV führte zu dessen verminderter Anwendung in den letzten Jahren. Die Kommission greift stattdessen auf Art. 107 Abs. 3 lit. c) AEUV zurück.[152] Im Hinblick auf die bisherige Kommissionspraxis wurde Art. 107 Abs. 3 lit. b) AEUV äußerst selten angewandt. Beispielhaft zu nennen sind Förderungen nach der Ölkrise von 1973 sowie zugunsten Griechenlands.[153] Mit der Finanz- und Wirtschaftskrise hat dieser Artikel eine deutliche (Re-)Aktivierung erfahren.

3. Art. 107 Abs. 3 lit. c) AEUV

Art. 107 Abs. 3 lit. c) AEUV ist die wohl bedeutsamste Ausnahmeklausel zum grundsätzlichen Beihilfeverbot in der Genehmigungspraxis der Kommission.[154] Diese am häufigsten[155] angewandte Befreiungsmöglichkeit innerhalb des Abs. 2 und 3 beinhaltet die spezifische Förderung einzelner Sektoren („gewisse Wirtschaftszweige") und die Regionalförderung („Wirtschaftsgebiete"). Ferner hat Art. 107 Abs. 3 lit. c) AEUV einen Auffangcharakter für horizontale Beihilfen und Beihilfeprogramme.[156] Sektorale Zuwendungen sind Beihilfen an Unternehmen aus bestimmten Wirtschaftszweigen.[157] Regionale Beihilfen richten sich an unterentwickelte Gebiete. Die wirtschaftlichen Schwierigkeiten müssen im Unterschied zu Art. 107 Abs. 3 lit. a) AEUV weniger gravierend sein. Dementsprechend ist das zulässige Förderungshöchstniveau niedriger.[158] Darüber hinaus werden über Art. 107 Abs. 3 lit. c) AEUV auch allgemeine Beihilfen genehmigt. Diese weder sektorspezifischen noch gebietsbezogenen Beihilfen orientieren sich

---

150 *Koenig/Kühling*, in: Streinz, EUV/EGV, Art. 87, Rn. 81; *Bär-Bouyssière*, in: Schwarze, EU-Kommentar, Art. 87, Rn. 63.

151 *Bär-Bouyssière*, in: Schwarze, EU-Kommentar, Art. 87, Rn. 64.

152 Vgl. Kommission, XXI. Bericht über die Wettbewerbspolitik 1991, S. 178, Ziff. 251; *Geiss*, Rechtsstaatliche Grundsätze, S. 52; *Mederer*, in: G/T/E, EU-/EGV, Art. 92, Rn. 100.

153 *Bär-Bouyssière*, in: Schwarze, EU-Kommentar, Art. 87, Rn. 64.

154 *Bär-Bouyssi*ère, in: Schwarze, EU-Kommentar, Art. 87, Rn. 65.

155 *Cremer*, in: Calliess/Ruffert, EUV/AEUV, Art. 107, Rn. 57.

156 *Bär-Bouyssière*, in: Schwarze, EU-Kommentar, Art. 87, Rn. 65; *Cremer*, in: Calliess/Ruffert, EUV/AEUV, Art. 107, Rn. 57.

157 *Cremer*, in: Calliess/Ruffert, EUV/AEUV, Art. 107, Rn. 58.

158 *Cremer*, in: Calliess/Ruffert, EUV/AEUV, Art. 107, Rn. 61.

an verschiedenen anderen Merkmalen, wie z. B. Unternehmensgröße, Anreize zur Schaffung von Arbeits- und Ausbildungsplätzen, Ankurbelung von Forschung und Entwicklung. Obwohl derartige Beihilfen nicht ausdrücklich normiert sind und somit eigentlich nicht genehmigungsfähig wären, hat sich die Abwicklung über diese Norm in der Praxis eingebürgert. Dies akzeptiert auch der Gerichtshof.[159]

4. Art. 107 Abs. 3 lit. d) und e) AEUV

Nach Art. 107 Abs. 3 lit. d) AEUV können „Beihilfen zur Förderung der Kultur und der Erhaltung des kulturellen Erbes" gewährt werden, wenn sie den gemeinsamen Interessen der Union nicht zuwiderlaufen. Art. 107 Abs. 3 lit. e) AEUV normiert „sonstige Arten von Beihilfen, die der Rat durch eine Entscheidung mit qualifizierter Mehrheit auf Vorschlag der Kommission bestimmt".

II. Das Ermessen der Kommission

1. Grundlagen

Eine Freistellung nach Art. 107 Abs. 3 lit. a) bis d) AUEV setzt ein zweistufiges Prüfungsverfahren voraus. Zunächst hat die Kommission zu prüfen, ob die Unterstützungsmaßnahme die für eine Beihilfe erforderlichen Tatbestandsmerkmale erfüllt. Im Rahmen ihrer Untersuchung geht sie auch der Frage nach, ob eine der Legalausnahmen des Art. 107 Abs. 2 AEUV gegeben ist.[160] Lediglich wenn die Voraussetzungen auf der Tatbestandsseite vorliegen, kann sie Gebrauch von ihrem Ermessen auf der Rechtsfolgenseite machen.[161] Dieses ergibt sich aus der Formulierung „als mit dem Binnenmarkt vereinbar können angesehen werden". Trotz der großzügigen Befreiungsmöglichkeiten gilt Art. 107 Abs. 3 AEUV als Ausnahmeklausel vom Beihilfeverbot und ist daher restriktiv auszulegen.[162] Die Klassifizierung als Ermessensnorm beantwortet nicht die Frage, welche kontrollfesten Entscheidungsspielräume der Kommission bei der Auslegung und Anwendung dieser Vorschrift zur Verfügung stehen.[163] Der Gerichtshof behandelt die

---

159 Vgl. EuGH Urt. v. 17.09.1980, Rs. 730/79, Slg. 1980, 2671, Rn. 22 (Philip Morris/Kommission); Urt. v. 13.07.1988, Rs. 102/87, Slg. 1988, 4067, Rn. 7 (Frankreich/Kommission); *Bär-Bouyssière*, in: Schwarze, EU- Kommentar, Art. 87, Rn. 65.

160 *Mederer*, in: GS, EUV/EGV, Art. 87, Rn. 142.

161 *Cremer*, in: Calliess/Ruffert, EUV/AEUV, Art. 107, Rn. 45.

162 Vgl. *Mederer*, in: G/T/E, EU-/EGV, Art. 92, Rn. 65, 68 m.w.N.

163 *Cremer*, in: Calliess/Ruffert, EUV/AEUV, Art. 107, Rn. 46.

Verwendung unbestimmter Rechtsbegriffe auf der Tatbestandsseite und das Ermessen auf der Rechtsfolgenseite der jeweiligen Norm einheitlich. Die strenge rechts-dogmatische Trennung des deutschen Verwaltungsrechts findet auf europäischer Ebene nicht statt.[164]

Angesichts der in den Art. 107 Abs. 3 lit. a) bis d) AEUV nicht klar definierten Voraussetzungen besteht auch auf der Tatbestandsseite ein Beurteilungsspielraum, der sich an sozialen und wirtschaftlichen Wertungen und im Übrigen an der Union als Ganzes orientiert.[165] Für die Vereinbarkeitsentscheidung kommt es insbesondere auf die Berücksichtigung und Bewertung komplexer wirtschaftlicher Umstände, die schnellen Veränderungen unterliegen, an.[166] Im Rahmen der Feststellung derart komplexer, wirtschaftlicher und sozialer Gegebenheiten ist der Kommission zwar ein weiter, aber nicht unbegrenzter Spielraum zugestanden.[167] Bei der Subsumtion unter die Tatbestandsmerkmale sind alle für die jeweilige Ausnahmevorschrift wesentlichen rechtlichen Gesichtspunkte zu beachten. Dies hat aus der Unionsperspektive zu erfolgen.[168]

Die für die Tatbestandseite ausgeführten Darlegungen gelten gleichermaßen auch für die Rechtsfolgenseite. Beurteilungsdefizite der Tatbestandsseite sind spätestens auf der Rechtsfolgenseite aufzuarbeiten. Orientierungsmaßstab für die Abwägungen sind auch hier die Wertvorstellungen der Union.[169] Die bei der Ermessensausübung besonders zu berücksichtigen Gesichtspunkte sind von der jeweiligen Formulierung der Ausnahmeregelung abhängig. Die Zielsetzung der einzelnen Ausnahmebestimmungen ist daher besonders relevant für den Abwägungsprozess.[170]

---

164 EuGH Urt. v. 10.10.1985, Rs. 183/84, Slg. 1985, 3351, Rn. 23 f. (Rheingold); *von Danwitz*,Verwaltungs- rechtliches System, S. 328 f.

165 EuGH Urt. v. 19.09.2000, Rs. C-156/98, Slg. 2000, I-6857, Rn. 68 (Deutschland/ Kommission); Urt. v. 17.09.1980, Rs. 730/79, Slg. 1980, 2671, Rn. 24 (Philipp Morris/Kommission).

166 *von Danwitz*, in: von Danwitz, S. 13, 22.

167 EuGH Urt. v. 22.03.1977, Rs. 78/76, Slg. 1977, 595, Rn. 8 (Steinike & Weinlig); Urt. v. 22.03.1977, Rs. 74/76, Slg. 1977, 557, Rn. 11/12 (Iannelli/Meroni).

168 EuGH Urt. v. 25.06.1970, Rs. 47/69, Slg. 1970, 487, Rn. 7/8 (Frankreich/Kommission).

169 EuGH Urt. v. 14.01.1997, Rs. C-169/95, Slg. 1997, I-135, Rn. 18 (Spanien/Kommission); Urt. v. 15.05.1997, Rs. C-355/95 P, Slg. 1997, I-2549, Rn. 26 (Textilwerke Deggendorf/Kommission).

170 *Cremer*, in: Calliess/Ruffert, EUV/AEUV, Art. 107, Rn. 46; *Mederer*, in: G/T/E, EU-/ EGV, Art. 92, Rn. 71.

Der Art. 107 Abs. 3 AEUV eröffnet der Kommission einen weiten Ermessensspielraum auf der Rechtsfolgenseite.[171] Damit verfügt sie über erhebliche Einwirkungsmöglichkeiten auf die Kultur-, Sozial- und Wirtschaftspolitik der Mitgliedstaaten. Für diesen weiten Ermessensspielraum verlangt der Gerichtshof eine gewisse Einschränkung. Da er selbst das Ermessen nur auf offensichtliche Beurteilungsfehler[172] prüft, müssen die von der Kommission angestellten Erwägungen in sich schlüssig[173] und dürfen nicht offensichtlich irrig sein. Ferner darf kein Ermessensmißbrauch vorliegen.[174] Ein Beurteilungsfehler ist offensichtlich, wenn entscheidungserhebliche Gesichtspunkte nicht in die Abwägung einbezogen wurden.[175] Die richterliche Kontrolle beschränkt sich auf die folgende Prüfung: Einhaltung der Verfahrens- und Begründungsvorschriften, Feststellung des für die Entscheidung zugrundeliegenden zutreffenden Sachverhaltes, keine offensichtlich fehlerhafte Würdigung dieses Sachverhalts und kein Ermessensmissbrauch.[176] Der Gemeinschaftsrichter ist nicht befugt, *seine* wirtschaftliche Beurteilung an die Stelle der Beurteilung durch die Kommission zu setzen.[177]

Im Interesse der Rechtssicherheit und Kontrollierbarkeit ihres Handelns hat die Kommission ihre Abwägungsvorgänge in Form von Verwaltungsvorschriften entwickelt und publiziert. Anhand dieser Grundsätze sind die verschiedenen sektoralen, regionalen und horizontalen Beihilfen zu beurteilen. Die Kommission hat die Ausübung ihres Ermessens für viele Bereiche des Beihilferechts in Gestalt von Leitlinien, Unionsrahmen, Mitteilungen und Gruppenfreistellungsverordnungen typisiert.[178] Die Grundsätze prägen die Genehmigungspraxis weitgehend.[179] Soweit sie mit höherrangigem Unionsrecht vereinbar sind, bestehen

---

171 EuGH Urt. v. 17.09.1980, Rs. 730/79, Slg. 1980, 2671, Rn. 17 (Philipp Morris).

172 EuGH Urt. v. 29.04.2004, Rs. C-372/97, Slg. 2004, I-3679, Rn. 83 (Italien/Kommission); Urt. v. 13.02.2003, Rs. C-409/00, Slg. 2003, I-1487, Rn. 93 (Spanien/Kommission); Urt. v. 26.09.2002, Rs. C-351/98, Slg. 2002, I-8031, Rn. 74 (Spanien/Kommission).

173 EuGH Urt. v. 14.09.1994, verb. Rs. C-278/92 u. C-280/92, Slg. 1994, I-4103, Rn. 51 (Spanien/Kommission).

174 EuGH Urt. v. 14.01.1997, Rs. C-169/95, Slg. 1997, I-135, Rn. 34 (Spanien/Kommission); Urt. v. 14.03.1973, Rs. 57/72, Slg. 1973, 321, Rn. 14 (Westzucker).

175 EuGH Urt. v. 22.12.2008, Rs. C-333/07, Slg. 2008, I-10807, Rn. 46 (Regie Networks).

176 EuGH Urt. v. 29.2.1996, Rs. C-56/93, Slg. 1996, I-732, 772, Rn. 11 (Belgien/Kommission).

177 EuG, Urt. v. 5.11.1997, Rs. T-149/95, Slg. 1997, II-2031, Rn. 63 (Ducros/Kommission).

178 Vgl. *Oppermann/Classen/Nettesheim*, Europarecht, § 22, Rn. 18; *Cremer*, in: Calliess/Ruffert, EUV/AEUV, Art. 107, Rn. 57; *Koenig/Kühling*, in: Streinz, EUV/EGV, Art. 87, Rn. 69.

179 *Geiss*, Rechtsstaatliche Grundsätze, S. 50.

hinsichtlich Zulässigkeit und Verbindlichkeit ihrer Veröffentlichung keine Bedenken. Unter das höherrangige Gemeinschaftsrecht fallen das Primärrecht, Verordnungen gemäß Art. 109 AEUV oder auf deren Grundlage erlassene Durchführungsverordnungen. Die niedergelegten Grundsätze binden die Kommission in ihrer Ermessensausübung.[180] Die in diesen getroffenen Kommissionsaussagen geben Auskunft über die Qualifizierung bestimmter staatlicher Maßnahmen als Beihilfen.[181] Neben der detaillierten Regelung der zulässigen Förderkategorien[182] können sie die jeweils höchstzulässigen Beihilfen festlegen.[183] Die Regelwerke beinhalten ferner Angaben über die Notifizierungspflicht von Beihilfevorhaben, die bestimmte Schwellenwerte überschreiten, über die Anforderungen an die für die Notifizierung nötigen Daten sowie über die Genehmigungskriterien, die die Kommission im Rahmen ihrer Ermessensausübung anwendet.[184]

Ergänzend zu den genannten Vorgaben der Kommission hat grundsätzlich eine umfassende Prüfung der Zulässigkeit einer Beihilfe stattzufinden.[185] Um den verschiedenen, teilweise gegenläufigen Interessen bei der Prüfung von Art. 107 Abs. 3 AEUV gerecht zu werden, hat die Kommission besondere Kriterien aufgestellt.[186] Danach muss die Beihilfe eine im Unionsinteresse liegende Entwicklung fördern. Sie muss *notwendig*[187] im Sinne einer Kausalbeziehung sein, um das Ziel zu erreichen. Eine Beihilfe ist notwendig, wenn offensichtlich ohne ihre Gewährung die geförderte Maßnahme nicht (ausreichend) oder nur mit unannehmbaren Nebenwirkungen für das Unionsinteresse durchführt werden würde.[188] Sofern die Notwendigkeit der Förderung von der wirtschaftlichen Stärke des Begünstigten abhängig gemacht wird,[189] kann es gerechtfertigt sein, bei Großunternehmen oder

180 Vgl. *Cremer*, in: Calliess/Ruffert, EUV/AEUV, Art. 107, Rn. 4.

181 *Lübbig/Martin-Ehlers*, Rn. 33.

182 *Koenig/Kühling*, in: Streinz, EUV/EGV, Art. 87, Rn. 70.

183 Vgl. *Cremer*, in: Calliess/Ruffert, EUV/AEUV, Art. 107, Rn. 57.

184 *Lübbig/Martin-Ehlers*, Rn. 33.

185 *Cremer*, in: Calliess/Ruffert, EUV/AEUV, Art. 107, Rn. 57.

186 Vgl. Entscheidung der Kommission vom 27.06.1984, ABl. 1984 Nr. L 276/37, Ziff. IV; *Caspari*, Ordnungs- politik, S. 81; *Koenig/Kühling*, in: Streinz, EUV/EGV, Art. 87, Rn. 68; *Cremer*, in: Calliess/Ruffert, EUV/ AEUV, Art. 107, Rn. 49 f.; *Mederer*, in: G/T/E, EU-/EGV, Art. 92, Rn. 71 ff.; st. Rspr. seit EuGH Urt. v. 17.09.1980, Rs. 730/79, Slg. 1980, 2671, Rn. 16 f. (Philip Morris/Kommission).

187 *Cremer*, in: Calliess/Ruffert, EUV/AEUV, Art. 107, Rn. 57; *Mederer*, in: GS, EUV/ EGV, Art. 87, Rn. 147.

188 *Caspari*, Ordnungspolitik, S. 81.

189 Entscheidung der Kommission 81/984/EWG vom 23.11.1981, ABl. 1981 Nr. L 361/24, Ziff. IV.

solchen mit einer führenden Marktstellung für ein bestimmtes Produkt die zulässige Zuwendungshöhe tiefer anzusetzen als bei anderen Unternehmen.[190] Ferner darf die Beihilfe die Handelsbedingungen nicht in einer Weise verändern, die nicht dem gemeinsamen Interesse entspricht.[191] Als Ausgleich zur Wettbewerbsverzerrung zulasten bestimmter Unternehmen in anderen Mitgliedstaaten muss die Förderung daher einen wichtigen Beitrag zur Entwicklung einer Region oder Ähnliches leisten.[192]

Seit einiger Zeit nimmt die Kommission eine Abwägung vor, die den verbesserten ökonomischen Ansatz, den sog. „More Economic Approach“, berücksichtigt. In einem dreistufigen Prüfungsverfahren wird die Vereinbarkeit der staatlichen Fördermaßnahme mit dem Binnenmarkt ermittelt. Danach muss die geplante Beihilfe zunächst einem genau definierten Ziel von gemeinschaftlichem Interesse dienen und geeignet sein, dieses Ziel zu realisieren. Im Rahmen der Geeignetheitsprüfung ist zu analysieren, ob die Beihilfe Anreizeffekte liefert, d. h. ob sie einen Beitrag dazu leistet, das Verhalten von Beihilfeempfängern zu ändern, und ob sie insgesamt verhältnismäßig ist.[193] Die Beihilfe muss nach Art und Umfang in einem angemessenen Verhältnis zur Zielverwirklichung stehen.[194] Dies ist der Fall, wenn die Modalitäten der Beihilfe nicht über das zur Erreichung dieses Zieles unerlässliche Maß hinausgehen; insbesondere müssen die positiven die negativen Folgen der Beihilfegewährung überwiegen[195]. An der Angemessenheit fehlt es, wenn die beantragte Unterstützung bestehende Probleme lediglich von einem Staat in einen anderen transferiert.[196]

2. Die Entwicklung der Genehmigungspraxis

Die Ermessensentscheide der Kommission haben ihre rechtliche Grundlage in Art. 107 Abs. 3 AEUV. Die dort normierten materiell-rechtlichen Bestimmungen leisten kaum einen Beitrag zur Voraussehbarkeit der Entscheidungen der

---

190 Multisektoraler Regionalbeihilferahmen für große Investitionsvorhaben, ABl. 2002 Nr. C 70/08, Ziff. 21 ff.

191 *Cremer*, in: Calliess/Ruffert, EUV/AEUV, Art. 107, Rn. 57.

192 Vgl. EuGH Urt. v. 17.09.1980, Rs. 730/79, Slg. 1980, 2671, Rn. 16 f. (Philip Morris/Kommission); *Oppermann/Classen/Nettesheim*, Europarecht, § 22, Rn. 18.

193 *Cremer*, in: Calliess/Ruffert, EUV/AEUV, Art. 107, Rn. 57.

194 Vgl. Entscheidung der Kommission vom 06.12.1972, ABl. 1972 Nr. L 297/32, Ziff. IV.

195 *Cremer*, in: Calliess/Ruffert, EUV/AEUV, Art. 107, Rn. 57.

196 Vgl. EuGH Urt. v. 17.09.1980, Rs. 730/79, Slg. 1980, 2671, Rn. 26 (Philip Morris/Kommission).

Kommission.[197] Auch haben Rat und Kommission bislang weitgehend darauf verzichtet, auf Gesetzesebene rechtlich konkretisierende Regelungen zu erlassen, was zulasten der Rechtssicherheit geht.

Anfangs war die Kommissionspolitik zur Beihilfengewährung nur aus den Entscheidungen über bereits gestellte Anträge abzuleiten. Nur die bisherige Praxis gab Aufschluss über die Aussichten eventuell zu stellender Anträge. Das Problem dabei war jedoch, dass die Kommissionsentscheidungen in den seltensten Fällen amtlich publiziert wurden.[198] In den 70er Jahren verfasste die Kommission erstmals allgemeine Grundsätze für die Durchführung der Beihilfenkontrolle. Sie dienten der Auslegung und Anwendung der Tatbestände des Art. 107 Abs. 3 AEUV.[199] Ein weiterer systematischer Schritt zur Verschärfung der Kontrolle bislang vernachlässigter Bereiche war die Verabschiedung der sog. Transparenzrichtlinie von 1980.[200] Sie zielte auf eine bessere Kenntnis beihilfe-relevanter Vorgänge sowie auf eine verbesserte und einheitliche Anwendung der Beihilfevorschriften ab.[201] Damit machte die Kommission erstmals von der ihr durch Art. 106 Abs. 3 AEUV eingeräumten Kompetenz Gebrauch. Art. 1 der Transparenzrichtlinie fordert, dass die Mitgliedstaaten die Offenlegung der unmittelbaren oder mittelbaren Bereitstellungen öffentlicher Mittel sowie deren tatsächliche Verwendung gewährleisten. Dies erfolgt im Wege einer innerstaatlichen Dokumentation der Transaktionen. Eine aktive Meldepflicht dazu besteht nicht. Die Staaten haben allerdings entsprechende Informationen über einen Zeitraum von 5 Jahren ab der jeweiligen Transaktion bereitzuhalten. Sofern die Kommission die Informationen anfordert, ist gemäß Art. 5 der Richtlinie eine Übermittlung erforderlich. So ist sichergestellt, dass der jeweilige Staat der Kommission im Falle eines beihilferechtlichen Prüfungsverfahrens die erforderlichen Daten auch wirklich zur Verfügung stellen kann. Lediglich im Falle der weiteren Prüfung wird mit Hilfe des allgemeinen Beihilferechts untersucht, ob eine Beihilfe im Sinne des Art. 107 Abs. 1 AEUV

---

197 *Jestaedt/Häsemeyer*, EuZW 1995, 787.

198 *Schütterle*, EuZW 1995, 391, 393.

199 Vgl. *Jestaedt/Häsemeyer*, EuZW 1995, 787; Mitteilung über die Koordinierungsgrundsätze für allgemeine Investitionsbeihilfen mit regionaler Zielsetzung, ABl. 1971 Nr. C 111/07.

200 Richtlinie 80/723/EWG der Kommission vom 25. Juni 1980 über die Transparenz der finanziellen Beziehungen zwischen den Mitgliedstaaten und den öffentlichen Unternehmen, ABl. 1980 Nr. L 195/35; mittlerweile geändert in ABl. 1985 Nr. L 229/20; ABl. 1993 Nr. L 254/16 und ABl. 2000 Nr. L 193/75.

201 *Brothwood*, CMLR 1981, S. 207.

vorliegt. Der Gerichtshof bestätigte die Kommission in ihrer Vorgehensweise.[202] Insbesondere befürwortete er die Transparenzrichtlinie und damit den Versuch der Kommission, durch die Aufstellung einheitlicher Kriterien für alle Mitgliedstaaten und für alle potentiell betroffenen Unternehmen zusätzliche Informationen über diese Vorgänge zu erhalten.[203]

Seit Mitte der 80er Jahre verabschiedete die Kommission verstärkt Gemeinschaftsrahmen und Leitlinien,[204] was eine zunehmende Verrechtlichung des beihilferechtlichen Verfahrens zur Folge hatte. Die Kommission verzichtete auf die in Art. 109 AEUV ausdrücklich vorgesehene Möglichkeit des Einführens von Sekundärrecht zur Beihilfenkontrolle bis 1998 aufgrund der ablehnenden Haltung der Staaten. Stattdessen wandte sie sich einer pragmatischen Rechtsfortbildung zu.[205] Seit Einführung der sog. „Transparenzinitiative" 1990[206] werden *sämtliche* Entscheidungen der Kommission in Beihilfesachen veröffentlicht. Es handelt sich um Einzelentscheidungen, Mitteilungen sowie deren Absicherung durch Gerichtsurteile. Zusätzlich wurde die Publikation von Gemeinschaftsrahmen, Leitlinien, Mitteilungen und anderen „Legislativakten" zum zentralen Instrument der Kommission.[207] Neben der Veröffentlichung im Amtsblatt erfolgt die Publikation auch im Rahmen der jährlichen Wettbewerbsberichte der Kommission, im EU-Bulletin sowie in der Sammlung „Wettbewerbsrecht", die auch online in einer ständig aktualisierten Fassung zugänglich ist.[208] Bei den Gemeinschaftsrahmen und Leitlinien handelt es sich um die für die Praxis wichtigsten Instrumente,[209] die abstrakte Regeln für die Anwendung von Art. 107 Abs. 3 AEUV beinhalten. Das Aufstellen derart abstrakter Grundsätze zielt auf die Vereinheitlichung zahlreicher Kommissionsentscheidungen für die Anwendung des Art. 107 Abs. 2 und

202 EuGH Urt. v. 6.7.1982, verb. Rs. 188/80 und 190/80, Slg. 1982, 2545, Rn. 12 f. (Transparenzrichtlinie).

203 EuGH Urt. v. 6.7.1982, verb. Rs. 188/80 und 190/80, Slg. 1982, 2545, Rn. 18 (Transparenzrichtilinie).

204 *Jestaedt/Häsemeyer*, EuZW 1995, 787.

205 *Lavdas/Mendrinou*, S. 30.

206 Vgl. Kommission, XX. Bericht über die Wettbewerbspolitik 1991, S. 144, Ziff. 170 ff.

207 Vgl. *Rawlinson*, in: Harden, S. 58 ff.; *Cini*, 2001, S. 192, 198 ff.; *Aldestam*, in: Mörth, S. 11, 12 f.

208 Kommission, Wettbewerbsregeln, abgerufen am 1.6.2010 unter: http://europa.eu.int/comm/dg04/dg4home.htm.

209 *Jestaedt/Häsemeyer*, EuZW 1995, 787.

3 AEUV[210,211] Damit steht für neue Beihilfevorhaben allen Beteiligten ein Prognoseinstrument zur Verfügung.[212] Die publizierten Regeln liefern Anhaltspunkte, ob ein Beihilfevorhaben vor der Kommission Aussicht auf Erfolg hat.[213] Da die Dokumente nicht immer der klaren Terminologie von Leitlinien, Gemeinschaftsrahmen und Mitteilungen folgen,[214] sind die von der Kommission angewandten Bezeichnungen bisweilen irreführend. Dies liegt an der großen Anzahl der Rechtsbezeichnungen, ihrer Rechtsnatur und der davon abhängigen Texte. Hinzu kommt die Uneinheitlichkeit in der Bezeichnung der Regelwerke und ihre textliche Ausgestaltung. Daher sollte der Forderung des Rates nach klarer, einfacher, kurzer und unzweideutiger Rechtssetzung[215] auch im Beihilferecht entsprochen werden.[216]

3. Gemeinschaftsrahmen, Leitlinien und Mitteilungen

a. Rechtsnatur

Auf den ersten Blick stellen die erlassenen Regelwerke allgemeine Ermessensrichtlinien dar. Sie sind allerdings keine Rechtsvorschriften mit Außenwirkung,[217] sondern von der Rechtsnatur her mit den deutschen Verwaltungsvorschriften vergleichbar.[218]

Art. 106 Abs. 3 AEUV räumt der Kommission die Möglichkeit ein, Entscheidungen oder Richtlinien zu erlassen. Für weitergehende Kompetenzen hinsichtlich anderer Regelwerke lassen sich keine konkreten Normen ausmachen. Der Rechtscharakter der beihilferechtlichen Regelwerke entspricht auch nicht

---

210 Kommission, XXII. Bericht über die Wettbewerbspolitik 1992, S. 26, Ziff. 18; *Hellingman*, CMLR 1986, 111, 118; *Bieber/Epiney/Haag*, § 13, Rn. 19.

211 *Jaestaedt/Häsemeyer*, EuZW 1995, 787.

212 *von Wallenberg*, in: Grabitz/Hilf, EU, Vorb. zu Art. 92, Rn. 2.

213 *Jestaedt/Häsemeyer*, EuZW 1995, 787.

214 *Koenig/Kühling*, in: Streinz, EUV/EGV, Art. 87, Rn. 69.

215 Entschließung des Rates vom 8.6.1993 über die redaktionelle Qualität der gemeinschaftlichen Rechtsvorschrifen, ABl. 1993 Nr. C 166/01; vgl. die sich darauf beziehende Erklärung Nr. 39 vom 10.11.1997 zur redaktionellen Qualität der gemeinschaftlichen Rechtsvorschriften zum Vertrag von Amsterdam, ABl. 1997 Nr. C 340, S. 139.

216 Vgl. *Mederer*, in: GS, EUV/EGV, Art. 87, Rn. 152.

217 *Oppermann/Classen/Nettesheim*, Europarecht, § 22, Rn. 19.

218 *von Danwitz*, JZ 2000, 429, 434; *Gornig/Trüe*, JZ 2000, 395, 401; *Geiss*, Rechtsstaatliche Grundsätze, S. 135 ff.

dem der Vorschriften i.S.d. Art. 288 AEUV, d.h. Verordnungen und Richtlinien.[219] Da sie als Handlungsformen *eigener Art* mit ihrer jeweiligen Reichweite eine entsprechende eigene Wirkung entfalten,[220] können sie nicht mit den in Art. 288 AEUV bezeichneten Handlungsformen gleichgesetzt werden. Die ohnehin nicht abschließende Aufzählung des Art. 288 AEUV ist daher für die Einordnung dieser Handlungsformen nicht weiterführend.[221] Auch weitere Normen des AEUV enthalten nichts über die Rechtsverbindlichkeit von Leitlinien, Gemeinschaftsrahmen und anderen Veröffentlichungen. Rechtscharakter[222] sowie Bindungswirkung sind nicht abschließend geklärt.[223] In der Literatur lassen sich Aussagen finden, die Rechtsprechung und Lehre in der rechtsdogmatischen Erfassung dieser Regelwerke noch ganz am Anfang sehen.[224] Andere bezeichnen alle Handlungen der Gemeinschaftsorgane, die nicht den in Art. 288 Abs. 1 AEUV normierten typischen Rechtshandlungen zugeordnet werden können, als Rechtsakte *„sui generis“*[225], als *„eigenen Typs untergesetzlicher Normierung“* oder als *„eigenständige Kategorie des EG-Rechts“*[226]. Damit stellt sich die Frage, ob es sich bei den Regelwerken gar um politische Äußerungen der Kommission handelt, mit denen die Entscheidungspraxis vereinheitlicht und die Mitgliedstaaten informiert werden sollen. Sie könnten aber auch als bindende Verpflichtungen für die Kommission sowie die Mitgliedstaaten verstanden werden.[227] Auf der einen Seite ist die Bedeutung der Regelwerke größer als die einer bloßen politischen Absichtserklärung. Andererseits liegt ihnen keine eindeutige Rechtsgrundlage zugrunde, was der Rechtssicherheit zuträglich wäre. Die publizierten Regeln stützen sich vielmehr auf Art. 108 Abs. 1 AEUV. Der dort gebrauchte Terminus der „zweckdienlichen Maßnahme“[228] bezieht sich jedoch nur auf *bestehende* Beihilfen. Für neu einzuführende oder umzugestaltende Beihilfen hingegen findet die Vorschrift keine Anwendung. Rechtscharakter der zweckdienlichen Maßnahme ist im Zeitpunkt

---

219 *Uerpmann*, EuZW 1998, 331, 332.
220 Vgl. *Bieber/Epiney/Haag*, § 6, Rn. 42.
221 Vgl. *Ruffert*, in: Calliess/Ruffert, EUV/AEUV, Art. 288, Rn. 98.
222 *Lübbig/Martin-Ehlers*, Rn. 33.
223 *Schütterle*, Beihilfenkontrollpraxis, S. 393 f.; vgl. *Jestaedt/Häsemeyer*, EuZW 1995, 787.
224 *von Danwitz*, JZ 2000, S. 429, 434; vgl. *Schroth/Koch*, Subventionsbeschwerde, S. 36 ff.
225 *Ruffert*, in: Calliess/Ruffert, EUV/AEUV, Art. 288, Rn. 98.
226 *Thomas*, EuR 2009, 423 f.
227 Vgl. *Hancher/Ottervanger/Slot*, Rn. 1.23.
228 Vgl. *Jestaedt/Häsemeyer*, EuZW 1995, 787, 789; *Bieber/Epiney/Haag*, § 13, Rn. 19.

vor der Zustimmung der Mitgliedstaaten eine unverbindliche Empfehlung i.S.d. Art. 288 Abs. 5 AEUV.[229]

Der Europäische Gerichtshof hat die Rechtsnatur von Leitlinien und Gemeinschaftsrahmen noch nicht genau festgelegt. Er behandelt sie in seiner Rechtsprechung wie Rechtsnormen, die „in Kraft treten" und „zwingende Wirkung" haben können.[230] Die Kommission behandelt ihre Mitteilungen und Bekanntmachungen in der Praxis so, als ob sie Normencharakter hätten.[231]

b. Bindungswirkung

Mit der Veröffentlichung ihrer Regelwerke ermöglicht die Kommission eine weitgehend rechtssichere Prognosemöglichkeit ihrer Beihilfepolitik. Dadurch rückt die Frage der Bindungswirkung der Leitlinien in den Vordergrund. Hängt doch von der rechtlichen Bindung eines Organs gegenüber selbstgesetzten Verfahrensmaximen die Rechtssicherheit in hohem Maße ab.[232] Für alle Beteiligten ist es wichtig zu wissen, inwieweit sie sich auf die publizierten Regelwerke verlassen können.

Das Vertrauen der Adressaten bindet die Kommission faktisch an die Regelwerke. Diese Bindung hat zur Folge, dass die Kommission ihre Entscheidungspraxis an ihnen ausrichtet und dass Leitlinien nicht stillschweigend durch spätere Einzelentscheidungen geändert werden dürfen.[233] Daraus resultiert auch die Bezeichnung „*soft law*"[234]. Dieser Terminus umfasst Akte, die nicht rechtlich verbindlich sind, gleichwohl aber Rechtswirkungen zu entfalten vermögen.[235]

Die Bezeichnung als „Gemeinschaftsrahmen" oder „Leitlinien" ist für die Frage der Bindungswirkung unerheblich.[236] Im Gemeinschaftsrecht gilt das Prinzip, dass die Bezeichnung eines Rechtsaktes für dessen Qualifizierung und Wirkung nur

---

229 *Mederer*, in: G/T/E, EU-/EGV, Art. 93, Rn. 34; *Jestaedt/Häsemeyer*, EuZW 1995, 787, 791.

230 EuGH Urt. v. 24.03.1993, Rs. C-313/90, Slg. 1993, I-1125, Rn. 36 und 40 (CIRFS u. a./Kommission).

231 Vgl. Entscheidung der Kommission vom 12.07.2000, ABl. 2002 Nr. L 12/1 (Scott Paper SA/ Kimberly-Clark), Ziff. 58, 135 f.

232 *Jestaedt/Häsemeyer*, EuZW 1995, 787, 790.

233 EuGH Urt. v. 24.03.1993, Rs. C-313/90, Slg. 1993, I-1125 Rn. 44 (CIRFS u. a./Kommission).

234 *Bieber/Epiney/Haag*, § 6, Rn. 43; *Ruffert*, in: Calliess/Ruffert, EUV/AEUV, Art. 288, Rn. 102.

235 *Bieber/Epiney/Haag*, § 6, Rn. 43.

236 Vgl. *Jestaedt/Häsemeyer*, EuWZ 1995, 787, 789.

eine untergeordnete Rolle spielt.[237] Es lässt sich daher keine einheitliche Regel aufstellen, wann welcher Terminus zu gebrauchen ist. Vor diesem Hintergrund verwendet die Kommission für den Begriff „Gemeinschaftsrahmen" mitunter auch den der „Leitlinien". Innerhalb der deutschen Terminologie lässt die Kommission keine exakte Differenzierung zwischen den Begriffen erkennen. Allerdings taucht im englischen Sprachgebrauch die Bezeichnung „framework" nur bei den Regelungswerken auf, welche die Kommission auf *bestehende* Beihilfen anwendet. Beziehen sich die Regelungen auf *neue* Beihilfen, so spricht die Kommission von „guidelines". In der jüngeren deutschen Praxis ist zu beobachten, dass der englischen Terminologie zunehmend gefolgt wird.[238]

Wenngleich Rechtsnatur und rechtlichen Bindung noch nicht abschließend geklärt sind, ist mittlerweile eine Qualifizierung und Einordnung dieser Akte *sui generis* möglich.[239] Die Kommission bemüht sich zunehmend bei der Bezeichnung der Regelwerke um eine einheitliche und kohärente Terminologie.[240] Selbstverständlich gilt für sämtliche Akte stets der Rahmen des Primärrechts; dieses steht keinesfalls zur Disposition der Kommission oder der Mitgliedstaaten.[241] Erschwerend für die Erreichung einer klaren Terminologie sind die teilweise irreführenden, vermischenden, überlappenden und unpräzisen Inhalte und Bezeichnungen der Rechtsakte seitens der Kommission. Wenngleich die Fachbegriffe unterschiedlich angewendet werden, so weisen sie größtenteils derartige Parallelen auf, dass sie letztlich irgendwie doch miteinander gleichgesetzt werden können.

Hinsichtlich der rechtspragmatischen Wirkung begründen Gemeinschaftsrahmen und Leitlinien Rechtspflichten sowohl für die Kommission als auch die Mitgliedstaaten.[242] Während der Gemeinschaftsrahmen im Falle der Zustimmung der Mitgliedstaaten beide Seiten rechtlich binden kann[243], ist die Bindungswirkung

---

237 *Daig/Schmidt*, in: G/T/E, EU-/EGV, Art. 189, Rn. 25.

238 Vgl. *Jestaedt/Häsemeyer*, EuWZ 1995, 787, 788 f.

239 Vgl. *Ruffert*, in: Calliess/Ruffert, EUV/AEUV, Art. 288, Rn. 102.

240 Vgl. *Mederer*, in: G/T/E, EU-/EGV, Art. 92, Rn. 76; zur Frage der grundsätzlichen Kategorisierung der ungekennzeichneten Rechtsakte von Seiten des Schrifttums: *Ruffert*, in: Calliess/Ruffert, EUV/AEUV, Art. 288, Rn. 99.

241 EuGH Urt. v. 24.02.1987, Rs. 310/85, Slg. 1987, 901, Rn. 22 (Deufil); Urt. v. 24.03.1993, Rs. C-313/90, Slg. 1993, I-1125, Rn. 34, 36 (CIRFS u. a./Kommission).

242 *Mederer*, in: G/T/E, EU-/EGV, Art. 92, Rn. 75.

243 Vgl. *Mederer*, in: GS, EUV/EGV, Art. 87, Rn. 151; *Wieberneit*, Ordnungsrahmen, S. 407 ff.; EuGH Urt. v. 29.06.1995, C-135/93, Slg. 1995, I-1651, Rn. 24 (Spanien/Kommission).

bei den Leitlinien insoweit abgeschwächt, als dass sie lediglich eine *mittelbar-faktische* Wirkung[244] für die Staaten entfaltet.

Bei allen Leitlinien[245] ergeben sich die Pflichten der Kommission aus dem Selbstbindungscharakter der von ihr selbst gesetzten Vorschriften. Diese haben insoweit den Charakter normvertretender Verwaltungsvorschriften.[246] Die Selbstbindung der Kommission an die Leitlinien führt zu einer Reduzierung ihres Ermessens.[247] Unter Selbstbindung versteht man – getreu dem Grundsatz der Gleichbehandlung und des Vertrauensschutzes – die Verpflichtung, die von der Kommission erlassenen Regelwerke auf gleichgelagerte Fälle ebenso anzuwenden.[248] Die Rechtsprechung akzeptiert die Berechtigung der Kommission, sich in ihrem zukünftigen Verwaltungshandeln im Rahmen des Vertrages selbst zu binden.[249] Die Kommission ist durch ihre Vorgaben jedoch nicht *strikt* materiell-rechtlich gebunden.[250] Sie behält sich ihrerseits das Recht vor, ihre Grundsätze für die Überprüfung von Beihilfen den Veränderungen der Marktsituation anzupassen.[251] Dementsprechend verkündet sie, wie lange sie an einem bestimmten Gemeinschaftsrahmen festhalten möchte oder zu welchem Zeitpunkt ihr eine Überprüfung angezeigt erscheint.[252]

Unter Berücksichtigung aller bisherigen Aspekte lässt sich feststellen, dass sich die Kommission in ihrem Grundverständnis durchaus als rechtlich gebunden versteht. Dieses erweist sich vor allem dadurch, dass sie die Anwendung der Leitlinien zeitlich befristet oder Termine für deren Überprüfung festlegt. Innerhalb dieses Zeitraumes hält sich die Kommission an ihre Vorgaben. Allerdings erfährt

---

244 Vgl. *Keppenne*, Guide des aides, Rn. 212; *Rawlinson*, in: Harden, S. 59; *Sinnaeve*, EuZW 2001, 69, 70; *Oppermann/Classen/Nettesheim*, Europarecht, § 22, Rn. 19; *Pampel*, EuZW 2005, 11, 13.

245 Angesichts ihrer inhaltlichen Ähnlichkeit werden die Termini im Folgenden – soweit nicht anders gekennzeichnet – als Leitlinien bezeichnet.

246 *von Danwitz*, Verwaltungsrechtliches System, S. 434.

247 *Schütterle*, EuZW 1995, 391, 394; *Jestaedt/Häsemeyer*, EuZW 1995, 787, 789 f.; *Mederer*, in: G/T/E, EU-/ EGV, Art. 92, Rn. 74.

248 *Mederer*, in: G/T/E, EU-/EGV, Art. 92, Rn. 74; *König/Kühling*, NJW 2000, 1065, 1071; *Mederer*, in: G/T/E, EU-/EGV, Art. 92, Rn. 74 ff.; *Cremer*, in: Calliess/Ruffert, EUV/AEUV, Art. 107, Rn. 4.

249 EuGH Urt. v. 24.02.1987, Rs. 310/85, Slg. 1987, 901, Rn. 22 (Deufil); EuG, Urt. v. 30.04.1998, Rs. T-214/95, Slg. 1998, II-717, Rn. 79 (Het Vlaamse Gewest/Kommission).

250 *Schütterle*, Beihilfenkontrollpraxis, S. 394.

251 *Jestaedt/Häsemeyer*, EuZW 1995, 787, 789.

252 Vgl. Gemeinschaftsrahmen für staatliche Umweltschutzbeihilfen, ABl. 1994 Nr. C 72/3, Ziff. 4.3.

diese rechtliche Bindung dadurch eine Einschränkung, dass sich die Kommission jederzeit eine Abänderung aus Gründen der wirtschaftlichen Entwicklung vorbehält.[253] Im Hinblick auf Sinn und Zweck des Wettbewerbsschutzes ist diese Vorgehensweise pragmatisch und damit nachvollziehbar. Mit der Möglichkeit für die Kommission, jederzeit frei zu entscheiden, können allerdings Rechtssicherheit und Vertrauensschutz beeinträchtigt sein, wäre doch dadurch die zu schaffende Transparenz mangels Vorhersehbarkeit der Entscheidungen unterlaufen.[254] Solange die Kommission allerdings ihre erstellten Leitlinien aufrechterhält, ist davon auszugehen, dass sie sich daran rechtlich bindet.[255]

Im Unterschied dazu wird bei der rechtlichen Bindung der Mitgliedstaaten und deren Behörden zwischen *bestehenden* und *neu* einzuführenden Beihilfen differenziert.[256] Diese Unterscheidung ist in dem Verfahren zur Beihilfenkontrolle nach Art. 108 AEUV festgelegt. Eine *bestehende* Beihilfe wird von der Kommission „in Zusammenarbeit mit den Staaten" nach Art. 108 Abs. 1 AEUV überprüft. Das Beteiligungsrecht sieht die gütliche Einigung der Staaten und der Kommission vor. Zudem sollen die Staaten bei der Festlegung und Anwendung der Beihilfepolitik einbezogen werden. Dies erfolgt dergestalt, dass die Kommission den Staaten die „zweckdienliche Maßnahme" des Art. 107 Abs. 1 S. 2 AEUV zur Anpassung an geänderte wirtschaftliche Verhältnisse vorschlägt und sie dann um ihre Zustimmung bittet. Sofern das Einverständnis erklärt worden ist, entfalten die vor der Zustimmung noch unverbindlichen Empfehlungen i.S.d. Art. 288 Abs. 5 AEUV für die Mitgliedstaaten Bindungswirkung.[257] Ferner kann die Verbindlichkeit auch durch die Durchführung eines Hauptprüfungsverfahrens mit einer abschließenden förmlichen Entscheidung nach Art. 108 Abs. 2 AEUV i.V.m. Art. 19 Abs. 2 Verordnung (EG) Nr. 659/99[258] erlangt werden.[259] Den nationalen Gerichten obliegt

253 Vgl. *Jestaedt/Häsemeyer*, EuZW 1995, 787, 789; Gemeinschaftsrahmen für staatliche Umweltschutzbeihilfen, ABl. 1994 Nr. C 72/3, Ziff. 4.3.

254 Vgl. Gemeinschaftsrahmen für staatliche Umweltschutzbeihilfen, ABl. 1994 Nr. C 72/3, Ziff. 1.6.

255 *Jesteadt/Häsemeyer*, EuZW 1995, 787,790.

256 Vgl. *Jestaedt/Häsemeyer*, EuZW 1995, 787, 790; EuGH Urt. v. 09.08.1994, Rs. C-44/1993, Slg. 1994, I-3829, Rn. 9.

257 Vgl. *Schütterle*, EuZW 1995, 391, 394; *Keppenne*, Guide des aides, Rn. 213; *Jestaedt/Häsemeyer*, EuZW 1995, 787, 790.

258 Verordnung (EG) Nr. 659/1999 des Rates vom 22.03.1999 über besondere Vorschriften für die Anwendung von Artikel 93 des EG-Vertrages, ABl. 1999 Nr. L 83/1, S. 1–9.

259 Vgl. EuGH Urt. v. 24.03.1993, Rs. C-313/90, Slg. 1993, I-1125 Rn. 34, 36 (CIRFS u. a./Kommission); Entscheidungen der Kommission vom 21.02.1990, ABl. 1990 Nr. L 188/55, Ziff. IV., und vom 14.07.1998, ABl. 1998 Nr. L 304/24, Ziff. 35.

dann die Prüfung, ob bzw. inwieweit die Staaten die bestehenden Beihilfen angepasst[260] haben.

Die rechtliche Bindung von Leitlinien für *neu* einzuführende Beihilfen ist von anderer Qualität, da sie über den durch die Selbstbindung der Kommission vermittelten Vertrauensschutz hinaus nur begrenzt Rechtswirkungen entfalten.[261] Dennoch ist letztlich aber von einer *faktischen*[262] Verbindlichkeit der Regelwerke für die Staaten auszugehen. Schließlich wird jedes leitlinienkonforme Beihilfeprojekt von der Kommission genehmigt, jedes von den Leitlinien abweichende oder nicht vorgesehene in der Regel untersagt. Zwecks Vermeidung einer Rüge für die gewährte Beihilfe werden sich die Staaten an die Vorgaben der Leitlinien halten. Sie können schließlich davon ausgehen, dass die Kommission, solange sie die Leitlinien aufrechterhält, sich auch an diese darin niedergelegten Kriterien gebunden sieht. Sofern die Beihilfe im Widerspruch zu den Leitlinien steht, wird sie von der Kommission beanstandet. Die sich dann einstellende Konsequenz ist die Eröffnung des Hauptprüfungsverfahrens wegen Unionswidrigkeit der mitgliedstaatlichen Beihilfenregelung gemäß Art. 108 Abs. 2 AEUV.[263]

Im Zusammenhang mit der Fortentwicklung des Beihilferechts ist nicht zu übersehen, dass sich die Kommission nicht mehr nur mit den in Art. 288 AEUV niedergelegten Handlungsformen begnügt. Neben den klassischen Steuerungsformen durch Ge- und Verbot bedient sie sich zunehmend einer „weicheren" Form der Steuerung, dem bereits zuvor genannten „soft law".[264] Sofern diese Handlungsformen lediglich als politische Verhaltenserwartungen an die Staaten verstanden werden, wird deren rechtsnormative Steuerungsfunktion übersehen bzw. unterschätzt. Schließlich entfalten sie rechts-normative Steuerungswirkung, so dass ihnen rechtliche Funktion und Wirkung zukommt.[265] Somit leisten sie einen wichtigen Beitrag zu mehr Transparenz und zu einem höheren Maß an Rechtssicherheit in der Entscheidungspraxis der Kommission.[266] Trotz mitunter uneinheitlich angewandter Terminologie wirken sie letztlich darauf hin, dass unnötige und von vornherein aussichtslose Beihilfeanmeldungen unterbleiben.

260 *Jestaedt/Häsemeyer*, EuZW 1995, 787, 790.
261 *Schroeder*, in: Streinz, EUV/EGV, Art. 249, Rn. 33.
262 *Rawlinson*, in: Harden, S. 59; *Sinnaeve*, EuZW 2001, 69, 70; *Keppenne*, Guide des aides, Rn. 212.
263 *Jestaedt/Häsemeyer*, EuZW 1995, 787, 791.
264 *Oppermann/Classen/Nettesheim*, Europarecht, § 10, Rn. 141.
265 *Oppermann/Classen/Nettesheim*, Europarecht, § 10, Rn. 142.
266 *Jestaedt/Häsemeyer*, EuZW 1995, 787, 792.

4. Die Gruppenfreistellung von Beihilfen durch Kommissionsverordnungen

Art. 109 AEUV ermächtigt den Rat, auf Vorschlag der Kommission Durchführungsverordnungen zu Art. 107 und 108 AEUV zu erlassen und Bedingungen für diejenigen Arten von Beihilfen festzulegen, die von dem Verfahren des Art. 108 Abs. 3 AEUV ausgenommen sind. Der Rat machte allerdings von dieser Ermächtigung bis zum Jahre 1998 keinen Gebrauch. Er stützte keine Verordnung ausdrücklich auf die Kompetenznorm.[267] Die Gründe lagen in der mangelnden Einigkeit der Staaten über die Beihilfepolitik. Sie empfanden die gemeinschaftliche Beihilfenkontrolle größtenteils als Einmischung in die nationale Wirtschaftsförderung. Diese betrachteten sie äußerst kritisch. Die Kommission ihrerseits befürchtete, dass sich die Einflussnahme der nationalen Regierungen im Rat negativ auf die Beihilfenkontrolle auswirken könnte.[268] Die zunehmend in den Fokus der öffentlichen Aufmerksamkeit rückende Beihilfenkontrolle sowie die zu befürchtende Arbeitsüberlastung der Kommission hatten 1996 eine gemeinsame Initiative der Kommission und des Rates zur Folge. Sie zielte auf eine grundlegende Neuorientierung der Beihilfenkontrolle. Infolge der veränderten Einstellung bezüglich einer strikteren Beihilfenkontrolle gab die Kommission ihre früheren Vorbehalte auf.[269] Seitdem sind auf der Grundlage von Art. 109 AEUV zwei Durchführungsverordnungen des Rates ergangen. Dies sind die Verordnung (EG) Nr. 659/99 (Verfahrensordnung)[270] sowie die Verordnung (EG) Nr. 994/98 des Rates (Ermächtigungsverordnung)[271]. Die mit den ergangenen Verordnungen einhergehenden modernisierten Kontrollbedingungen für Beihilfen begründeten eine transparentere Neuordnung des Beihilferechts.[272] Auf dieser Grundlage wurde das Modell der

---

267 *Cremer*, in: Calliess/Ruffert, EUV/AEUV, Art. 109, Rn. 1; *Koenig/Kühling*, in: Streinz, EUV/EGV, Art. 89, Rn. 4. Wenngleich einige Verordnungen in den Sektoren Verkehr und Schiffbau ergingen, so stützten sich diese auf andere Rechtsgrundlagen (Art. 71 und 73 bzw. Art. 133 EGV).

268 *Slot*, CMLR 1990, S. 741 ff.; *Mederer*, CPN 3/1996, S. 12, 14; *D'Sa*, S. 33 ff.

269 *Mederer*, CPN 3/1996, S. 12 ff.

270 Verordnung (EG) Nr. 659/1999 des Rates vom 22.03.1999 über besondere Vorschriften für die Anwendung von Artikel 93 des EG-Vertrages, ABl. 1999 Nr. L 83/1, S. 1–9.

271 Verordnung (EG) Nr. 994/98 des Rates vom 07.05.1998 über die Anwendung der Art. 92 und 93 des Vertrages zur Gründung der Europäischen Gemeinschaft auf bestimmte Gruppen horizontaler Beihilfen, ABl. 1998 Nr. L 142/1. Nachstehend als „VO 994/98" bezeichnet.

272 Vgl. *Koenig/Kühling*, in: Streinz, EUV/EGV, Art. 89, Rn. 4.

Gruppenfreistellung, das sich zuvor im Kartellrecht bewährt hatte,[273] in das Beihilferecht eingeführt. Die bisherige Kodifizierung der Beihilfenkontrollpraxis durch Gemeinschaftsrahmen und Leitlinien wurde mit den Gruppenfreistellungen um eine weitere Komponente ergänzt.[274] Von dieser durch die Ermächtigungsverordnung eingeräumten Möglichkeit hat die Kommission seitdem mehrfach Gebrauch gemacht. Die Bilanz der mittlerweile mehr als 1600 Maßnahmen ohne Anmeldung auf der Grundlage dieser Verordnung ist bis dato weitgehend positiv.[275]

Angesichts der Perfektionierung der Beurteilungskriterien für Beihilfen in den Gruppenfreistellungsverordnungen erfolgte deren Beurteilung zunehmend schematisch und wurde somit für die Staaten vorhersehbar, so dass sie nunmehr überwiegend diejenigen Beihilfen anmeldeten, die den festgelegten Kriterien entsprachen. Als Folge war die Kommission vermehrt von Routinefällen entlastet, lag doch die Verantwortung für die Beurteilung bestimmter Beihilfen jetzt bei den Staaten. Denn der jeweilige Staat prüft[276], ob die Fördermaßnahme den in den Freistellungsverordnungen festgelegten Anforderungen entspricht. Die Kommission kann sich damit auf die besonders schwierigen Fälle konzentrieren, die ein äußerst hohes Verzerrungspotenzial für den Wettbewerb beinhalten. Mit der Delegation der Verantwortung an die Mitgliedstaaten sind diese nicht mehr dem mit dem Anmelde- und Prüfverfahren einhergehenden zum Teil sehr hohen bürokratischen Aufwand sowie möglicher Zeitverzögerung ausgesetzt.[277]

a. Die Ermächtigungsverordnung Nr. 994/98 (VO)

Art. 1 VO 994/98 ermächtigt die Kommission, bestimmte Arten von Beihilfen durch Verordnung von der Anmeldepflicht des Art. 108 Abs. 3 AEUV zu befreien.[278] Nach Art. 1 Abs. 1 lit. a) und b) sowie Art. 2 VO 994/98 können horizontale und regionale Beihilfen wie auch sog. De-minimis-Beihilfen freigestellt werden. Dabei handelt es sich um typischerweise beihilferechtlich unproblematische Arten staatlicher Zuwendung.[279] Da die Kommission sektoralen Beihilfen[280] grundsätzlich ablehnend gegenübersteht, hat sie für diese Art der Förderung keine Freistellungen

---

273 Vgl. hinsichtlich einer Bilanz der Anwendung im Kartellrecht: *Bechtold*, EWS 2001, 49.

274 *Kreuschitz/Rawlinson*, in: Lenz/Borchardt, Art. 87, Rn. 65.

275 *Bär-Bouyssieère*, in: Schwarze, EU-Kommentar, Art. 87, Rn. 82.

276 Vgl. *Koenig/Kühling*, in: Streinz, EUV/EGV, Art. 89, Rn. 5.

277 *Sinnaeve*, EuZW 2001, 69, 70.

278 *Bär-Bouyssieère*, in: Schwarze, EU-Kommentar, Art. 87, Rn. 82.

279 *Cremer*, in: Calliess/Ruffert, EUV/AEUV, Art. 107, Rn. 2.

280 Kommission, XXIV. Wettbewerbsbericht 1994, S. 194, Ziff. 363.

festgelegt. Erst mit dem Zustandekommen des Vertrages von Lissabon und damit der Umbenennung des „Vertrages zur Gründung der Europäischen Gemeinschaft" in den „Vertrag zur Arbeitsweise der Europäischen Gemeinschaft" am 30.11.2009 wurde primärrechtlich in Art. 108 Abs. 4 AEUV die Möglichkeit normiert, die die Kommission autorisiert, im Rahmen von Ratsvorgaben Gruppenfreistellungsverordnungen zu erlassen.[281]

b. *Gruppenfreistellungsverordnungen*

aa. Gruppenfreistellungen für horizontale und regionale Beihilfen

Gruppenfreistellungsverordnungen (GVO) sind Verordnungen des Rates und der Kommission i.S.d. Art. 288 Abs. 2 AEUV. Diese Rechtsakte sind allgemein gültig, in allen ihren Teilen verbindlich und gelten unmittelbar in jedem Mitgliedstaat.[282] Sie sind gemäß Art. 297 Abs. 1 und 2 AEUV im Amtsblatt der Gemeinschaften, Teil L, zu veröffentlichen.[283] Über die Befreiung von der Anmeldepflicht hinaus, setzen die GVO inhaltliche Maßstäbe für die Prüfung von angemeldeten Beihilferegelungen. Sofern die Beihilfen von den Freistellungskriterien abweichen, unterliegen sie weiterhin der Notifizierungspflicht bei der Kommission.[284] Seit 2001 erließ die Kommission Gruppenfreistellungsverordnungen für Ausbildungsbeihilfen[285], De-Minimis-Beihilfen[286], Beihilfen an kleine und mittlere Unternehmen (KMU)[287] und Beschäftigungsbeihilfen[288,289] Im Rahmen des Aktionsplans „Staatliche Beihilfen" hat die Kommission dieses Regelwerk weiterentwickelt. Sie hat die bestehenden Freistellungsverordnungen vereinfacht und diese 2008

---

281 Vgl. *Oppermann/Classen/Nettesheim*, Europarecht, § 22, Rn. 20.

282 *Herdegen*, Europarecht, § 9, Rn. 34; *Oppermann/Classen/Nettesheim*, Europarecht, § 10, Rn. 82.

283 *Herdegen*, Europarecht, § 9, Rn. 34.

284 *Kreuschitz/Rawlinson*, in: Lenz/Borchardt, Art. 89, Rn. 3.

285 Verordnung (EG) Nr. 68/2001 vom 12. Januar 2001 über die Anwendung der Artikel 87 und 88 EG-Vertrag auf Ausbildungsbeihilfen, ABl. 2001 Nr. L 10/20, S. 20–29.

286 Verordnung (EG) Nr. 69/2001 vom 12. Januar 2001 über die Anwendung der Artikel 87 und 88 EG-Vertrag auf „De-minimis"-Beihilfen, ABl. 2001 Nr. L 10/30, S. 30–32.

287 Verordnung (EG) Nr. 70/2001 vom 12. Januar 2001 über die Anwendung der Artikel 87 und 88 EG-Vertrag auf staatliche Beihilfen an kleine und mittlere Unternehmen, ABl. 2001 Nr. L 10/33, S. 33–42.

288 Verordnung (EG) Nr. 2204/2002 vom 12. Dezember 2002 über die Anwendung der Artikel 87 und 88 EG- Vertrag auf Beschäftigungsbeihilfen, ABl. 2002 Nr. L 337/3, S. 3–14.

289 *Bartosch*, NJW 2001, 921; *Zuleger*, EuZW 2003, 270.

einheitlich in der Allgemeinen Gruppenfreistellungsverordnung (AGVO) zusammengefasst. Die AGVO fasst die Bestimmungen von bislang fünf Verordnungen zusammen.[290]

bb. Kontrollmechanismen

Auch wenn den Staaten mit dem in den Gruppenfreistellungsverordnungen vorgesehenen Wegfall der Präventivkontrolle eine größere Selbständigkeit eingeräumt wurde, so erfolgt dennoch eine Überprüfung ihres Handelns. Darf doch die Entlastung der Kommission nicht eine Verschlechterung der bisherigen Kontrollpraxis zur Folge haben. Zur Sicherstellung der Einhaltung der Beihilfevorschriften[291] bedient sich die Kommission verschiedener Kontrollinstrumente.[292] Nach Art. 9 Abs. 1 AGVO müssen die Staaten innerhalb von 20 Arbeitstagen nach Erlass einer Beihilferegelung bzw. Gewährung einer Einzelbeihilfe eine Kurzbeschreibung der Fördermaßnahme, die der Freistellungsverordnung unterliegt, für die Veröffentlichung im Amtsblatt der Europäischen Gemeinschaften erstellen. Dokumente, welche die Erfüllung der Freistellungsvoraussetzungen belegen, sind gemäß Art. 10 Abs. 2 AGVO 10 Jahre nach der Einführung einer Beihilfe zur Verfügung der Kommission bereitzuhalten. Ferner sind die Staaten gemäß Art. 11 AGVO dazu angehalten, jede über die Freistellungsverordnungen eingeführte Beihilfe in einem Jahresbericht zu dokumentieren. Der Bericht ist dann der Kommission zu übermitteln und gemäß Art. 3 Abs. 4 Ermächtigungsverordnung allen Staaten zugänglich zu machen.

Neben den dargestellten Kontrollmechanismen spielt die dezentrale Kontrolle auf nationaler Ebene eine entscheidende Rolle.[293] Verstoßen Staaten gegen die Freistellungsverordnungen, so können die nationalen Gerichte eine Rückforderung der rechtswidrigen Beihilfe anordnen.[294] Die Gerichte sind in ihrer Bewertung nicht befugt, die Vereinbarkeit der Beihilfe mit dem Binnenmarkt nach Art. 107 AEUV zu überprüfen. Ihre Prüfung erstreckt sich lediglich auf die Einhaltung

---

290 Vgl. *Bär-Bouyssière*, in: Schwarze, EU-Kommentar, Art. 87, Rn. 82.

291 Vgl. *Mederer*, in: G/T/E, EU-/EGV, Art. 94, Rn. 12.

292 Vgl. Art. 7 GVO; Art. 9 GVO; *Sinnaeve*, CPN 1/2001, S. 22, 24 f.; *Blumann*, RMCUE 1999, S. 319, 326 f.

293 *Keppenne*, RMUE 1998, S. 125, 136; *Bär-Bouyssière*, in: Schwarze, Neuere Entwicklungen, S. 86 f.

294 Vgl. EuGH Urt. v. 22.03.1977, Rs. 78/76, Slg. 1977, 595, Rn. 10 (Steinike und Weinlig); EuGH Urt. v. 11.07.1996, Rs. C-39/94, Slg. 1996, I-3547, Rn. 71 (SFEI u. a./La Poste u. a.).

der Bedingungen der Freistellungsverordnungen. Sind sich die Gerichte unsicher, können sie das jeweilige Beihilfeverfahren aussetzen und sich an die Kommission wenden.[295] Auch ist es gemäß Art. 267 AEUV möglich, dazu den Gerichtshof anzurufen.

cc. De-minimis-Beihilfen

2001 erließ die Kommission die De-minimis-Verordnung.[296] In Art. 2 Abs. 2 De-minimis-Verordnung sind Beihilfen von der Anmeldung freigestellt, die den Förderbetrag von insgesamt 100.000 EUR innerhalb eines Dreijahreszeitraumes nicht überschreiten. Zuwendungen bis zur Schwelle des festgelegten Höchstbetrages gelten nach den Erfahrungen der Kommission als nicht wettbewerbsverfälschend. Sie beeinträchtigen folglich den Handel zwischen den Staaten nicht. Daher ist gemäß Art. 2 Abs. 1 De-minimis-Verordnung grundsätzlich davon auszugehen, dass es sich bei den Kleinbeihilfen mangels Tatbestandsmäßigkeit nicht um Beihilfen im Sinne des Art. 107 Abs. 1 AEUV handelt. Somit können sie mit anderen Beihilfen frei kumuliert werden.[297]

Zur Kontrolle der Einhaltung der maximalen Zuwendungshöhe innerhalb von 3 Jahren, hat die Kommission zwei Instrumente eingeführt. In Art. 3 De-minimis-Verordnung haben die Staaten die Wahl zwischen einer dezentralen Überwachung sowie der Einrichtung eines Zentralregisters. Bei der ersten Alternative teilt der Mitgliedstaat bei Gewährung der Beihilfe dem Begünstigten mit, dass es sich um eine De-minimis-Beihilfe handelt. Der Begünstigte erstellt und übermittelt der Kommission sodann eine vollständige Übersicht über sonstige in den vorangegangenen 3 Jahren erhaltenen De-minimis-Beihilfen. Nach Art. 3 Abs. 1 De-minimis-Verordnung darf eine neue Zuwendung nur erfolgen, wenn sich der Staat davon überzeugt hat, dass der Höchstbetrag von 100.000 EUR nicht überschritten ist. Letzteres Instrument erfasst in einem Zentralregister sämtliche De-minimis-Beihilfen. Sofern solch ein Register seit 3 Jahren besteht, müssen gemäß Art. 3 Abs. 2 De-minimis-Verordnung keine weiteren Informationen von dem Begünstigten eingeholt werden. Nach Art. 3 Abs. 3 De-minimis-Verordnung müssen die Staaten alle Unterlagen, die die Einhaltung der Bedingungen

---

295 Vgl. Bekanntmachung über die Zusammenarbeit zwischen der Kommission und den Gerichten der Mitgliedstaaten im Bereich der staatlichen Beihilfen vom 23.11.1995, ABl. 1995 Nr. C 312/8, Ziff. 29 ff.

296 Verordnung (EG) Nr. 69/2001 vom 12. Januar 2001 über die Anwendung der Artikel 87 und 88 EGV auf „De- minimis"-Beihilfen, ABl. 2001 Nr. L 10/30, S. 30–32.

297 *Koenig/Kühling*, in: Streinz, EUV/EGV, Art. 89, Rn. 13.

dokumentieren, 10 Jahre aufbewahren, damit sich die Kommission jederzeit einen Überblick verschaffen kann.

Am 1.1.2007 trat die neue De-minimis-Verordnung[298] in Kraft. Sie gilt bis Ende 2013. Der wirtschaftlichen Entwicklung angepasst[299] wurde der Höchstbetrag auf 200.000 EUR (mit bereichsspezifischen Ausnahmen)[300] heraufgesetzt. Sofern die Beihilfe den zulässigen Betrag übersteigt, ist eine Anwendung dieser Verordnung ausgeschlossen.[301] Nach Art. 2 Abs. 3 VO bezieht sich der festgelegte Höchstbetrag auf den Fall einer Barzuwendung. Erfolgt die Beihilfe nicht als Zuschuss, sondern in anderer Form, so bemisst sich ihre Höhe nach dem Bruttosubventionsäquivalent, also dem Nennwert der Beihilfe. Entscheidend dafür sind die Bruttobeträge ohne Berücksichtigung des Abzuges von Steuern und sonstigen Abgaben. Gemäß Art. 2 Abs. 4 VO ist dabei erforderlich, dass die Beihilfe in einer Form gewährt wird, für die das Bruttosubventionsäquivalent im Voraus berechnet werden kann, ohne dass eine Risikobewertung erforderlich ist („transparente Beihilfen"). Auch Beihilfen in Form von Darlehen und Bürgschaften können als transparent behandelt werden. Erstere gelten gemäß Art. 2 Abs. 4 lit. a) VO als transparent, sofern das Bruttosubventionsäquivalent auf der Grundlage der zum Bewilligungszeitpunkt geltenden marktüblichen Zinssätze berechnet worden ist. Bürgschaften werden dann als transparente Beihilfen behandelt, wenn der verbürgte Teil des Darlehens 1,5 Mio. Euro[302] je Unternehmen nicht übersteigt. Ferner darf gemäß Art. 2 Abs. 4 lit. d) VO der Verbürgungsanteil des zugrundeliegenden Darlehens 80 % nicht überschreiten. Nach Art. 2 Abs. 4 lit. b) und c) VO werden Kapital- und Risikokapitalzuführungen nur unter bestimmten Voraussetzungen von der VO erfasst.

Kleinbeihilfen können grundsätzlich mit anderen Beihilfen für dieselben förderbaren Aufwendungen kumuliert werden. Allerdings müssen gemäß Art. 2 Abs. 5 VO die zulässigen Höchstwerte eingehalten werden. Nach Art. 3 Abs. 1 VO ergeht durch den Staat der Hinweis an das begünstigte Unternehmen, dass es sich um eine De-minimis-Beihilfe handelt. Dieses hat dem Staat alle weiteren Beihilfen aus dem laufenden sowie den 2 vorangegangenen Steuerjahren mitzuteilen. Wurde bereits eine Kleinbeihilfe gewährt und ist eine weitere beabsichtigt, so hat

298 Verordnung (EG) Nr. 1998/2006 der Kommission vom 15.12.2006 über die Anwendung der Art. 87 und 88 EGV auf „De-minimis-Beihilfen", ABl. 2006 Nr. L 379/5, S. 5–10. Im Folgenden in diesem Abschnitt als VO bezeichnet.

299 Vgl. ABl. 2006 Nr. L 379/5, 2. Erwägungsgrund.

300 *Oppermann/Classen/Nettesheim*, Europarecht, § 22, Rn. 12.

301 Vgl. *Bär-Bouyssière*, in: Schwarze, EU-Kommentar, Art. 87, Rn. 83.

302 Im Bereich des Straßentransports wird der verbürgte Teil mit 750 000 Euro angesetzt.

sich der Staat davon zu überzeugen, dass der Gesamtwert der Beihilfen den zulässigen Maximalwert nicht übersteigt. Von dieser Verfahrensweise kann abgewichen werden, wenn der Staat über ein vollständiges Zentralregister verfügt.[303]

c. Allgemeine Gruppenfreistellungsverordnung

Zur Erreichung einer möglichst einheitlichen Beihilfenaufsichtspraxis in sämtlichen Wirtschaftszweigen[304] erließ die Kommission die sog. Allgemeine Gruppenfreistellungsverordnung (AGVO).[305] Sie ist bis zum 31.12.2013 gültig. Neben der Zusammenfassung aller bis dahin bestehenden Gruppenfreistellungsverordnungen enthält die AGVO gemeinsame Vorschriften für alle sowie gesonderte Vorschriften für einzelne Beihilfegruppen. Die AGVO gilt für Forschungs-, Entwicklungs- und Innovationsbeihilfen, Ausbildungs- und Beschäftigungsbeihilfen, Risikokapitalbeihilfen, Umweltschutzbeihilfen, Beihilfen zur Förderung des Unternehmertums wie Beihilfen für junge, innovative Unternehmen, Beihilfen für neu gegründete kleine Unternehmen in Fördergebieten und Beihilfen zur Bewältigung von Problemen, mit denen insbesondere Unternehmerinnen zu kämpfen haben, und KMU[306]-Beihilfen.[307]

5. Horizontale Beihilfen

Nachstehende Ausführungen beschränken sich auf die relevantesten der horizontalen Beihilfen.

a. KMU

In den Jahren 1992 und 1996 verabschiedete die Kommission erstmals Gemeinschaftsrahmen für Beihilfen an kleine und mittlere Unternehmen (KMU). 2001

---

303 *Bär-Bouyssière*, in: Schwarze, EU-Kommentar, Art. 87, Rn. 83.

304 *Cremer*, in: Calliess/Ruffert, EUV/AEUV, Art. 107, Rn. 63.

305 Verordnung (EG) Nr. 800/2008 v. 06.08.2008 zur Erklärung der Vereinbarkeit bestimmter Gruppen von Beihilfen mit dem Gemeinsamen Markt in Anwendung der Art. 87 und 88 EGV, ABl. 2008 Nr. L 214/3, S. 3–47.

306 KMU bedeutet Unternehmen kleiner und mittlerer Größe im Sinne der Verordnung (EG) Nr. 70/2001 der Kommission vom 12. Januar 2001 über die Anwendung der Art. 87 und 88 EGV auf staatliche Beihilfen an kleine und mittlere Unternehmen, ABl. 2001 Nr. L 10/33, oder jeder Verordnung, die diese Verordnung ersetzt. Eine weitere detailierte Definition findet sich im Anhang I der Verordnung (EG) Nr. 800/2008, ABl. 2008 Nr. L 214/38.

307 *Bär-Bouyssière*, in: Schwarze, EU-Kommentar, Art. 87, Rn. 82.

erließ sie die KMU-Durchführungsverordnung[308], die gemäß Art. 10 KMU-Verordnung zunächst bis zum 31.12.2006 befristet war, dann aber bis zum 30.06.2008 verlängert wurde.[309] Trotz der Anwendbarkeit der Verordnung für Beihilfen in allen Wirtschaftsbereichen galten für den Fischerei- und Agrarsektor Sonderregelungen. Die KMU-Verordnung wird heute durch die AGVO ersetzt.[310] Gemäß Art. 15 Abs. 1 AGVO werden Investitions- und Beschäftigungsbeihilfen von der Notifizierungspflicht des Art. 108 Abs. 3 AEUV freigestellt, wenn sie die Voraussetzungen der Absätze 2–4 erfüllen. Um den materiellen Freistellungsvoraussetzungen des Art. 15 AGVO zu entsprechen, dürfen vor allem bestimmte höchstzulässige Beihilfeintensitäten nicht überschritten werden. Dabei wird zwischen unterschiedlichen Unternehmensgrößen differenziert. Die Beihilfeintensität darf bei kleinen Unternehmen 20% und bei mittleren Unternehmen 10 % der beihilfefähigen Kosten nicht überschreiten. Nach Art. 6 Abs. 1 lit. a) AGVO beträgt der beihilfefähige Schwellenwert 7,5 Mio. Euro.

Ein Unternehmen ist jede Einheit, unabhängig von ihrer Rechtsform, die eine wirtschaftliche Tätigkeit ausübt. Es gehören auch jene Einheiten dazu, die eine handwerkliche oder andere Tätigkeit als Einpersonen- oder Familienbetrieb ausüben, sowie Personengesellschaften oder Vereinigungen, die regelmäßig einer wirtschaftlichen Tätigkeit nachgehen.[311] Beschäftigt ein Unternehmen weniger als 50 Personen und übersteigt der Jahresumsatz bzw. die Jahresbilanz nicht 10 Mio. Euro, so sind die Kriterien für ein *kleines* Unternehmen gegeben.[312] *Mittlere* Unternehmen sind solche, die weniger als 250 Mitarbeiter haben und einen Jahresumsatz von maximal 50 Mio. Euro bzw. eine Jahresbilanzsumme von höchstens 43 Mio. Euro aufweisen.[313] Für die Anerkennung als KMU ist es nötig, dass dem Unabhängigkeitskriterium entsprochen wird. „Als unabhängig gelten grundsätzlich Unternehmen, die nicht zu 25 % oder mehr des Kapitals oder der Stimmanteile im Besitz von einem oder mehreren Unternehmen gemeinsam stehen, welche die Definitionsmerkmale der KMU nicht erfüllen."[314]

308 ABl. 2001 Nr. L 10/33, S. 33–42.

309 *Cremer*, in: Calliess/Ruffert, EUV/AEUV, Art. 107, Rn. 69.

310 *Cremer*, in: Calliess/Ruffert, EUV/AEUV, Art. 107, Rn. 69 f.

311 ABl. 2008 Nr. L 214/3, S. 38, Art. 1 Anhang I.

312 ABl. 2008 Nr. L 214/3, S. 38, Art. 2 Abs. 2 Anhang I.

313 ABl. 2008 Nr. L 214/3, S. 38, Art. 2 Abs. 1 Anhang I.

314 *Koenig/Kühling*, in: Streinz, EUV/EGV, Art. 89, Rn. 10; ABl. 2008 Nr. L 214/3, S. 38, Art. 3 Anhang I.

b. Forschung, Entwicklung, Innovation

Im Interesse der Wettbewerbsfähigkeit von Unternehmen werden die Bereiche Forschung und Entwicklung (FuE) großzügig gefördert.[315] Der bis 31.12.2013 gültige Gemeinschaftsrahmen für FuE[316] erfasst sowohl FuE-Tätigkeiten als auch Beihilfen für Innovationsprojekte. Er ist grundsätzlich für alle Wirtschaftszweige anwendbar[317] und konkretisiert, welche Möglichkeiten den Staaten für eine ideale Förderung für ihre Vorhaben zur Verfügung stehen und wie sie sich beihilferechtskonform bewegen. Dabei sollen die Beihilfen mittels wirtschaftlicher Analysen auf die besten Projekte ausgerichtet werden. Zu den verschiedenen Förderungen gehören Beihilfen für FuE-Projekte, für junge innovative Unternehmen und für Innovationskerne, die Privatunternehmen zu mehr FuE-Investitionen ermutigen könnten und somit zu mehr Wachstum und Beschäftigung in Europa und einer besseren Wettbewerbsfähigkeit der europäischen Unternehmen beitragen.[318] Nach Ziff. 1.3. des Rahmens hat nun auch eine Abwägungsprüfung hinsichtlich der Vereinbarkeit einer Beihilfemaßnahme mit dem Binnenmarkt zu erfolgen. Diese wurde im Zusammenhang mit dem „Aktionsplan staatliche Beihilfen“[319], dem „More Economic Approach“, entwickelt.

c. Umweltschutzbeihilfen

Art. 11 AEUV macht den Umweltschutz zum Vertragsgrundsatz.[320] Die letzten Jahre zeigen vermehrt beihilferechtsrelevante Aktivitäten der Staaten im Umweltsektor. Die Kommission erließ 2001 den Gemeinschaftsrahmen für staatliche Umweltschutzmaßnahmen[321]. Der bis Ende 2007 zunächst befristete Gemeinschaftsrahmen besitzt weiterhin Gültigkeit für Maßnahmen, die bis Anfang 2008

---

315 *Kreuschitz/Rawlinson*, in: Lenz/Borchardt, Art. 87, Rn. 69.

316 Gemeinschaftsrahmen für staatliche Beihilfen für Forschung, Entwicklung und Innovation vom 30.12.2006, ABl. 2006 Nr. C 323/1.

317 ABl. 2006 Nr. C 323/1, Ziff. 2.1.

318 *Bär-Bouyssiére*, in: Schwarze, EU-Kommentar, Art. 87, Rn. 72.

319 Aktionsplan staatliche Beihilfen vom 7. Juni 2005. Weniger und besser ausgerichtete staatliche Beihilfen – Roadmap zur Reform des Beihilferechts 2005–2009, KOM (2005) 107 endgültig – SEK (2005) 795.

320 Vgl. *Oppermann/Classen/Nettesheim*, Europarecht, § 22, Rn. 21.

321 Gemeinschaftsrahmen vom 03.02.2001, ABl. 2001 Nr. C 37/03, S. 3–15. Der Rahmen löst den zweimal verlängerten Umweltschutzrahmen von 1994 (ABl. 1994 Nr. C 72/3, S. 3–9) ab.

gewährt wurden. Förderungen ab 2008 unterliegen den neuen Leitlinien.[322] Nach Ziff. 1.1. sind die Leitlinien eines der Instrumente zur Umsetzung der vom Europäischen Rat beschlossenen energie- und klimapolitischen Ziele, wie z.B. die Reduzierung der Treibhausgasemissionen um 20 % bis 2020. Diese Senkung soll mit erneuerbaren Energien erreicht werden.

d. *Risikokapitalbeihilfen*

Die Leitlinien der Gemeinschaft für staatliche Beihilfen zur Förderung von Risikokapitalinvestitionen in kleine und mittlere Unternehmen[323] ersetzen die bisherige Mitteilung der Kommission von 2001[324] und gelten bis Ende 2013. Zusätzlich zu diesen Leitlinien gelten seit dem 29. August 2008 die Art. 28 und 29 AGVO. Die Leitlinien besitzen ausschließlich Gültigkeit für KMU. Für Unternehmen in Schwierigkeiten finden sie keine Anwendung. Darüber hinaus sind die Bereiche Schiffsbau, Kohle und Stahl sowie exportbezogene Tätigkeiten von ihnen ausgenommen.[325] Die aktuellen Leitlinien legen fest, wann es sich bei einer Risikokapitalfinanzierung um eine Beihilfe handelt und unter welchen Voraussetzungen diese zulässig ist. Bei Risikokapital handelt es sich um finanzielle Mittel, die Unternehmen in Form von Beteiligungen oder beteiligungsähnlicher Finanzierung in ihrer Anlauf- und Entwicklungsphase gewährt werden.[326]

Eine Risikokapitalbeihilfe gilt nach Art. 107 Abs. 3 lit. c) AEUV als mit dem Binnenmarkt vereinbar, wenn die Beihilfe zu einer vermehrten Bereitstellung von Risikokapital führt, ohne den Handel in einem Maße zu beeinträchtigen, das dem gemeinsamen Interesse nicht entspricht.[327] Hierfür sehen die Leitlinien für die Vereinbarkeitsprüfung zwei unterschiedliche Prüfungsintensitäten vor. Für eine „Standardüberprüfung" müssen nach Ziff. 4.3. Leitlinien Anreizeffekt, Erforderlichkeit sowie die Angemessenheit gegeben sein und die allgemeine Abwägung positiv ausfallen. Die Kommission kommt zu solch einem Urteil, wenn die in Ziff. 4.3 Leitlinien niedergelegten Voraussetzungen erfüllt sind und damit ein Marktversagen ausgeschlossen werden kann. Im Rahmen dieser Prüfung orientiert sich die Kommission für die Bewertung des Marktversagens an einer Reihe

---

322 Leitlinien der Gemeinschaft für staatliche Umweltschutzbeihilfen, ABl. 2008 Nr. C 82/1, S. 1–33.

323 ABl. 2006 Nr. C 194/2, S. 2–21.

324 Staatliche Beihilfen und Risikokapital, ABl. 2001 Nr. C 235/03, S. 3–11.

325 *Bär-Bouyssière*, in: Schwarze, EU-Kommentar, Art. 87, Rn. 74.

326 ABl. 2006 Nr. C 194/2, Ziff. 2.2. lit. k).

327 ABl. 2006 Nr. C 194/2, Ziff. 4.1.

einschlägiger Indikatoren. Hierfür sehen die Leitlinien u. a. sogenannte Safe-Harbour-Werte für die Finanzierung von Zielunternehmen in der Frühphase ihrer Unternehmensentwicklung vor. Dabei handelt es sich um spezifische Schwellenwerte, anhand derer sich ein etwaiges Marktversagen ablesen lässt. Lediglich im Falle der Unterschreitung dieser Schwellenwerte entfällt eine ausführliche Vereinbarkeitsprüfung.[328] Liegt eine der Voraussetzungen der Ziff. 4 Leitlinien hingegen nicht vor bzw. werden die Schwellenwerte überschritten, so hat gemäß Ziff. 5 Leitlinien eine ausführliche Vereinbarkeitsprüfung (sog. Eingehende Überprüfung) auf der Grundlage der in Ziff. 1.3. Leitlinien geschilderten Abwägung unter Berücksichtigung des „More Economic Approach" zu erfolgen. Hierfür verlangt die Kommission von den Mitgliedstaaten, dass sie alle Faktoren vortragen und sämtliche Belege beizubringen, die sie für die Bewertung der Beihilfe als sachdienlich erachten.[329]

e. Rettungs- und Umstrukturierungsbeihilfen

Die Kommission dokumentierte ihre Politik in puncto Rettungs- und Umstrukturierungsmaßnahmen 1979 erstmals umfassend.[330] Die von ihr im Jahre 1994 erlassenen Leitlinien wurden zunächst in den Leitlinien von 1999[331] und sodann in den Leitlinien von 2004[332] fortgeschrieben. Die Kommission verkündete im Juli 2009 eine Verlängerung der zunächst bis zum 09. Oktober 2009 gültigen Leitlinien bis zum 09. Oktober 2012. Die Begründung dafür war die mit der Wirtschaftskrise einhergehende instabile wirtschaftliche Lage, in der es darauf ankomme, die Kontinuität und Rechtssicherheit bei der Behandlung der staatlichen Beihilfen an Unternehmen in finanziellen Schwierigkeiten zu gewährleisten.[333] Die Leitlinien sind danach verlängert worden und gelten nun so lange bis die Kommission neue Regelungen verabschiedet hat.[334]

---

328 ABl. 2006 Nr. C 194/2, Ziff. 4.3.

329 ABl. 2006 Nr. C 194/2, Ziff. 5.

330 *Cremer*, in: Calliess/Ruffert, EUV/AEUV, Art. 107, Rn. 71.

331 *Bär-Bouyssière*, in: Schwarze, EU-Kommentar, Art. 87, Rn. 77.

332 Mitteilung der Kommission vom 01.10.2004 – Leitlinien der Gemeinschaft für staatliche Beihilfen zur Rettung und Umstrukturierung von Unternehmen in Schwierigkeiten, ABl. 2004 Nr. C 244, S. 2–17 (Nachstehend, sofern nicht anders bezeichnet, „R&U-Leitlinien oder R&U-LL" genannt).

333 Mitteilung der Kommission über die Verlängerung der Leitlinien der Gemeinschaft für staatliche Beihilfen zur Rettung und Umstrukturierung von Unternehmen in Schwierigkeiten, ABl. 2009 Nr. C 156/03.

334 Pressemitteilung der Kommission vom 28.09.2012 (IP/12/1042).

aa. Grundsätzliches zu den R&U-Leitlinien

Rechtsgrundlage für die Genehmigungen von R&U-Beihilfen für Unternehmen in Schwierigkeiten ist Art. 107 Abs. 3 AEUV. Ziff. 3.1 (dort Rn. 25 ff.) sowie Ziff. 3.2 (dort Rn. 31 ff.) R&U-Leitlinien legen die Voraussetzungen für R&U-Beihilfen fest. Die R&U-Beihilfen finden Anwendung für alle Wirtschaftszweige.[335] Für die Agrarwirtschaft gelten Sondervorschriften, die in Ziff. 87 ff. R&U-Leitlinien geregelt sind. Für den Steinkohlebergbau und die Stahlindustrie bestehen besondere Vorschriften.[336] Rettungsbeihilfen zielen auf die Unterstützung eines Unternehmens bis zur Aufstellung eines Umstrukturierungs- oder Liquidationsplanes. Sie sollen dem Unternehmen die nötige Zeit verschaffen, die zu den Schwierigkeiten führenden Umstände eingehend zu prüfen und ein tragfähiges Konzept für deren Überwindung auszuarbeiten.[337] Die R&U-Leitlinien verpflichten die Staaten, innerhalb einer sechsmonatigen Befristung nach Genehmigung der Rettungsbeihilfe einen Umstrukturierungs- oder Liquidationsplan vorzulegen.[338] Die gegebenenfalls anschließenden Umstrukturierungsbeihilfen sollen der Überlebensfähigkeit des Unternehmens langfristig zugutekommen. Sie stützen sich auf den erstellten Plan zur Wiederherstellung der langfristigen Rentabilität des Unternehmens.[339] Sobald der Plan, für den eine Beihilfe beantragt wurde, erstellt ist und durchgeführt wird, gilt eine weitere gewährte Beihilfe als Umstrukturierungsbeihilfe.[340]

Der Kommission zählt die R&U-Beihilfen zu den Beihilfearten, die den Wettbewerb am stärksten verzerren. Aus diesem Grund ist diese Form der Beihilfe auf Ausnahmefälle zu begrenzen.[341] Entsprechend werden im Rahmen des vorzulegenden Umstrukturierungsplanes Maßnahmen zum Ausgleich von Wettbewerbsverzerrungen verlangt, deren Eignung unter Berücksichtigung der Marktstruktur und des Wettbewerbsumfeldes zu bewerten ist.[342] Darüber hinaus erfordern R&U-Beihilfen eine ganz besondere Rechtfertigung und dürfen keine unverhältnismäßig gravierenden Ausstrahlungseffekte in anderen Mitgliedstaaten

335 R&U-LL, Ziff. 18.

336 Vgl. Verordnung (EG) Nr. 1407/2002 des Rates vom 23. Juli 2002 über staatliche Beihilfen für den Stein- kohlenbergbau, ABl. 2002 Nr. L 205/1, S. 1–8, sowie Mitteilung der Kommission – Rettungs- und Umstrukturierungsbeihilfen sowie Schließungsbeihilfen für die Stahlindustrie, ABl. 2002 Nr. C 70/21, S. 21–22.

337 R&U-LL, Ziff. 15.

338 R&U-LL, Ziff. 25 lit. c).

339 R&U-LL, Ziff. 17.

340 R&U-LL, Ziff. 16.

341 R&U-LL, Ziff. 4.

342 R&U-LL, Ziff. 38 f.

haben.[343] Der rechtfertigende Aspekt kann sozialer oder regionalpolitischer Natur sein. Unzulässig ist es jedoch, ein Unternehmen zu unterstützen, das lediglich mit wiederholter staatlicher Förderung überlebensfähig wäre.[344]

Für neu gegründete Unternehmen sind keine R&U-Beihilfen vorgesehen. Von der Neugründung eines Unternehmens im Sinne der Leitlinien wird in den ersten 3 Jahren nach Aufnahme seiner Geschäftstätigkeit gesprochen.[345] Außerhalb dieses Zeitraumes ist eine Rettungs- und Umstrukturierungsbeihilfe nur möglich, sofern sich das Unternehmen in Schwierigkeiten i.S.d. Leitlinien befindet und es nicht zu einer größeren Unternehmensgruppe gehört. Sind die Schwierigkeiten des Unternehmens so gravierend, dass sie nicht von der dazugehörigen Unternehmensgruppe überwunden werden können, so ist die Förderung dennoch zulässig.[346] Schließlich wird durch den Grundsatz der Einmaligkeit der Beihilfe („one-time, last-time") sichergestellt, dass Unternehmen, denen in den letzten zehn Jahren bereits eine staatliche Beihilfe gewährt wurde, keine weitere R&U-Beihilfe erhalten können. Dadurch soll verhindert werden, dass ein Unternehmen mittels wiederholter finanzieller Zuwendung künstlich am Leben erhalten wird. Der Grundsatz gilt sowohl für Rettungs- als auch Umstrukturierungsbeihilfen.[347]

bb. Unternehmen in Schwierigkeiten

Nach der Definition der Kommission befindet sich ein Unternehmen in Schwierigkeiten, wenn es nicht in der Lage ist, mit eigenen finanziellen Mitteln oder Fremdmitteln, die ihm vom Eigentümer/Anteilseignern oder von Gläubigern zur Verfügung gestellt werden, existenzbedrohende Verluste einzudämmen, die das Unternehmen auf kurze oder mittlere Sicht so gut wie sicher in den wirtschaftlichen Untergang treiben werden, wenn der Staat nicht interveniert.[348] Für die Beurteilung, ob sich ein Unternehmen in Schwierigkeiten befindet, hat die Kommission verschiedene Kriterien entwickelt. Sie unterscheidet zwischen absoluten und relativen Unterscheidungsmerkmalen. Folgende absolute Kriterien indizieren das Vorliegen von Schwierigkeiten eines Unternehmens: Die Voraussetzungen für ein Insolvenzverfahren nach innerstaatlichem Recht sind gegeben oder ein solches

343 R&U-LL, Ziff. 25 lit. b).
344 R&U-LL, Ziff. 8.
345 R&U-LL, Ziff. 12.
346 R&U-LL, Ziff. 14.
347 Vgl. R&U-LL, Ziff. 72.
348 R&U-LL, Ziff. 9.

ist schon eingeleitet worden[349]; bei einer Gesellschaft mit beschränkter Haftung ist mehr als die Hälfte des gezeichneten Kapitals nicht mehr vorhanden und über ein Viertel davon ist während der letzten 12 Monate untergegangen[350]; bei Gesellschaften, in denen mindestens einige Gesellschafter unbeschränkt für die Schulden der Gesellschaft haften, ist mehr als die Hälfte der in den Geschäftsbüchern ausgewiesenen Eigenmittel verschwunden und mehr als ein Viertel dieser Mittel während der letzten 12 Monate verloren gegangen[351].

Diese statische Begriffsfassung in Form von Regelbeispielen wird ergänzt durch relative Kriterien, d.h. selbst wenn keine der zuvor genannten Voraussetzungen erfüllt ist, kann ein Unternehmen als in Schwierigkeiten eingestuft werden, wenn typische Symptome auftreten. Zu diesen zählen steigende Verluste, sinkende Umsätze, wachsende Lagerbestände, Überkapazitäten, verminderter cash flow, zunehmende Überschuldung sowie Zinsbelastung und Abnahme oder Verlust des Reinvermögens. Als relatives Kriterium wird auch hier die Zahlungsunfähigkeit oder die Einleitung eines Insolvenzverfahrens nach innerstaatlichem Recht für die Bewertung der Schwierigkeiten eines Unternehmens herangezogen.[352]

cc. Voraussetzungen der R&U-Beihilfen

Die R&U-Leitlinien setzen voraus, dass es sich bei der Rettung und Umstrukturierung eines Unternehmens um einen Vorgang handelt, der sich in zwei aufeinanderfolgende Phasen unterteilen lässt.[353]

(1) Rettungsbeihilfe

Die Rettungsbeihilfe darf lediglich in Form einer rückzahlbaren Finanzhilfe wie z.B. einem Darlehen oder einer Darlehensbürgschaft bestehen. Der Zinssatz muss dabei mindestens demjenigen entsprechen, der bei einem Darlehen an ein gesundes Unternehmen allgemein üblich ist.[354] Für die Rückzahlung gilt eine Frist von max. 6 Monaten ab Auszahlung der ersten Rate.[355] Bei der Anmeldung muss sich der Mitgliedstaat verpflichten, der Kommission innerhalb von 6 Monaten einen Plan vorzulegen oder aber den Nachweis zu erbringen, dass das Darlehen vollständig

---

349 R&U-LL, Ziff.10 lit. c).
350 R&U-LL, Ziff. 10 lit. a).
351 R&U-LL, Ziff. 10 lit. b).
352 R&U-LL, Ziff. 11.
353 R&U-LL, Ziff. 14.
354 R&U-LL, Ziff. 15.
355 R&U-LL, Ziff. 25 lit. a).

zurückgezahlt und bzw. oder die Bürgschaft ausgelaufen ist.[356] Schließlich muss die Rettungsbeihilfe auf den Betrag begrenzt sein, der für die Weiterführung des Unternehmens während des Zeitraums, für den die Beihilfe gewährt wird, erforderlich ist.[357]

(2) Umstrukturierungsbeihilfe

Umstrukturierungsbeihilfen beinhalten besondere Risiken in Bezug auf Wettbewerbsverzerrungen. Genehmigungsfähig sind sie daher nur, wenn etwaige Wettbewerbsverzerrungen durch die mit der Weiterführung des Unternehmens verbundenen Vorteile aufgewogen werden. Die Umstrukturierung eines Unternehmens orientiert sich an dem erstellten Umstrukturierungs- und Liquidationsplan, der die Wiederherstellung der langfristigen Rentabilität des Unternehmens ermöglichen muss. Notwendiger Bestandteil der Umstrukturierung ist die finanzielle Umstrukturierung durch Kapitalzuführung und Schuldenabbau. Weitere typische Maßnahmen sind die Reorganisation und Rationalisierung der Unternehmenstätigkeit. Dies erfolgt durch den Rückzug aus defizitären Geschäftsbereichen sowie die Diversifizierung der Unternehmensaktivitäten.[358] Ferner muss das Unternehmen einen beträchtlichen Teil der Umstrukturierungskosten selbst tragen.[359] Zur Vermeidung unzumutbarer Wettbewerbsverzerrungen müssen Ausgleichsmaßnahmen wie die Veräußerung von Vermögenswerten oder die Beschränkung der Marktpräsenz ergriffen werden.[360] Der betreffende Staat hat regelmäßig Berichte zu übermitteln, damit sich die Kommission von der ordnungsgemäßen Durchführung des Umstrukturierungsplanes überzeugen kann.[361]

C. Beihilfeverfahren nach Art. 108 AEUV

Die Beihilfenkontrolle ist eine der aufwändigsten Tätigkeitsbereiche der Kommission. Pro Jahr geht eine Flut von Anträgen der Staaten ein. Es liegt nahe, dass die Kommission ihr Augenmerk auf die unionsweit besonders relevanten Fälle richtet und richten muss, was allerdings durch das sich ausweitende Antragsvolumen

356 R&U-LL, Ziff. 25 lit. c).
357 R&U-LL, Ziff. 25 lit. d).
358 R&U-LL, Ziff. 17 .
359 R&U-LL, Ziff. 43.
360 R&U-LL, Ziff. 38 f.
361 R&U-LL, Ziff. 49.

erschwert wird. Art. 108 AEUV regelt die Grundstrukturen des Verfahrens, in dem über die Zulässigkeit einer Beihilfe entschieden wird. Die Anmeldepflicht einer Beihilfe vor deren Durchführung spielt gemäß Art. 108 Abs. 3 S. 3 AEUV eine zentrale Rolle. Beteiligte des Verfahrens sind die Staaten einschließlich ihrer Institutionen als Beihilfegeber, die Beihilfeempfänger und ihre Wettbewerber, Unternehmen, natürliche Personen und Berufsverbände.[362]

I. Kompetenzen

Gemäß Art. 108 AEUV hat die Kommission grundsätzlich festzustellen, ob eine Beihilfe vorliegt. Der Rat ist nach Art. 108 Abs. 2 UAbs. 3 AEUV befugt, auf Antrag eines Mitgliedstaates einstimmig zu entscheiden, dass eine gewährte Beihilfe in Abweichung zu Art. 107 Abs. 1 AEUV oder einer Rechtsverordnung nach Art. 109 AEUV als mit dem Binnenmarkt vereinbar anzusehen ist. Dies gilt jedoch nur für außergewöhnliche Umstände, die eine solche Entscheidung rechtfertigen.

II. Differenzierung zwischen bestehenden und neuen Beihilfen

Zentrale Weichenstellung für das Verfahren der Beihilfenkontrolle ist die Differenzierung zwischen bestehenden sowie neu eingeführten bzw. umgestalteten Beihilfen.[363] Die entsprechenden Definitionen sind in Art. 1 lit. b) i) – v) und lit. c) der Beihilfenverfahrensordnung[364] niedergelegt. Während bestehende Beihilfen gemäß Art. 108 Abs. 1 AEUV fortlaufend auf ihre Vereinbarkeit mit dem Binnenmarkt überprüft werden, müssen neue Beihilfen nach Art. 108 Abs. 3 AEUV vor ihrer Durchführung angemeldet werden und eine Präventivkontrolle passieren.[365]

Nach Art. 1 lit. b) i) VO 659/1999 sind bestehende Beihilfen solche, die bereits zum Zeitpunkt des Inkrafttretens des EWGV am 01.01.1958 bzw. zum Zeitpunkt

362 *Oppermann/Classen/Nettesheim*, Europarecht, § 22, Rn. 32 f.

363 *Oppermann/Classen/Nettesheim*, Europarecht, § 22, Rn. 33; *Cremer*, in: Calliess/Ruffert, EUV/AEUV, Art. 108, Rn. 1.

364 Verordnung (EG) Nr. 659/1999 des Rates vom 22.03.1999 über besondere Vorschriften für die Anwendung von Artikel 93 des EG-Vertrages, ABl. 1999 Nr. L 83/1, S. 1–9. Nachstehend „VO 659/1999" benannt.

365 *Cremer*, in: Calliess/Ruffert, EUV/AEUV, Art. 108, Rn. 1.

des Beitritts[366] des betreffenden Mitgliedstaates bestanden. Auch eine Einzelbeihilfe, die von einem zuvor genehmigten Beihilfeprogramm gedeckt ist und den darin festgelegten Bedingungen entspricht, stellt gemäß Art. 1 lit. b) ii) VO 659/1999 eine bestehende Beihilfe dar. Gemäß Art. 1 lit. b) iii) VO 659/1999 sind genehmigten Beihilfen solche Beihilfen gleichgestellt, die der Kommission ordnungsgemäß angemeldet wurden, zu denen diese jedoch innerhalb der Prüfungsfrist von 2 Monaten keine Stellung genommen hat. Von einer neuen Beihilfe i.S.d. Art. 1 lit. c) VO 659/1999 spricht man indes, wenn eine Beihilfe neu eingeführt oder eine bestehende Beihilfe verändert wird.

Mitunter kann die Abgrenzung schwierig sein. Die damit möglicherweise einhergehende Rechtsunsicherheit kann sich für den Beihilfeempfänger ungünstig auswirken. Dies gilt insbesondere bezüglich des Durchführungsverbotes für neue Beihilfen nach Art. 108 Abs. 3 S. 3 AEUV. Der Begünstigte kann anders als bei einer bestehenden Beihilfe dadurch wertvolle Zeit verlieren. Um einen Verstoß gegen das Verbot zu vermeiden, wird der Beihilfeempfänger bei Abgrenzungsschwierigkeiten höchstwahrscheinlich von einer neuen Beihilfe ausgehen. Folglich hat er dann auch das Ergebnis der Klärung abzuwarten.[367]

III. Kontrollverfahren bezüglich neuer Beihilfen

1. Notifizierung und Vorprüfungsverfahren

Nach Art. 108 Abs. 3 S. 1 AEUV i.V.m. Art. 2 VO 659/1999 haben die Mitgliedstaaten die Kommission über ihre Absicht, eine neue Beihilfe einzuführen, in Kenntnis zu setzen, soweit keine Gruppenfreistellung vorliegt. Dieser Anmeldevorgang wird auch als Notifizierung bezeichnet.[368] Dem schließt sich ein Vorprüfungsverfahren durch die Kommission an, die die Vereinbarkeit der Beihilfe mit Art. 107 AEUV präventiv kontrolliert. Für mögliche schädliche Wirkungen für den Binnenmarkt erstellt sie eine Prognose.[369] Liegt nach Auffassung der Kommission keine Beihilfe i.S.v. Art. 107 Abs. 1 AEUV oder eine Ausnahmemöglichkeit i.S.v. Art. 107 Abs. 2 oder 3 AEUV vor, so beendigt sie das Verfahren

366 *Cremer*, in: Calliess/Ruffert, EUV/AEUV, Art. 108, Rn. 3.

367 *Zivier*, Jura 1997, 116, 119.

368 Vgl. *Oppermann/Classen/Nettesheim*, Europarecht, § 22, Rn. 35; *Cremer*, in: Calliess/Ruffert, EUV/AEUV, Art. 108, Rn. 8.

369 *Oppermann/Classen/Nettesheim*, Europarecht, § 22, Rn. 35.

durch Vereinbarkeitsbeschluß gemäß Art. 4 Abs. 2 – 4 VO 659/1999.[370] Kommt sie zu einem negativen Ergebnis, so leitet sie gemäß Art. 108 Abs. 3 S. 2 AEUV das Hauptprüfverfahren des Art. 108 Abs. 2 AEUV ein. Nach einer vollständigen Anmeldung i.S.v. Art. 4 Abs. 5 und Art. 5 VO 659/1999 wird der Kommission ein Zeitraum von zwei Monaten für die Vorprüfung eingeräumt.[371] Über den Wortlaut des Art. 108 Abs. 3 S. 3 AEUV hinaus ist eine Durchführung der Beihilfe auch während des Vorprüfungsverfahrens nicht zulässig.[372] Gemäß Art. 3 VO 659/1999 wird diese „Sperrwirkung"[373] erst beseitigt, wenn die Kommission eine Entscheidung erlassen hat. Bei ergebnisloser Fristüberschreitung gilt die Genehmigung nach Art. 4 Abs. 6 VO 659/1999 als erteilt.[374]

2. Beihilferegelungen und Einzelbeihilfen

Beihilferegelungen sowie Einzelbeihilfen müssen grundsätzlich bei der Kommission angemeldet und von dieser genehmigt werden. Gemäß Art. 1 lit. d) VO 659/1999 wird die Beihilferegelung definiert als eine Regelung, nach der einem oder mehreren Unternehmen Einzelbeihilfen oder nicht an ein bestimmtes Vorhaben gebundene Beihilfen für unbestimmte Zeit und/oder in unbestimmter Höhe gewährt werden können. Sofern die Kommission über solch eine Beihilferegelung einmal entschieden hat, müssen einzelne Durchführungsmaßnahmen zugunsten einzelner Beihilfeempfänger, die auf der Grundlage einer genehmigten Beihilferegelung gewährt werden, nicht mehr einzeln angemeldet werden,[375] es sei denn, die Vereinbarkeitsentscheidung oder ein übergeordneter Rechtsakt sehen eine Notifizierung vor.[376] In der Praxis werden dabei ganze Förderprogramme bei der Kommission angemeldet, deren Fördervoraussetzungen mit den Maßgaben der Kommission übereinstimmen müssen. Diese Vorgehensweise ermöglicht eine schnelle und unbürokratische Unterstützung im Einzelfall.[377]

---

370 *Cremer*, in: Calliess/Ruffert, EUV/AEUV, Art. 108, Rn. 10.

371 Vgl. EuGH Urt. v. 14.09.1994, verb. Rs. C-278/92, C-279/92 und C-280/92, Slg. 1994, I-4103–4173, Rn. 14 (Spanien/Kommission).

372 *Cremer*, in: Calliess/Ruffert, EUV/AEUV, Art. 108, Rn. 11.

373 *Oppermann/Classen/Nettesheim*, Europarecht, § 22, Rn. 35.

374 Vgl. EuGH Urt. v. 14.09.1994, verb. Rs. C-278/92, C-279/92 und C-280/92, Slg. 1994, I-4103–4173, Rn. 14 (Spanien/Kommission).

375 EuGH Urt. v. 05.10.1994, Rs. C-47/91, Slg. 1994, I-4635, Rn. 21 (Italien/Kommission).

376 *Kreuschitz/Rawlinson*, in: Lenz/Borchardt, Art. 87, Rn. 43.

377 *BmWi*, Schlaglichter der Wirtschaftspolitik, April 2009, S. 9.

Im Unterschied dazu handelt es sich bei Einzelbeihilfen nach Art. 1 lit. e) VO 659/1999 um Beihilfen, die nicht aufgrund einer Beihilferegelung gewährt werden, und um einzelne anmeldungspflichtige Zuwendungen aufgrund einer Beihilferegelung. Erstere werden auch als „Ad-hoc-Beihilfen" bezeichnet.

3. Das Hauptprüfverfahren („förmliches Prüfverfahren")

An die Vorprüfung neuer Beihilfen schließt sich das förmliche Prüfverfahren nach Art. 108 Abs. 2 AEUV i.V.m. Art. 6 VO 659/1999 an. Die Kommission muss das Hauptprüfverfahren nach Art. 108 Abs. 3 S. 2 AEUV einleiten, wenn sie nach Abschluss des Vorprüfungsverfahrens der Auffassung ist, dass das Beihilfevorhaben mit dem Binnenmarkt unvereinbar ist. Gemäß Art. 7 VO 659/1999 wird das Verfahren mit einer weiteren Entscheidung abgeschlossen. Im ungünstigsten Fall ergeht eine Negativentscheidung i.S.d. Art. 7 Abs. 5 VO 659/1999, die das Beihilfevorhaben untersagt. Gegen diese Entscheidung können gemäß Art. 263 Abs. 2 AEUV der Mitgliedstaat, das Europäische Parlament und der Rat Anfechtungsklage zum EuGH erheben. Nach Art. 263 Abs. 4 2. Alt AEUV ist neben diesen auch das Unternehmen, das durch die beabsichtigte Beihilfe begünstigt worden wäre, klagebefugt.

IV. Fortlaufende Kontrolle bestehender Beihilfen

Bestehende Beihilfen müssen bei der Kommission nicht angemeldet werden. Sie unterliegen allerdings einer repressiven Kontrolle. Es erfolgt eine nachträgliche Bestandsaufnahme in Zusammenarbeit mit den Staaten und eine regelmäßige Prüfung ihrer Vertragskonformität. Diese ist zu bejahen, wenn die bereits genehmigten Beihilfen keine für den Binnenmarkt schädlichen Wirkungen entfalten.[378] Nach Art. 108 AEUV geschieht die fortlaufende Prüfung von Amts wegen. Ergebnis der Untersuchung ist ein Vorschlag „zweckdienlicher Maßnahmen" nach Art. 108 Abs. 1 S. 2 AEUV. Wird gemäß Art. 108 Abs. 2 AEUV ein Verstoß gegen Art. 107 AEUV oder eine missbräuchliche Anwendung der Beihilfe festgestellt, kann die Kommission nach Anhörung des Staates die Aufhebung oder Umgestaltung der Beihilfe anordnen. Im Falle der Nichtbefolgung kann die Kommission im Wege des Hauptprüfungsverfahrens ohne Vorprüfungsverfahren gegen den Staat

378 *Oppermann/Classen/Nettesheim*, Europarecht, § 22, Rn. 34.

vorgehen und den Gerichtshof anrufen. Ist die Beihilfe vertragskonform, so bleibt es beim Status quo.[379]

V. Rechtswidrige Beihilfen und ihre Kontrolle

Im Falle des Verstoßes eines Staates gegen die Notifizierungspflicht, d. h. eine unterlassene Anmeldung einer Beihilfe oder eine Einführung ohne vorherige Genehmigung, findet ein Verfahren nach Art. 10 ff. VO 659/1999 statt.[380] Die Kommission kann dem Staat nach vorherigem Auskunftsverfahren aufgeben, ihr die Informationen zukommen zu lassen, die zur Beurteilung der Beihilfe erforderlich sind. Befolgt der Staat diese Anweisung nicht, kann die Kommission eine „Anordnung zur Auskunftserteilung" mit Entscheidungscharakter erlassen. Mit dieser kann die Aussetzung der Beihilfe oder ihre einstweilige Rückforderung verbindlich verlangt werden. Im äußersten Fall kann der Gerichtshof angerufen werden. Verfügt die Kommission über hinreichende Informationen, obliegt ihr die Entscheidung der Einleitung des Hauptprüfungsverfahrens. Im ungünstigsten Fall ergeht eine Negativentscheidung mit der Anordnung, dass der Staat die geleisteten Beihilfen vom Empfänger zurückzufordern hat. Sofern die Beihilfe als grundsätzlich mit dem Vertrag vereinbar angesehen werden kann, ist der in der vorzeitigen Auszahlung liegende Zinsgewinn zurückzufordern.[381]Auch Dritte, d. h. insbesondere Konkurrenten des Beihilfeempfängers, können sich auf das Durchführungsverbot vor innerstaatlichen Gerichten berufen. Dies liegt nach Art. 108 Abs. 3 S. 3 AEUV an der unmittelbaren Wirkung des Verbotes in den Mitgliedstaaten.

379 *Oppermann/Classen/Nettesheim*, Europarecht, § 22, Rn. 34.
380 *Oppermann/Classen/Nettesheim*, Europarecht, § 22, Rn. 35.
381 Vgl. *Oppermann/Classen/Nettesheim*, Europarecht, § 22, Rn. 38.

3. Kapitel: Die europäische Beihilfepraxis während der Krise

Weltwirtschaft und Wirtschaftspolitik wurden maßgeblich durch die Finanz- und Wirtschaftskrise sowie massive staatliche Eingriffe in das ökonomische Geschehen geprägt. Die globale Krise hat auch den Binnenmarkt stark erschüttert, was eine Reihe von Maßnahmen zur Folge hatte. Viele Staaten sahen sich gezwungen, mit erheblicher finanzieller Unterstützung sowie umfangreichen Garantien den Finanzmarkt zu stabilisieren. Die wirtschaftliche Entwicklung in der Realwirtschaft wurde durch Konjunkturpakete stimuliert. Der Kommission kam es in der Krise darauf an, durch Rettungsmaßnahmen der Mitgliedstaaten die Förderung der finanziellen Stabilität zu erreichen. Gleichzeitig sollten die fairen Wettbewerbsbedingungen in Europa gewahrt bleiben. Beide Ziele stehen in einem Spannungsverhältnis zueinander, deren gleichzeitige Erreichung die Kommission vor große Herausforderungen stellte. Die Kommission erließ eine Reihe von Mitteilungen und Einzelmaßnahmen, um den Auswirkungen staatlicher Interventionen auf den Wettbewerb[382] gegenzusteuern. Zunächst konzentrierte sie sich auf den Bankensektor und erließ dort Mitteilungen in Rekordzeit. Daneben genehmigte sie eine Vielzahl von Bankenrettungsplänen sowie individuellen Hilfsmaßnahmen. Die von der Kommission vorgesehenen Maßnahmen verfolgten das Ziel der Wiederherstellung von Vertrauen, Stabilität und Nachhaltigkeit auf den Finanzmärkten. Die gravierenden Auswirkungen der Krise auf die Realwirtschaft führten zum Erlass eines Vorübergehenden Gemeinschaftsrahmens. Damit lockerte die Kommission die bereits bestehenden Bestimmungen für Beihilfen bis zum Jahr 2010.[383] Dieser auch als „temporary framework" bezeichnete beihilferechtliche Rahmen ermöglichte den Staaten zusätzliche Maßnahmen zur Abwehr der Kreditklemme in der Realwirtschaft zu ergreifen.

A. Die Kommissionspraxis in der Finanzwirtschaft

Die unterstützenden Maßnahmen konzentrierten sich nach dem Ausbruch der Krise überwiegend auf die Rettung einzelner systemrelevanter[384] Unternehmen

382 *Weber/Grünewald*, EuZ 2009, 58.
383 *Soltész/ von Kröckritz*, EuZW 2010, 167.
384 *Arhold*, EuZW 2008, 713, 715.

des Finanzsektors, um damit die Kreditvergabe innerhalb der Finanzwirtschaft wie auch für die Realwirtschaft sicherzustellen. Dazu erließ die Kommission vier Mitteilungen, in denen sie die Kriterien mitgliedstaatlicher Maßnahmen zur Unterstützung von Banken definierte.[385] Diese waren teilweise bis Ende 2010 befristet. Infolge der unsicheren wirtschaftlichen Aussichten und einer weiterhin angespannten Lage auf den Finanzmärkten verlängerte die Kommission die krisenspezifischen Instrumente in zwei weiteren Mitteilungen[386]. Trotz der Verlängerung ist ein gradueller Ausstieg aus den krisenbedingten Maßnahmen vorgesehen. Die Kommission weist auf das Erfordernis von neuen, dauerhaften Beihilfevorschriften für die Rettung und Umstrukturierung von Banken unter normalen Marktbedingungen hin. Im Zuge des schrittweisen Ausstieges aus den Stützungsmaßnahmen wendet die Kommission seit dem 1. Juli 2010 strengere Kriterien für die Vereinbarkeit staatlicher Garantien mit dem Binnenmarkt nach Art. 107 Abs. 3 lit. b) AEUV an.[387]

I. Systemrelevanz

Die krisenbedingten Unterstützungsmaßnahmen wurden mit der systemimmanenten Rolle der Banken für die Gesamtwirtschaft legitimiert.[388] Der Begriff „Systemrelevanz" hat sich seit der Finanzkrise ab 2007 für die Rettung von angeschlagenen Banken herausgebildet. Danach sind Institute systemrelevant, wenn ihre Bestandsgefährdung aufgrund ihrer Größe, der Intensität ihrer Interbankenbeziehungen und ihrer engen internationalen Verflechtungen erhebliche negative Folgeeffekte für das Kreditwesen auslösen und zu einer Instabilität des Finanzsystems führen könnte.[389] Der Terminus „systemrelevant" kann inhaltlich mit der

385 Mitteilung der Kommission über die Anwendung der Vorschriften für staatliche Beihilfen auf Maßnahmen zur Stützung von Finanzinstituten im Kontext der Finanzkrise ab dem 1.1.2011, ABl. 2010 Nr. C 329/07, Ziff. 1.

386 Vgl. ABl. 2010 Nr. C 329/07, Ziff. 6 f.; Mitteilung der Kommission über die Anwendung der Vorschriften für staatliche Beihilfen auf Maßnahmen zur Stützung von Banken im Kontext der Finanzkrise ab dem 01. Januar 2012, ABl. 2011 Nr. C 356/07, Ziff. 5.

387 ABl. 2010 Nr. C 329/07, Ziff.10.

388 *Weber/Grünewald*, EuZ 2009, 58; vlg. Mitteilung der Kommission – Die Anwendung der Vorschriften für staatliche Beihilfen auf Maßnahmen zur Stützung von Finanzinstituten im Kontext der derzeitigen globalen Finanzkrise, ABl. 2008 Nr. C 270/08, Ziff. 3.

389 Vgl. Richtlinie zur Durchführung u. Qualitätssicherung der laufenden Überwachung der Kredit- und Finanzdienstleistungsinstitute durch die Deutsche Bundesbank vom 28.02.2008 (AufsichtsRL), Artikel 6 Abs. 3.

Finanzdoktrin „too big to fail" gleichgesetzt werden. Einige in der EU niedergelassenen Institute spielen allein durch ihre Größe für die Stabilität des europäischen Finanzmarktes eine wesentliche Rolle, hätte doch deren Zusammenbruch große Auswirkungen auf den gesamten europäischen Finanzsektor, so dass auch der Zahlungsverkehr innerhalb der EU stark beeinträchtigt wäre. Hinzu kommt die starke Vernetzung der größeren europäischen Institute untereinander sowie global („too connected to fail"). Die Auswirkungen auf den restlichen Kreditmarkt stehen dabei in Abhängigkeit zur Größe des Unternehmens. D. h. je größer das Institut ist, desto größer sind die Wirkungen auf andere Wirtschaftsteilnehmer. Infolge des hohen Stellenwertes entsprechender Kreditinstitute dürfen diese bevorzugt mit staatlichen Unterstützungsmaßnahmen rechnen. Auch erhöht sich die Wahrscheinlichkeit von Rettungsaktionen durch Gläubiger, Wettbewerber oder den Staat, damit negative Auswirkungen auf das restliche Finanzumfeld vermindert oder beseitigt werden.[390]

Kritische Stimmen sind der Ansicht, dass allein die Größe eines Instituts nichts über dessen Risikogehalt aussagt.[391] Insgesamt scheint eine rechtliche, gänzlich entpolitisierte Abgrenzung der Banken in *systemrelevant* und *nicht systemrelevant* nur schwer möglich zu sein. Bemerkenswert ist in diesem Kontext insbesondere, dass kein Staat der Kommission gegenüber eine Bank als ausdrücklich nicht systemrelevant bezeichnet hat.[392] Ob es sich bei dem zu unterstützenden Institut letztlich um ein systemrelevantes handelt, haben in Deutschland gemäß Art. 6 Abs. 3 S. 2 AufsichtsRL BaFin und Bundesbank einvernehmlich zu beurteilen.

Systemrelevant ist eine Bank, wenn sie im Falle der Insolvenz einen Dominoeffekt auslöst, durch den andere Institute mitgezogen werden. Die Insolvenz kann ihre Gründe in einer Vielzahl von Risiken haben, von denen die hohen Verflechtungen der internationalen Finanzindustrie in Geld- und Kapitalmarktgeschäften hervorzuheben sind. Der Zusammenbruch systemrelevanter Institute ist fatal. Daher gilt es, etwaigen Anzeichen, die auf einen sich abzeichnenden Zusammenbruch hinweisen, gegenzusteuern. So soll sichergestellt werden, dass das gesamte Finanzsystem und dessen dienende Funktion innerhalb der marktwirtschaftlichen Ordnung geschützt werden. Erforderlichenfalls muss ein Kollaps sogar mittels

390 *Weber/Grünewald*, EuZ 2009, 58, 59.

391 Vgl. *Frühauf*, Banken befürchten Regulierungschaos, Frankfurter Allgemeine Zeitung vom 11.10.2010, Nr. 236, S. 15.

392 Vgl. Entscheidung der Kommission vom 19.11.2008, Fall NN 49/2008, Ziff. 48 (Dexia); Entscheidung der Kommission vom 12.11.2008, Fall NN 528/2008 (ING); Presseerklärung vom 13.11.2008 (IP/08/1699).

einer völligen Verstaatlichung der entsprechenden Bank verhindert werden.[393] Die Systemrelevanz einer Bank für den gesamten Finanzsektor ist insbesondere auch bei dem Untergang der U.S. Investmentbank Lehman Brothers deutlich geworden. Hier war global erkennbar, dass die Insolvenz einzelner Finanzakteure zu massiven Rückkoppelungseffekten bei anderen Kreditinstituten führte, wodurch das gesamte Finanzsystem beeinträchtigt sein kann. In dieser Situation ist die staatliche Bereitstellung von Kapital und Liquidität an die Banken unerlässlich. Sie soll einer krisenbedingten zurückhaltenden Kreditvergabe seitens der Banken entgegenwirken, da der Rückgang verheerende, schlimmstenfalls existenzgefährdende Folgen für die Realwirtschaft haben kann.[394]

II. Rechtliche Grundlage für krisenspezifische Maßnahmen

Für die Anwendung und Durchführung unterstützender staatlicher Krisenmaßnahmen war es erforderlich, die rechtlichen Voraussetzungen zu schaffen.

1. Traditioneller Ansatz: R&U-Beihilfen nach Art. 107 Abs. 3 lit. c) AEUV

Bis zum Ausbruch der Finanzkrise im Jahr 2008 prüfte die Kommission Beihilfen an Banken in Schwierigkeiten stets nach den bereits dargestellten R&U-Leitlinien. Diese auf Art. 107 Abs. 3 lit. c) AEUV gestützten Leitlinien wurden 1994 erstmals erlassen, seitdem mehrfach geändert und neu verkündet.[395] Sie gelten grundsätzlich für alle Unternehmen, unabhängig davon, welchem Wirtschaftszweig sie angehören.[396] Gleichwohl enthalten sie in Fn. 3 zu Ziff. 25 lit. a) R&U-Leitlinien Sonderregelungen für Rettungsbeihilfen im Finanzsektor. Obwohl sich der Bankensektor durch gewisse Besonderheiten auszeichnet, die vor allem in der Finanzkrise

393 Vgl. *Herrmann*, WiVerw 2010, 36, 39.

394 *Weber/Grünewald*, EuZ 2009, 58.

395 *Arhold*, EuZW 2008, 713.

396 Mitteilung der Kommission – Leitlinien der Gemeinschaft für staatliche Beihilfen zur Rettung und Umstrukturierung von Unternehmen in Schwierigkeiten, ABl. 2004 Nr. C 244/02, Ziff. 4 (Nachstehend, soweit nicht anders benannt, als „R&U-Leitlinien oder R&U-LL“ bezeichnet). Die Geltungsdauer der Leitlinien wurde von der Kommission am 02.07.2009 verlängert, ABl. 2009 Nr. C 156/03.

hervorgetreten sind,[397] existierten bis zu diesem Zeitpunkt[398] keine weiteren speziellen Vorschriften. Die Kommission prüfte R&U-Beihilfen an Finanzinstitute in wirtschaftlichen Schwierigkeiten daher nach den auch für Unternehmen anderer Branchen geltenden Maßstäben. Als zahlreiche Banken ab Ende 2007 wegen der Krise am US-Hypothekenmarkt in Liquiditätsschwierigkeiten gerieten, prüfte die Kommission die ersten im Rahmen der Krise notwendig gewordenen Rettungsaktionen zu Gunsten einzelner Banken – darunter auch mehrere deutsche Banken[399] – immer noch strikt anhand des geltenden Instrumentariums der R&U-Leitlinien. Sie hielt diesen rechtlichen Rahmen zum damaligen Zeitpunkt für geeignet und ausreichend. Ihr Vorgehen begründete sie damit, dass die Schwierigkeiten der Banken aus unternehmensspezifischen Ereignissen hervorgegangen seien. Ferner, so die damalige Auffassung, wirke sich die Insolvenz einzelner Banken nicht weiter auf das System aus.[400]

2. Feststellung der Ungeeignetheit der R&U-Leitlinien

Infolge der durch die Banken hervorgerufenen Vertrauenskrise trocknete der Markt für Interbankenkredite aus, so dass es für Finanzunternehmen zunehmend schwieriger wurde sich Liquidität zu verschaffen. Nachdem nun auch grundsätzlich „gesunde" Banken in Schwierigkeiten gerieten und angesichts steigender Zahlen der Anmeldungen von Rettungsbeihilfen für den Bankensektor, überdachte die Kommission ihren bisherigen strikten Ansatz.[401] Die Verschärfung der Situation offenbarte die Unzulänglichkeit des bisherigen Regelwerks für die Bewältigung[402] der Krise.[403] Die fortgesetzte Anwendung der R&U-Leitlinien in der Anfangsphase der Krise zeigte deren Grenzen und Probleme auf und führte schließlich zur

---

397 *Arhold*, EuZW 2008, 714. Besonderheiten sind vor allem die hohe Vernetzung des Finanzsektors und die damit einhergehende vergleichsweise große Gefahr negativer Übertragungseffekte im Bankensektor.

398 Nach dem Ausbruch der Krise ergingen Mitteilungen der Kommission speziell für den Bankensektor.

399 Siehe Entscheidung der Kommission vom 30.04.2008, Fall NN 25/2008 (WestLB); Entscheidung der Kommission vom 04.06.2008, Fall C 9/2008 (Sachsen LB); Entscheidung der Kommission vom 21.10.2008, Fall C 10/2008 (IKB).

400 Vgl. Entscheidung der Kommission vom 04.06.2008, Fall C 9/2008 (Sachsen LB), Ziff. 94 f.; Entscheidung der Kommission vom 21.10.2008, Fall C 10/2008 (IKB), Ziff. 93 f.

401 Vgl. *Quardt/Lipinsky*, BRZ 2009, 63, 66.

402 *Arhold*, EuZW 2008, 713, 714.

403 *Quardt/Lipinsky*, BRZ 2009, 63, 66.

Anpassung der Genehmigungskriterien von Beihilfen an die krisenspezifischen Umstände.[404]

a. *Nichteignung der R&U-Leitlinien für „grundsätzlich gesunde Banken"*

Während der sich verschärfenden Krise gerieten nicht nur Banken mit risikoträchtigen, sondern auch solche mit vergleichsweise konservativen Geschäftsmodellen in Liquiditätsschwierigkeiten. Die Kommission stand nun vor dem Problem, dass es sich bei den „grundsätzlich gesunden Banken" gerade *nicht* um „Unternehmen in Schwierigkeiten"[405] handelte. Die Beurteilung einer Beihilfe nach den Grundsätzen der R&U-Leitlinien kam also nicht in Betracht.[406] Vor diesem Hintergrund sah die Kommission in ihrer Bankenmitteilung von dem Erfordernis ab, dass Beihilfeempfänger „Unternehmen in Schwierigkeiten" sein müssen.

b. *Reversibilität von Rettungsbeihilfen*

Eine weitere Grenze und damit die Untauglichkeit der R&U-Leitlinien während der Finanz- und Wirtschaftskrise zeigte sich darin, dass Rettungsbeihilfen nur vorübergehende, reversible Maßnahmen vorsehen, die auf das unumgänglich erforderliche Minimum beschränkt sein müssen. Sie sichern die Existenz des Unternehmens bis zur Erstellung des Umstrukturierungs- und Liquidationsplanes. Die reversible Finanzhilfe wird in Form einer Darlehensbürgschaft oder eines Darlehens gewährt. Sofern die Maßnahme strukturell geprägt ist, scheidet eine Rettungsbeihilfe aus.[407] Da für die Banken jedoch zunehmend gerade strukturelle Maßnahmen erforderlich waren,[408] erließ die Kommission entgegen den R&U-Leitlinien strukturell angelegte Entscheidungen[409]. Damit ging sie an die Grenze dessen, was nach den R&U-Leitlinien unter einer Rettungsbeihilfe subsumiert und als solche genehmigt werden kann.[410] So ermöglichten die genehmigten Unterstützungsmaßnahmen eine kontrollierte Abwicklung der Gesellschaft und den Verkauf lebensfähiger Geschäftsbereiche an Wettbewerber. Der dabei primär

---

404 Vgl. *Arhold*, EuZW 2008, 713, 714.

405 R&U-LL, Ziff. 9 ff.

406 Vgl. *Quardt/Lipinsky*, BRZ 2009, 63, 66.

407 R&U-LL, Ziff. 15.

408 Vgl. *Quardt/Lipinsky*, BRZ 2009, 63, 66 f.

409 Vgl. Entscheidung der Kommission vom 01.10.2008, Fall NN 41/2008 (Bradford & Bingley); Entscheidung der Kommission vom 31.07.2008, Fall NN 36/2008 (Roskilde Bank A/S).

410 Vgl. Kommission, Anzeiger für staatliche Beihilfen – Frühjahrsausgabe 2009, KOM (2009) 164 vom 08.04.2009, S. 9.

verfolgte Zweck war der Schutz von Gläubigern und Kleinsparern. Derartige weiterreichende Interventionen kamen der Finanzmarktstabilisierung zugute.[411]

c. Befristung von Rettungsbeihilfen

Die strikte Befristung[412] von Maßnahmen nach den R&U-Leitlinien erwies sich als weiteres Hindernis im Rahmen der Genehmigung flexibler Krisenbeihilfen. Angesichts der Ungewissheit über das zeitliche Ausmaß der Schwierigkeiten im Finanzsektor und dessen sensibler Reaktion auf angeschlagene, systemrelevante Unternehmen stellte sich heraus, dass jedoch gerade abweichende Laufzeitregelungen erforderlich waren. Eine derartig abweichende Handhabung hätte allerdings einer vorübergehenden monetären Überbrückung und somit dem Sinn und Zweck der R&U-Leitlinien widersprochen.[413]

d. Grundsatz der einmaligen Beihilfe

Der in den R&U-Leitlinien enthaltene Grundsatz der einmaligen Beihilfe[414] stand weiterreichenden und flexiblen Krisenmaßnahmen entgegen. Die politische Zusicherung einiger Staaten, die Insolvenz systemrelevanter Banken zu verhindern, führte zur Gewährung wiederholter Beihilfen und damit zu einer flexibleren Handhabe des Einmaligkeitsgrundsatzes.[415]

e. Dauer des Genehmigungsverfahrens

Angesichts der zunehmenden Anzahl notifizierter Rettungsmaßnahmen zugunsten notleidender Banken zur raschen Stabilisierung der Finanzmärkte war die Dauer des beihilferechtlichen Genehmigungsverfahrens zu verkürzen. Die R&U-Leitlinien sehen ein entsprechendes schnelleres Verfahren nicht vor. Für das nach den R&U-Leitlinien in Frage kommende vereinfachte Verfahren, das eine Vereinbarkeitsentscheidung innerhalb von einem Monat ermöglicht[416], sind die Voraussetzungen nur schwer zu erfüllen. Das Unternehmen darf z. B. einen Beihilfebetrag von 10 Mio. Euro[417] nicht übersteigen. Da die notifizierten Krisenbeihilfen

---

411 *Quardt/Lipinsky*, BRZ 2009, 63, 66 f.

412 Vgl. R&U-LL, Ziff. 15, 25 lit. c) und 27; darin ist lediglich ein sechsmonatiger Zeitraum vorgesehen.

413 *Quardt/Lipinsky*, BRZ 2009, 63, 67.

414 R&U-LL, Ziff. 72 ff.

415 *Quardt/Lipinsky*, BRZ 2009, 63, 67.

416 R&U-LL, Ziff. 30.

417 R&U-LL, Ziff. 30 lit. b).

für den Bankensektor bei weitem darüber lagen, konnte die Kommission kein vereinfachtes Verfahren i.S.d. R&U-Leitlinien durchführen.

3. Neuer Ansatz: Die Aktivierung von Art. 107 Abs. 3 lit. b) AEUV

Vor und in der Anfangsphase der Krise hatte die Kommission in ihren Vereinbarkeitsentscheidungen zu R&U-Beihilfen für den Bankensektor die Anwendbarkeit des Art. 107 Abs. 3 lit. b) AEUV abgelehnt.[418] Dem lag die Rechtsprechung zu Art. 107 Abs. 3 lit. b) AEUV zugrunde.[419] Für die Erfüllung des Tatbestandes „beträchtliche Störung des Wirtschaftslebens" sei die Beeinträchtigung einer Region oder eines Gebietsteils eines Mitgliedstaates nicht ausreichend. Vielmehr müsse die Störung einen gesamten Wirtschaftszweig eines Mitgliedstaates erfassen.[420]

Ausschlaggebend für ihre grundlegende Neubewertung der krisenbedingten Beihilfepolitik im Bankensektor war die Erkenntnis, dass infolge der durch die Krise hervorgerufenen allgemeinen Marktverunsicherung auch Banken ohne risikoträchtige Geschäftspraktiken in Schwierigkeiten geraten konnten.[421] Entsprechend war die Kommission nun bereit, Auswirkungen der Krise als eine „beträchtliche Störung im Wirtschaftsleben eines Mitgliedstaates" im Sinne des Art. 107 Abs. 3 lit. b) AEUV anzusehen.[422] Am 07. Oktober 2008 tagte der Rat Wirtschaft und Finanzen (ECOFIN) in Luxemburg. Dieser forderte, dass für krisenbedingte Interventionen der Staaten ein koordinierter Rahmen beschlossen werden sollte.[423] Es wurden erste allgemein formulierte Ziele für Aktionen der Staaten angenommen.[424] Der am 12. Oktober 2008 verabschiedete „gemeinsame Aktionsplan"[425] der Mitgliedstaaten und der Europäischen Zentralbank (EZB) legte fest, dass die Staaten Garantien zur erleichterten Refinanzierung der Banken

---

418 Vgl. *Arhold*, EuZW 2008, 713, 714; Vgl. Entscheidung der Kommission vom 31.07.2008, Fall NN 36/2008, Ziff. 40 (Roskilde Bank A/S).

419 Vgl. *Jestaedt/Wiemann*, WuW 2009, 606, 609.

420 *Bär-Bouyssière*, in: Schwarze, EU-Kommentar, Art. 87, Rn. 63.

421 Vgl. Mitteilung der Kommission – Die Anwendung der Vorschriften für staatliche Beihilfen auf Maßnahmen zur Stützung von Finanzinstituten im Kontext der derzeitigen globalen Finanzkrise, ABl. 2008 Nr. C 270/08, Ziff. 2. Nachstehend als „ABl. 2008 Nr. C 270/08" bezeichnet.

422 Vgl. *Soltész*, EuR 2011, 119, 121; Vgl. Entscheidung der Kommission vom 10.10.2008, Fall NN 51/2008 (Guarantee scheme for banks in Denmark).

423 ABl. 2008 Nr. C 270/08, Ziff. 3.

424 S. hierzu ABl. 2008 Nr. C 270/08, Ziff. 3, Fn. 1.

425 Gipfeltreffen der Länder des Euro-Währungsgebietes – Erklärung zu einem abgestimmten Aktionsplan der Länder des Euro-Währungsgebiets, Doc 14239/08.

gewähren sollten, um den Zusammenbruch systemrelevanter Banken zu verhindert. Die Maßnahmen dürften allerdings nicht zu Wettbewerbsverzerrungen führen.[426] Daher befürwortete der Europäische Rat, „dass die Kommission die Regeln der Wettbewerbspolitik, insbesondere hinsichtlich der staatlichen Beihilfen, umsetzt und dabei die Grundsätze des Binnenmarkts und der Vorschriften über staatliche Beihilfen weiterhin anwendet."[427]

Zur Unterstützung des Finanzsektors in der Krise erläutert die Kommission in ihrer Bankenmitteilung[428], wie die Vorschriften über Beihilfen im Zusammenhang mit Regierungsmaßnahmen anzuwenden sind. Die Bankenmitteilung dient als neuer Leitfaden zur Anwendung der Beihilfevorschriften auf Beihilferegelungen und Einzelmaßnahmen zugunsten von Finanzinstituten in der Krise. Danach sollten die Staaten jeden Zusammenbruch „systemrelevanter"[429] Banken verhindern. Dieser Leitfaden wurde als Reaktion auf die Insolvenz von Lehman Brothers am 15.09.2008, auf den Hilferuf wichtiger Marktakteure und die Ankündigung von Bankenrettungsprogrammen oder Garantieregelungen durch Mitgliedstaaten wie Dänemark und Irland veröffentlicht.[430] Insbesondere der Beschluss des ECOFIN-Rates drängte zur raschen Verabschiedung der Bankenmitteilung.[431] Diese als Mitteilung vorgelegten Leitlinien der Kommission erweitern das bisherige Regelungswerk dahingehend, dass Beihilfen nicht mehr ausschließlich nach den R&U-Leitlinien zulässig sind, sondern auch nach Art. 107 Abs. 3 lit. b) AEUV gewährt werden können. Bis dato wurde die Vorschrift nur äußerst selten angewendet.[432] Auch in den folgenden Krisenmitteilungen zog die Kommission Art. 107 Abs. 3 lit. b) AEUV ausdrücklich als Rechtsgrundlage zur Bewältigung der Systemkrise heran. Für die Bundesrepublik wurde damit die Vereinbarkeit des

426 *Arhold*, EuZW 2008, 713, 714.

427 Schlußfolgerungen des Vorsitzes No. 14368/08, Ziff. 5.

428 Mitteilung der Kommission – Die Anwendung der Vorschriften für staatliche Beihilfen auf Maßnahmen zur Stützung von Finanzinstituten im Kontext der derzeitigen globalen Finanzkrise, ABl. 2008 Nr. C 270/08, S. 8–14; nachstehend „Bankenmitteilung" genannt.

429 Siehe Schlußfolgerungen des Rats der Europäischen Union – Mitteilung an die Presse, 2894, Tagung des Rates Wirtschaft und Finanzen (13784/08 (Presse 279)), S. 6.

430 Kommission, Bericht über die Wettbewerbspolitik 2009, S. 5.

431 *Arhold*, EuZW 2008, 713, 714.

432 Diese Vorschrift wurde lediglich in zwei Fällen der Umstrukturierung von Staatsgesellschaften in Griechenland angewendet. Auch Banken zählten zu den Betroffenen, jedoch nur als öffentliche Unternehmen, nicht in ihrer speziellen Eigenschaft als Banken.

Finanzmarktstabilisierungsgesetzes (FMStG) einschließlich des Finanzmarktstabilisierungsfondsgesetzes (FMStFG) mit den Art. 107 ff. AEUV festgestellt.[433] Zudem hat die Kommission etliche Einzelfallbeihilfen genehmigt, die außerhalb der Beihilferegelungen gewährt wurden.[434]

Die neue Anwendbarkeit des Art. 107 Abs. 3 lit. b) AEUV reflektiert die geänderte Auffassung der Kommission, die nunmehr bei ihrem Vorgehen vielmehr von einer Banken- bzw. Systemkrise als von der Krise einzelner Banken ausgeht.[435] Da sich die bisherige Beihilfenkontrolle in der Krise als zu langwierig und kompliziert erwies, erteilte die Kommission der Wettbewerbskommissarin die befristete Ermächtigung, dringliche Rettungsmaßnahmen für Banken im Zusammenhang mit der gegenwärtigen Krise in Übereinstimmung mit dem Kommissionspräsidenten, dem Kommissar für Wirtschaft und Währung sowie dem Kommissar für Binnenmarkt und Dienstleistungen genehmigen zu können.[436] Zwecks flexiblerer Entschlussmöglichkeiten für angemeldete Beihilfen vereinfachte die Kommission das Verfahren, so dass eine diesbezügliche Entscheidung seitdem innerhalb von 24 Stunden oder über das Wochenende gefasst werden konnte.[437]

4. Gezielte Unterstützung des Bankensektors durch Mitteilungen

Das neue Regelwerk findet Anwendung für alle Bankentypen, da es willkürlich schien, Hilfsmaßnahmen zugunsten kleinerer Banken weiterhin nach den R&U-Leitlinien zu beurteilen, während für systemrelevante Banken Art. 107 Abs. 3 lit. b) AEUV angewendet werden sollte.[438] Für diese Neuorientierung in der

---

433 Entscheidung der Kommission vom 27.10.2008, Fall N 512/2008, ersetzt durch die Entscheidung vom 12.12.2008, Fall N 625/2008. Die Genehmigung bezog sich auch auf die begleitende Finanzmarktstabilisierungsfonds-VO (FMStFV). Zu den später eingefügten §§ 6a bis 6d FMStFG, s. Entscheidung der Kommission vom 31.7.2009, Fall N 314/2009.

434 Entscheidung der Kommission vom 18.12.2008, Fall N 615/2008 (BayernLB); Entscheidung der Kommission vom 22.12.2008, Fall N 655/2008 (NordLB); Entscheidung der Kommission vom 12.5.2009, Fall C 43/2008 (WestLB); Entscheidung der Kommission vom 29.05.2009, Fall N 264/2009 (HSH Nordbank); Entscheidung der Kommission vom 30.6.2009, Fall C 17/2009 (LBBW).

435 Vgl. Bankenmitteilung, Ziff. 9; *Jestaedt/Wiemann*, WuW 2009, 606, 609.

436 Vgl. *Kroes, Neelie*. Rede vor dem Economic und Monetary Affairs Committee vom 6. Oktober 2008, "Dealing with the current financial crisis" (SPEECH/08/498).

437 Bankenmitteilung, Ziff. 53.

438 *Quardt/Lipinsky*, BRZ 2009, 63, 68.

Beihilfepolitik erließ die Kommission 4 Mitteilungen für den Bankensektor[439], in denen sie die Kriterien für die Prüfung von Bankenbeihilfen in der Krise erläutert. Alle Mitteilungen beinhalten die Grundsätze der R&U-Leitlinien,[440] die jedoch in einigen Punkten gelockert wurden.[441]

a. Bankenmitteilung

Die Bankenmitteilung verschafft einen Überblick über die möglichen Arten von Hilfsmaßnahmen[442] und deren Voraussetzungen.[443] Den Staaten ermöglichte diese einen größeren Spielraum für die Gestaltung nationaler Maßnahmen. Unternehmen, die vor der Krise an sich gesund waren, konnte nun Unterstützung gewährt werden. Denn aufgrund der geringeren Wettbewerbsverzerrungen gelten für diese eigentlich andere Maßstäbe.[444] Obwohl die Kommission Art. 107 Abs. 3 lit. b) AEUV als neue Rechtsgrundlage für Maßnahmen zur Krisenbewältigung heranzog, ist bei der beihilferechtlichen Bewertung nach den allgemeinen Grundsätzen der gemäß Art. 107 Abs. 3 lit. c) AEUV verabschiedeten R&U-Leitlinien[445] zu verfahren.[446] Die Anwendbarkeit von Art. 107 Abs. 3 lit. b) 2. Alt. AEUV ist auf den Finanzsektor beschränkt[447] und eine Anwendung der Ausnahmebestimmung nur dann zulässig, „wenn die gesamte Funktionsfähigkeit der Finanzmärkte auf

---

439 Bankenmitteilung; Mitteilung der Kommission – Die Rekapitalisierung von Finanzinstituten in der derzeitigen Finanzkrise: Beschränkung der Hilfen auf das erforderliche Minimum und Vorkehrungen gegen unverhältnismäßige Wettbewerbsverzerrungen (nachstehend „Rekapitalisierungsmitteilung“ genannt), ABl. 2009 Nr. C 10/2, S. 2–10; Mitteilung der Kommission über die Behandlung wertgeminderter Aktiva im Bankensektor der Gemeinschaft (nachstehend „Risikoaktivamitteilung“ genannt), ABl. 2009 Nr. C 72/1, S. 1–22; Mitteilung der Kommission über die Wiederherstellung der Rentabilität und der Bewertung von Umstrukturierungsmaßnahmen im Finanzsektor im Rahmen der derzeitigen Krise gemäß den Beihilfevorschriften (nachstehend „Umstrukturierungsmitteilung“ genannt), ABl. 2009 Nr. C 195/09, S. 9–20.

440 Bankenmitteilung, Ziff. 10, 42, 52; Rekapitalisierungsmitteilung, Ziff. 44; Risikoaktivamitteilung, Ziff. 49.

441 *Soltész*, WuW 2010, 743, 745.

442 Bankenmitteilung, Ziff. 27.

443 *Jestaedt/Wiemann*, WuW 2009, 606, 612.

444 Bankenmitteilung, Ziff. 14.

445 Vgl. R&U-LL, Ziff. 9 f.

446 Vgl. Bankenmitteilung, Ziff. 10; *Quardt/Lipinsky*, BRZ 2009, 63, 68; *Soltèsz*, in: Schwarze, Rechtsschutz und Wettbewerb, S. 61, 69; *Quardt/Lipinsky*, BRZ 2009, 63, 69.

447 Bankenmitteilung, Ziff. 11; vgl. *Jestaedt/Wiemann*, WuW 2009, 606, 610.

dem Spiel steht".[448] Für andere Branchen kann sie lediglich dann herangezogen werden, wenn ein vergleichbares Risiko unmittelbarer Auswirkungen auf die Gesamtwirtschaft eines Staates besteht. Für klassische Rettungs- und Umstrukturierungsmaßnahmen bleiben die R&U-Leitlinien weiterhin anwendbar.[449]

Banken sollen durch die neuen Vorschriften in Bezug auf Restrukturierungsmaßnahmen nicht besser gestellt werden als bei Anwendung der R&U-Leitlinien. Daher bleibt die Pflicht zur Umstrukturierung weiterhin bestehen, d. h. längerfristige Umstrukturierungsbeihilfen sollen nur begrenzt und nicht ohne weitergehende Auflagen zulässig sein. Hintergrund ist, dass insgesamt nicht die Sanierung einzelner Marktteilnehmer, die mehr oder weniger zum Kollabieren des Finanzsystems beigetragen haben, sondern die Rettung des gesamten Systems beabsichtigt ist.[450]

Durch die Bankenmitteilung konnte auf die Anforderungen der einzelnen Beihilfemaßnahmen überwiegend[451] flexibel reagiert werden. Dies liegt u. a. an den nicht abschließenden Aufzählungen der möglichen Unterstützungskriterien. Auch überlässt die Kommission den Staaten einen weiten Gestaltungsspielraum, der es ihnen ermöglicht, die jeweiligen Rettungspakete der Marktsituation angepasst individuell zu verabschieden. Folglich divergieren die Pakete der Staaten stark voneinander. Ein positiver Nebeneffekt ist dabei, dass sich mit der damit gegebenen Freiheit ein System- und Ideenwettbewerb anstoßen lässt, der dem krisenerschütterten Markt zugutekommen kann.[452] Die Kommission hat auf der Grundlage der Mitteilung zahlreiche nationale Rekapitalisierungsregelungen und Einzelrekapitalisierungsbeihilfen genehmigt und damit dazu beigetragen, den vollständigen Zusammenbruch des Finanzsystems zu verhindern.[453]

aa. Beträchtliche Störung im Wirtschaftsleben eines Mitgliedstaates

Die Bankenmitteilung[454] legt Art. 107 Abs. 3 lit. b) 2. Alt. AEUV als gesetzliche Grundlage für Beihilfen in der Krisensituation fest. Angesichts des gravierenden Ausmaßes der Krise auf die Funktionsfähigkeit der Finanzmärkte und die unmittelbare Gefährdung der Gesamtwirtschaft der Staaten, hält die Kommission die

448 Bankenmitteilung, Ziff. 11.

449 *Jestaedt/Wiemann*, WuW 2009, 606, 610.

450 *Arhold*, EuZW 2008, 713, 715.

451 Es gibt nur wenige strikte Regelungen, von denen keinesfalls abgewichen werden darf. Vgl. *Arhold*, EuZW 2008, 713, 715.

452 *Arhold*, EuZW 2008, 713, 715.

453 *Herrmann*, WiVerw 2010, 36, 42.

454 Bankenmitteilung, Ziff. 8.

Voraussetzungen der Norm, „eine beträchtliche Störung im Wirtschaftsleben eines Mitgliedstaates", für gegeben.[455]

Grundsätzlich legt die Rechtsprechung diese Vorschrift eng aus.[456] Ihr zufolge muss eine schwerwiegende Störung im gesamten Wirtschaftsleben eines Mitgliedstaates und nicht nur in einer einzelnen Branche gegeben sein. Zudem muss sich die Störung auf nur einen Staat beschränken, d.h. sie darf nicht gleichermaßen andere Staaten betreffen.[457] Die krisenbedingt veränderte Anwendung des Art. 107 Abs. 3 lit. b) Alt. 2 AEUV führt zu einer erheblichen Relativierung dieser Maßstäbe. Im Gegensatz zu vorher können Beihilfen in Form einer allgemeinen Regelung für mehrere oder alle Banken gewährt werden,[458] wenn ansonsten die gesamte Funktionsfähigkeit der Finanzmärkte gefährdet wäre[459]. Obwohl die Norm eigentlich nur auf die Störung *eines* und nicht *aller* Mitgliedstaaten zugeschnitten ist, ist sie nun für die Gesamtwirtschaft aller betroffenen Staaten anwendbar. Diesen Sachverhalt problematisiert die Kommission nicht.[460]

bb. Unterscheidung zwischen gesunden und nicht gesunden Banken

Die Finanz- und Wirtschaftskrise offenbarte, dass viele Banken endogen organisatorische und/oder strategische Defizite hatten. Auch grundsätzlich wirtschaftlich gesunde und gut aufgestellte Banken wurden durch die Krise geschwächt. Sie hätten sich unter normalen Marktkonditionen wirtschaftlich gut entwickelt. Aus wettbewerbsrechtlicher Sicht kann daher eine Unterstützung von Unternehmen mit Strukturdefiziten nur dann erfolgen, wenn diese mit entsprechenden Restrukturierungsmaßnahmen einhergeht. Bei allen anderen Instituten sind derartige schützende Maßnahmen nicht erforderlich.[461]

Für die Erteilung einer staatlichen Beihilfe ist ausschlaggebend, in welcher Situation sich ein Finanzinstitut befindet. Unter Berücksichtigung des Wettbewerbsschutzes unterscheidet die Bankenmitteilung daher zwischen zwei Bankentypen.[462] Dieser Unterscheidung liegt der Gedanke zugrunde, dass strukturelle, nicht durch die Finanz- und Wirtschaftskrise bedingte Anpassungslasten einzelner

455 Bankenmitteilung, Ziff. 9.
456 Bankenmitteilung, Ziff. 8.
457 *Jestaedt*, in: Heidenhain, § 16, Rn. 13 ff.
458 Bankenmitteilung, Ziff. 9.
459 Bankenmitteilung, Ziff. 11.
460 *Jestaedt/Wiemann*, WuW 2009, 606, 609.
461 Vgl. Bankenmitteilung, Ziff. 2, 14.
462 *Haverkamp/Schmidt*, BRZ 2009, 71, 74.

Finanzinstitute nicht der Allgemeinheit angelastet werden dürfen.[463] Die Einstufung einer Bank in eine der beiden Kategorien beantwortet auch die Frage, inwiefern eine Umstrukturierung zu erfolgen hat. Die eine Kategorie betrifft ein grundsätzlich gesundes bzw. „gutes" Finanzinstitut, das unverschuldet und nur durch die krisenbedingten Umstände in Schwierigkeiten geraten ist (exogene Existenzprobleme). Der andere Typus skizziert eine Bank mit strukturell bedingten Solvenzproblemen (endogene Existenzprobleme). Die selbst verschuldeten Verluste ergeben sich aus Ineffizienz, mangelhaftem Aktiv-Passiv-Management oder infolge der Übernahme übermäßiger Risiken. Während die gesunde Bank i.d.R. keine oder nur geringe Kompensationsmaßnahmen zu befürchten hat, sollen bei der zweiten Bank weitreichende Ausgleichsmaßnahmen in Form von uneingeschränkten Umstrukturierungs- oder sogar Liquidationspflichten erforderlich sein.[464] Eine Abgrenzung kann mitunter schwierig sein. Dies kann z.B. daran liegen, dass sich entscheidende Abgrenzungskriterien kurzfristig ändern können, so dass allein schon verschiedene Bewertungszeitpunkte zu völlig unterschiedlichen Ergebnissen führen. Ferner ist zweifelhaft, ob allein eine pauschale Einteilung in zwei Bankentypen in der Sache weiterführt, oder ob für die Einschätzung der Situation eine umfassendere und gründlichere Untersuchung der endogenen Probleme der Bank sachgerechter ist.[465]

Im Gegensatz zur Mitteilung für die Realwirtschaft, die darauf abstellt, ob ein Unternehmen schon am 01.07.2008 in Schwierigkeiten war,[466] wird dabei für den Finanzsektor kein entsprechender fester Stichtag festgelegt.

cc. Weitere Bestimmungen

Für die Genehmigung von Beihilferegelung gelten die allgemeinen Grundsätze staatlicher Beihilfen wie Geeignetheit, Notwendigkeit und Verhältnismäßigkeit. Ziel ist die Behebung der beträchtlichen Störung im Wirtschaftsleben. Die Beihilferegelungen müssen angemessen sein, d.h. sie dürfen nicht über das zur Erreichung des Ziels erforderliche Maß hinausgehen. Auch sollten unerwünschte Nebeneffekte für Wettbewerber, andere Branchen und andere Mitgliedstaaten

---

463 *Zimmer/Blaschczok*, WuW 2010, 142, 149.

464 Bankenmitteilung, Ziff. 14.

465 *Jestaedt/Wiemann*, WuW 2009, 606, 611.

466 Vgl. u.a. Ziff. 4.2.2. lit. c) der Mitteilung der Kommission – Vorübergehender Gemeinschaftsrahmen für Staatliche Beihilfen zur Erleichterung des Zugangs zu Finanzierungsmitteln in der gegenwärtigen Finanz- und Wirtschaftskrise, ABl. 2009 Nr. C 16/01.

möglichst gering ausfallen.[467] Diese allgemein formulierten Kriterien konkretisiert die Kommission teilweise in den von ihr vorgeschlagenen Beihilfeinstrumenten.[468]

dd. Konkrete Rettungsmaßnahmen für den Bankensektor

Die in der Bankenmitteilung vorgesehenen Unterstützungsmaßnahmen sind Garantien, Rekapitalisierungen, kontrollierte Liquidation sowie Bereitstellung kurzfristiger Liquiditätshilfen durch die Zentralbanken.

(1) Garantien

Voraussetzung für die Teilnahme an einer Garantieregelung ist ein nach objektiven Kriterien abgegrenzter Teilnehmerkreis der Institute ungeachtet ihrer Nationalität. Eine entsprechende Regelung sollte daher alle zugelassenen Banken eines Staates, einschließlich Tochtergesellschaften, die in dem Staat umfangreich tätig sind, betreffen.[469] Im Rahmen des sachlichen Geltungsbereichs der Garantie schränkt die Kommission die relativ breit ausgewählte Palette etwaiger Garantieleistungen insofern ein, als dass die Garantien weder für nachrangige Schuldtitel noch für die pauschale Deckung sämtlicher Verbindlichkeiten gelten.[470] Geht der Garantieschutz über den einer Privatkundeneinlage hinaus, so ist zur Vermeidung falscher Anreize für ein Fehlverhalten eine besonders enge Verhältnismäßigkeitsprüfung erforderlich.[471] Grundsätzlich gilt: je mehr Titel die Garantie umfasst, desto härter hat die Rechtfertigungsprüfung zu erfolgen.[472] Garantieregelungen können bis zu 2 Jahren genehmigt werden, sofern sie eine stetige Überprüfung in 6-Monats-Abschnitten vorsehen.[473] Die Staaten haben die Beihilfe auf das erforderliche Mindestmaß zu beschränken. Dafür müssen die Begünstigten einen erheblichen Eigenbeitrag zu den Kosten der Garantie und gegebenenfalls der staatlichen Intervention leisten. Dies erfolgt beispielsweise in Form eines angemessenen Entgeltes oder einer Besserungs- oder Rückzahlungsklausel.[474] Die Regelungen müssen Schutzmaßnahmen gegen Missbrauch und unverhältnismäßige

467 Bankenmitteilung, Ziff. 15.
468 Vgl. Bankenmitteilung, Ziff. 17 ff. und 34 ff.
469 Bankenmitteilung, Ziff. 18.
470 Bankenmitteilung, Ziff. 22 f.
471 Vgl. *Jestaedt/Wiemann*, WuW 2009, 606, 612; Bankenmitteilung, Ziff. 20, 27.
472 Bankenmitteilung, Ziff. 22.
473 Bankenmitteilung, Ziff. 24.
474 Bankenmitteilung, Ziff. 25 f.

Wettbewerbsverfälschungen vorsehen. Denkbar sind hierfür Verhaltensregeln wie z. B. ein Werbeverbot mit dem Garantiestatus für die begünstigte Bank.[475]

Um Wettbewerbsverzerrungen weitestgehend zu vermeiden, ist die allgemeine Garantieregelung nur als vorübergehende Notmaßnahme und keinesfalls als allumfassende Antwort auf die krisenbedingten Probleme zu verstehen.[476] Synchron zur Garantieregelung haben möglichst zeitnah Anpassungsmaßnahmen oder eine Umstrukturierung bzw. Liquidation begünstigter Banken zu erfolgen. Dies gilt insbesondere, wenn der Garantiefall bereits eingetreten ist.[477]

(2) Rekapitalisierung von Finanzinstituten

Ziel der Rekapitalisierung ist die Bereitstellung öffentlicher Mittel zur Stärkung der Kapitaldecke des Finanzinstituts auf direktem Wege oder mittels privater Kapitalzahlungen, damit sich Verluste auffangen und Insolvenzrisiken eindämmen lassen.[478] Für Rekapitalisierungsregelungen gelten die Bestimmungen der Garantieregelungen entsprechend.[479] Es muss sichergestellt werden, dass der Beihilfebetrag auf ein Mindestmaß begrenzt wird. Für seine Kapitalbeteiligung sollte der Staat im Gegenzug Rechte erhalten, die dem Wert seines Beitrags zur Rekapitalisierung entsprechen. Neue Anteile müssen daher zu einem Preis angeboten werden, der auf der Grundlage einer marktorientierten Bewertung festgelegt wurde.[480] Nach der Rekapitalisierung ist eine Umstrukturierung der begünstigten Bank erforderlich. Deren Umfang steht in Abhängigkeit zu den Problemen der Bank.[481] Der Staat hat der Kommission alle sechs Monate einen Bericht über die ergriffenen Maßnahmen vorzulegen.[482]

---

475 Bankenmitteilung, Ziff. 27.

476 Bankenmitteilung, Ziff. 28. Seit dem 1. Januar 2011 wendet die Kommission bei der Überprüfung von Garantien strengere Kriterien an; vgl. hierzu: ABl. 2010 Nr. C 329/07, Ziff. 10.

477 Bankenmitteilung, Ziff. 29.

478 Vgl. Bankenmitteilung, Ziff. 34; *Jestaedt/Wiemann*, WuW 2009, 606, 613; *Weber/Grünewald*, EuZ 2009, 58, 62.

479 *Jestaedt/Wiemann*, WuW 2009, 606, 613; Bankenmitteilung, Ziff. 35.

480 Bankenmitteilung, Ziff. 39.

481 Bankenmitteilung, Ziff. 35.

482 Bankenmitteilung, Ziff. 41.

(3) Kontrollierte Liquidation und Bereitstellung anderer Liquiditätsbeihilfen

Für die kontrollierte Liquidation gelten die für die Garantien dargestellten Grundsätze entsprechend.[483] Der Verkauf der unternehmerischen Vermögensgegenstände mit dem Ziel, das darin gebundene Kapital in Bargeld umzuwandeln, geschieht überwiegend auf zweierlei Weise. Die Liquidation wird im Rahmen einer einheitlichen Maßnahme durchgeführt, oder sie erfolgt in einem zweiten Schritt nach der Gewährung einer Rettungsbeihilfe für ein einzelnes Institut, wenn die Erfolglosigkeit der Umstrukturierung offensichtlich ist.[484] Für die kontrollierte Liquidation gelten bestimmte Auflagen. Hiernach ist beim Verkauf einer Bank zu beachten, dass keine Beihilfen an die Käufer oder die veräußerten Institute gewährt werden. Dieser erfolgt grundsätzlich in einem offenen, nicht diskriminierenden Verfahren zu marktüblichen Konditionen.[485] Erweist sich dabei, dass Beihilfen gewährt wurden, so wird deren Vereinbarkeit mit dem Binnenmarkt in einem gesonderten Verfahren geprüft.[486]

Bei den in diesem Zusammenhang zu nennenden anderen Liquiditätshilfen ist bereits zweifelhaft, ob es sich bei ihnen im Einzelfall um Beihilfen handelt. Sofern es um allgemeine, allen Marktteilnehmern zugängliche Maßnahmen geht und keine selektive Förderung zugunsten einzelner Banken vorgenommen wird, schließt die Kommission deren Einstufung als Beihilfe aus.[487]

b. Vernachlässigung des Grundsatzes der einmaligen Beihilfe

Die Bankenmitteilung unterstreicht, dass für die beihilferechtliche Würdigung die Grundsätze der R&U-Leitlinien zugrunde zu legen sind.[488] Einer dieser Grundsätze ist das „one time, last time“-Prinzip. Im Rahmen der während der Krise ergangenen Neuerungen war zunächst zweifelhaft, ob Banken, die bereits nach den R&U-Leitlinien Beihilfen erhalten hatten, binnen der Zehnjahresfrist noch weitere Beihilfen nach den neuen Mitteilungen gewährt werden durften.[489] Da jedoch die bisherigen Grundsätze der R&U-Leitlinien weiterhin Anwendung finden

483 Bankenmitteilung, Ziff. 44.
484 Bankenmitteilung, Ziff. 43.
485 Bankenmitteilung, Ziff. 49.
486 Bankenmitteilung, Ziff. 50.
487 Bankenmitteilung, Ziff. 51.
488 Bankenmitteilung, Ziff. 10.
489 Die Hypo Real Estate beantragte weitere Beihilfen nach dem deutschen Rettungspaket, nachdem sie bereits Beihilfen nach den R&U-LL 2004 empfangen hatte. Vgl. *Arhold*, EuZW 2008, 713, 717, Fn. 68.

sollten,[490] hätte auch das Einmaligkeitsprinzip davon erfasst sein müssen. Die Fortführung dieses Grundsatzes schien zweifelhaft, da doch gerade die Finanzkrise die wiederholte Gewährung von Beihilfen erforderlich machte.[491] Die Genehmigungspraxis zeigte, dass während der Krise neben einer bereits nach den R&U-Leitlinien gewährten Beihilfe eine weitere Beihilfe möglich war. Damit fand das in den R&U-Leitlinien niedergelegte Prinzip keine Anwendung.[492] Dies bestätigen insbesondere die Entscheidungen zur IKB[493] und Hypo Real Estate[494]. In Abkehr vom Einmaligkeitsprinzip bejahte die Kommission später ausdrücklich die Zulässigkeit der Gewährung weiterer Beihilfen in der Umstrukturierungsphase.[495]

c. *Rekapitalisierungsmitteilung*

Die Kommission erkannte schon in der Bankenmitteilung, dass Rekapitalisierungsregelungen zu den wichtigsten Maßnahmen gehören, die zur Gewährleistung der Stabilität und des ordnungsgemäßen Funktionierens der Finanzmärkte erforderlich sind.[496] Dort erläuterte sie die grundlegenden Voraussetzungen für die Vereinbarkeit von Rekapitalisierungen mit Art. 107 Abs. 1 AEUV. Gleichzeitig genehmigte die Kommission in mehreren Staaten allgemeine Rekapitalisierungsregelungen sowie Maßnahmen zur Rekapitalisierung einzelner Banken. Die nationalen Rekapitalisierungsregelungen fielen im Hinblick auf Art, Umfang und Auflagen jedoch sehr unterschiedlich aus. Daher forderten die Staaten und Banken mehr Klarheit über die Vereinbarkeit bestimmter Formen der Rekapitalisierung mit den Beihilfevorschriften. Infolge der Aufforderung des Rates für Wirtschaft und Finanzen, Vorgaben für weiterreichende Rekapitalisierungen zu schaffen, erließ die Kommission die Rekapitalisierungsmitteilung.[497]

Die Mitteilung ergänzt und präzisiert die bereits in der Bankenmitteilung enthaltenen Rekapitalisierungsvorschriften. Sie konkretisiert vor allem die Höhe[498] der von den Banken für die Rekapitalisierungsmaßnahmen zu entrichtenden Vergütung und unterstreicht die Notwendigkeit eines Umstrukturierungsplanes[499].

490 Bankenmitteilung, Ziff. 10.
491 Vgl. *Arhold*, EuZW 2008, 713, 717 f.
492 Vgl. *Soltész*, WuW 2010, 743, 746.
493 Entscheidung der Kommission vom 22.12.2008, Fall N 639/2008 (IKB).
494 Entscheidung der Kommission vom 02.10.2008, Fall NN 44/2008 (Hypo Real Estate).
495 Vgl. Umstrukturierungsmitteilung, Ziff. 16 und 27.
496 Rekapitalisierungsmitteilung, Ziff. 1.
497 Rekapitalisierungsmitteilung, Ziff. 3.
498 Rekapitalisierungsmitteilung, Ziff. 16 ff.
499 Rekapitalisierungsmitteilung, Ziff. 20, 42, 44.

Solange die Vergütung marktorientiert[500] ist und das Kapital nicht zu deutlich günstigeren Konditionen zur Verfügung gestellt wird, als es durch die Risikolage gerechtfertigt wäre, liegt keine Beihilfe vor.[501] Die marktgerechte Vergütung zielt auf die Eindämmung wettbewerbsverzerrender Effekte, die durch die Rekapitalisierungen hervorgerufen werden.[502] Wenn bei der Kapitalzuführung des Staates auch private Investoren zu den gleichen Bedingungen und mindestens zu 30 % beteiligt sind, akzeptiert die Kommission die ausgehandelte Vergütung.[503] Dann liegt ebenfalls keine staatliche Beihilfe vor.[504]

Ferner müssen Anreize gesetzt werden, dass die Banken, sobald der Markt dies zulässt, die staatlichen Unterstützungen zurückzahlen.[505] An der Einstufung der Bankentypen nach exogenen und endogenen Schwierigkeiten hält die Kommission weiterhin fest.[506] Das hat Auswirkungen auf die von der jeweiligen Bank zu zahlende Vergütung für die Kapitalzuführung.[507] Die Kommission präzisiert zudem die Verhaltensauflagen[508] für die Begünstigten. Die Schutzmechanismen zielen auf die Vermeidung von Missbrauch und unangemessene Wettbewerbsverzerrungen, die durch aggressive Geschäftsstrategien herbeigeführt werden können. Hervorzuheben ist insbesondere das Verbot werblicher Hinweise auf die staatliche Rekapitalisierung. Fusionen und Übernahmen haben auf der Grundlage von offenen Ausschreibungsverfahren zu erfolgen.[509] Das Erfordernis der regelmäßigen Überprüfung von nationalen Beihilferegelungen ist in der Mitteilung weiterhin vorgesehen.[510]

aa. Unterscheidung zwischen Bankentypen

Dem Risikoprofil der Bank sowie der Einstufung ihrer Schwierigkeiten kommt eine entscheidende Rolle zu. Davon werden die Höhe der Vergütung wie auch eine Entscheidung über eine zu erfolgende Umstrukturierung abhängig gemacht.

---

500 Rekapitalisierungsmitteilung, Ziff. 3.
501 Vgl. Rekapitalisierungsmitteilung, Ziff. 8.
502 Vgl. Rekapitalisierungsmitteilung, Ziff. 7 f., 11, 19.
503 Rekapitalisierungsmitteilung, Ziff. 21.
504 *Nordberg*, BRZ 2009, 10.
505 Vgl. Rekapitalisierungsmitteilung, Ziff. 31.
506 Rekapitalisierungsmitteilung, Ziff. 22 ff.
507 Vgl. Rekapitalisierungsmitteilung, Ziff. 44.
508 Siehe hierzu Bankenmitteilung, Ziff. 35, 38.
509 Rekapitalisierungsmitteilung, Ziff. 35 ff.
510 Rekapitalisierungsmitteilung, Ziff. 40 ff.

(1) Gesunde Banken

Gesunde Banken haben für das bereitgestellte Kapital eine angemessene[511] Vergütung zu entrichten. Die Kommission akzeptiert niedrigere Vergütungssätze als die aktuellen Marktsätze, sofern sie nicht zu stark von diesen abweichen.[512] Dahinter steht die Erkenntnis, dass die krisenbedingten Vergütungssätze auf dem Markt keine realistischen Richtwerte für die Ermittlung eines angemessenen Vergütungsniveaus sind.[513] Für die Marktüblichkeit der Vergütung wurden die Empfehlungen der EZB vom 20. November 2008 zugrunde gelegt.[514] Gesunde Banken müssen der Kommission 6 Monate nach der Rekapitalisierung einen Bericht über die ergriffenen Maßnahmen vorlegen. Dieser beinhaltet u. a. die Ein schätzung des eigenen Risikoprofils.[515] Gesunde Banken sind nur zur Vorlage eines Umstrukturierungsplans verpflichtet, wenn sie nach der Rekapitalisierung in Schwierigkeiten geraten.[516]

(2) Nicht gesunde Banken

Für nicht gesunde Banken gelten strengere Regeln. Entsprechend haben sie eine höhere, grundsätzlich an ihrem Risikoprofil ausgerichtete Vergütung zu zahlen. Ferner können staatliche Kapitalzuführungen nur genehmigt werden, wenn die Bank liquidiert oder Umstrukturierungsmaßnahmen ergriffen werden. Daher muss der Staat der Kommission binnen sechs Monaten nach der Rekapitalisierung einen Liquidations- oder Umstrukturierungsplan vorlegen.[517] Der Plan muss zwingend Ausgleichsmaßnahmen beinhalten. Diese liegen meist in der Rückführung der Bilanzsumme und der Konzentration auf Kerngeschäftsfelder.[518] Im Gegensatz zu gesunden Banken sind für diesen Bankentyp bis zur Rückzahlung des staatlichen Kapitals restriktive Verhaltensmaßregeln etwa zur Dividendenpolitik (einschließlich eines Dividendenverbots zumindest in der Umstrukturierungsphase), zur

511 Vgl. Rekapitalisierungsmitteilung, Ziff. 18.
512 Vgl. Rekapitalisierungsmitteilung, Ziff. 24 f.
513 Rekapitalisierungsmitteilung, Ziff. 18.
514 Rekapitalisierungsmitteilung, Ziff. 16 ff.
515 Rekapitalisierungsmitteilung, Ziff. 40.
516 Rekapitalisierungsmitteilung, Ziff. 42.
517 Rekapitalisierungsmitteilung, Ziff. 42 und 44.
518 *Birnstiel/Heinrich/Dierckens*, BRZ 2010, 67, 70.

Vergütung von Führungskräften[519] und Bonuszahlungen sowie ein höherer Solvabilitätskoeffizient[520] vorgesehen.[521]

bb. Anreize für Rückzahlung

Die Staaten müssen in den Rekapitalisierungsregelungen Anreizmechanismen für die Rückzahlung des staatlichen Kapitals setzen. Erreicht werden kann dies z. B. durch einen entsprechenden Aufschlag auf die Vergütung verbunden mit zeitlich gestaffelten Erhöhungen oder sonstigen Staffelungsklauseln. Zulässig wäre auch, anstelle einer Erhöhung des Vergütungszinssatzes Call-Optionen vorzusehen oder die Ausschüttung von Dividenden zu begrenzen.[522] Dabei gilt: je umfangreicher die Rekapitalisierung und je höher das Risikoprofil der begünstigten Bank ist, desto wichtiger sind klare Anreize zur Rückzahlung der staatlichen Mittel.[523]

d. Risikoaktivamitteilung

Ab 2009 stellte sich zunehmend das Problem des Umgangs mit Risikoaktiva.[524] Bei den mit „toxic assets"[525] bezeichneten wertgeminderten Aktiva handelt es sich um Vermögenswerte, die, wenn überhaupt, nur mit beträchtlicher Wertminderung für die Banken realisiert werden können.[526] Da die Risikoaktiva in den Bankenbilanzen negativ zu Buche schlagen, war die Sicherstellung der Kreditvergabe an die Realwirtschaft und die Finanzmarktstabilisierung ohne das Abstoßen der wertgeminderten Aktiva nahezu unmöglich.[527] Daher beabsichtigten zahlreiche

519 Vgl. Entscheidung der Kommission vom 27.10.2008, Fall N 512/2008, Ziff. 57 (Rettungspaket für Kreditinstitute in Deutschland).

520 Dieser setzt die eigenen finanziellen Mittel eines Einlagenkreditinstituts (als Zähler) ins Verhältnis zu den risikogewichteten Vermögenswerten und außerbilanzmäßigen Geschäften (als Nenner). Er ist somit eine wichtige Orientierung für Maßnahmen der Bankenaufsicht.Vgl. zum Solvabilitätskoeffizient: Entscheidung der Kommission vom 19.11.2008, Fall N 560/2008, Ziff. 61 f. (Stützungsmaßnahmen zugunsten von Kreditinstituten in Griechenland).

521 Rekapitalisierungsmitteilung, Ziff. 45.

522 Rekapitalisierungsmitteilung, Ziff. 31 f.

523 Rekapitalisierungsmitteilung, Ziff. 34.

524 Risikoaktivamitteilung, Ziff. 3.

525 *Jestaedt/Wiemann*, WuW 2009, 614.

526 Mitteilung der Kommission vom 26. Februar 2009 über die Behandlung wertgeminderter Vermögenswerte im Bankensektor der Gemeinschaft – Häufig gestellte Fragen (MEMO/09/85).

527 Vgl. Risikoaktivamitteilung, Ziff. 2.

Staaten, zusätzlich Entlastungsmaßnahmen für Risiko-aktiva zu ergreifen. Die Kommission erließ folglich am 25. Februar 2009 in Abstimmung mit der EZB und auf der Grundlage der Empfehlungen des Eurosystems vom 5. Februar 2009 die Risikoaktivamitteilung.[528] Die damit ermöglichte staatliche Entlastung von Risikopositionen zielt auf die Bereinigung der Bankbilanzen von Schuldtiteln, deren Ausfallrisiken in der aktuellen Marktsituation nicht rational bewertet werden und die daher das Vertrauen der Banken untereinander belasten. Zudem soll verhindert werden, dass staatliche Rekapitalisierungsmaßnahmen in ihrer Wirksamkeit beeinträchtigt sind, weil neues Eigenkapital statt zur Kreditvergabe vielmehr als Polster gegen künftige Wertminderungen eingesetzt wird.[529]

Zur Wiederherstellung der Finanzstabilität und zur Sicherstellung der Kreditvergabe an die Realwirtschaft einerseits und zur Abwendung von längerfristigen Schäden andererseits ist nach Auffassung der Kommission ein gemeinsamer, koordinierter europäischer Ansatz erforderlich.[530] Die Kommission erläutert in der Mitteilung mehrere Möglichkeiten des Umgangs mit Risikoaktiva. Dazu zählen insbesondere der staatliche Erwerb der betreffenden Vermögenswerte (einschließlich sog. Bad Bank-Szenarien) ebenso wie Versicherungslösungen, Garantien[531] oder gegebenenfalls erforderliche Verstaatlichungen.[532] Die Kommission beschreibt die Auswirkungen solcher Rettungsmaßnahmen auf die öffentlichen Finanzen sowie auf regulatorischer Ebene. Zusätzlich zeigt sie auf, wie sich Beihilferegelungen für Risikoaktiva beihilferechtskonform gestalten lassen und welche Voraussetzungen für deren Genehmigung erfüllt sein müssen bzw. auf welche Grundsätze sie sich bei der beihilferechtlichen Beurteilung von Entlastungsmaßnahmen für wertgeminderte Vermögenswerte stützen wird.[533]

Die in der Mitteilung aufgestellten Vorgaben bilden gleichsam den Rahmen, in dem die Staaten flexibel einzelne Rettungsregelungen individuell ausgestalten bzw. die rettende Maßnahme auf die Bank zuschneiden können.[534] Damit bleibt es den Staaten überlassen, eine sog. „bad bank", in die toxische Wertpapiere ausgelagert werden, zu gründen oder stattdessen ein Versicherungs- bzw. Garantieszenario

528 Risikoaktivamitteilung, Ziff. 3.
529 Risikoaktivamitteilung, Ziff. 6 f.
530 Risikoaktivamitteilung, Ziff. 13.
531 Risikoaktivamitteilung, Ziff. 23.
532 Risikoaktivamitteilung, Ziff. 11 i.V.m. Anhang II Nr. I 1 und 2.
533 Vgl. Pressemitteilung der Kommission vom 25.02.2009 (IP/09/322); vgl. Risikoaktivamitteilung.
534 Risikoaktivamitteilung, Ziff. 14.

einzugehen.[535] Trotz der eingeräumten Gestaltungsfreiheit sollen alle Entlastungsregelungen beihilferechtlich nach einheitlichen Grundsätzen geprüft werden. Die wichtigsten Kriterien sind: Methoden zur Bewertung von Risikoaktiva, erforderliche Vergütung von Rettungsmaßnahmen für solche Aktiva, vorgesehene beihilferechtliche Verfahrensschritte sowie Kriterien für die Beurteilung der gewährten Beihilfen.[536]

Die Kommission betont ausdrücklich, dass nicht nur kurzfristige Rettungsziele wie die Sicherung der Finanzstabilität und Stabilisierung der Kredittätigkeit der Banken zu berücksichtigen sind, sondern auch längerfristige Maßnahmen zu erfolgen haben.[537] Für die Kommission ist daher das zwingende Pendant zur Rettungsmaßnahme einer Bank deren Umstrukturierung.[538]

In der Risikoaktivamitteilung differenziert die Kommission nicht mehr explizit zwischen den zuvor genannten unterschiedlichen Bankentypen, stattdessen verfolgt sie einen neuen, differenzierteren Ansatz. Die Mitteilung findet hiernach nicht nur für Banken mit endogenen Problemen, sondern vielmehr für alle Banken, die entsprechende Unterstützungen erhalten, unabhängig von ihrer konkreten Lage Anwendung. Entscheidend aber für Voraussetzungen und Folgen der Rettungsmaßnahme ist die individuelle Lage des Kreditinstituts, für die Risikoprofil und langfristige Stabilität ausschlaggebend sind.[539] Bestimmend für diesen Neuansatz war die Schwierigkeit der Einteilung der Banken in nur zwei Kategorien und deren Abgrenzung im Graubereich.[540] Im Unterschied zur Realwirtschaft[541] ist für die Bewertung von Unternehmen im Bankensektor kein fester Stichtag festgelegt worden. So können beispielsweise unterschiedliche Bewertungszeitpunkte zu völlig anderen Ergebnissen führen.[542] Ein weiterer Gesichtspunkt ist auch eine mit

535 *Weber/Grünewald*, EuZ 2009, 58, 62.

536 Vgl. Pressemitteilung der Kommission vom 25.02.2009 (IP/09/322).

537 Risikoaktivamitteilung, Ziff. 8.

538 Risikoaktivamitteilung, Ziff. 9.

539 Vgl. Risikoaktivamitteilung, Ziff. 17; *Jestaedt/Wiemann*, WuW 2009, 606, 614.

540 Vgl. *Freshfields Bruckhaus Deringer LLP*, Die Mitteilung zu wertgeminderten Aktiva der Kommission vom 25. Februar 2009, S. 4.

541 Vgl. Mitteilung der Kommission – Vorübergehender Gemeinschaftsrahmen für Staatliche Beihilfen zur Erleichterung des Zugangs zu Finanzierungsmitteln in der gegenwärtigen Finanz- und Wirtschaftskrise, ABl. 2009 Nr. C 16/01, Ziff. 4.2.2. lit. c). Diese stellt darauf ab, ob sich ein Unternehmen bereits am 01.07.2008 in Schwierigkeiten befand.

542 Vgl. *Jestaedt/Amory*, Beihilfen für Banken in der Finanzmarktkrise, S. 4.

einer Kategorisierung der Banken verbundene mögliche Stigmatisierung – davon wären vor allem solche mit endogenen Problemen betroffen.[543]

aa. Voraussetzungen für Entlastungsmaßnahmen

Für die beihilferechtliche Genehmigungsfähigkeit müssen die Entlastungsmaßnahmen nachstehend aufgeführte Voraussetzungen erfüllen.

(1) Beihilfecharakter der Rettungsmaßnahme

Der Kommission nach stellen die in der Risikoaktivamitteilung aufgeführten Maßnahmen eine Beihilfe dar. Das Beihilfeelement liegt in der Befreiung der Bank von der Pflicht, einen Verlust oder Reserven für mögliche Verluste bezüglich ihrer „toxischen" Wertpapierbestände auszuweisen. Das ist insbesondere dann gegeben, wenn der Staat wertgeminderte Vermögenswerte zu einem über dem Marktwert liegenden Preis ankauft oder in einer Höhe versichert, die im gegebenen Marktumfeld nicht erzielbar ist.[544]

(2) Offenlegung der Wertminderung und Rentabilitätsprüfung

Wichtige Voraussetzungen für die Genehmigungsfähigkeit von Rettungsmaßnahmen sind die uneingeschränkte Transparenz der Lage der förderfähigen Bank sowie die Offenlegung der geminderten Aktiva gegenüber den mitgliedstaatlichen Behörden, den hinzugezogenen unabhängigen Sachverständigen und der Kommission bei der Antragstellung.[545] Sämtliche andere Arten von Beihilfen, die der Bank bereits gewährt wurden, sind im Rahmen der Berichterstattung anzugeben. Nur so kann sich die Kommission einen vollständigen Überblick über die bereits ergangenen Beihilfemaßnahmen verschaffen, die sie für deren beihilferechtliche Bewertung zugrunde legt.[546]

Die Mitteilung legt Bewertungsgrundsätze zur Bestimmung derjenigen Vermögenswerte fest, für die eine Entlastung in Betracht kommt.[547] Ein gemeinschaftsweit abgestimmtes Konzept zur Festlegung der entlastungsfähigen Vermögenswerte soll Wettbewerbsverzerrungen weitgehend vorbeugen. Zudem ist Anreizen für

543 Vgl. *Drijber/Burmester*, Competition Law, S. 580, Ziff. 5, 3; *Jestaedt/Amory*, Beihilfen für Banken in der Finanzmarktkrise, S. 4; *Jestaedt/Wiemann*, WuW 2009, 606, 611.

544 *Weber/Grünewald*, EuZ 2009 Nr. 3, 58, 62; vgl. Risikoaktivamitteilung, Ziff. 15.

545 Risikoaktivamitteilung, Ziff. 20 lit. a) sowie Fn. 1 zu Ziff. 20 lit. a).

546 Risikoaktivamitteilung, Anhang V.

547 Risikoaktivamitteilung, Ziff. 32–36.

grenzübergreifend tätige Banken gegenzusteuern, die aus den unterschiedlichen einzelstaatlichen Maßnahmen die für sie günstigste auswählen. Zur Festlegung der entlastungsfähigen Vermögenswerte sind daher sog. „Körbe“ vorgesehen. Mit dieser Bildung einheitlicher Kategorien ist der Grad der Vermögensminderung ablesbar. Somit ist ein gemeinschaftsweiter Vergleich der Banken und ihrer Risikoprofile möglich. Weitere Orientierungshilfen für die Abgrenzung der einzelnen Körbe bzw. Kategorien von Aktiva finden sich in Anhang III der Mitteilung. Die Staaten entscheiden sodann darüber, welche der Kategorien in welchem Umfang von ihren jeweiligen Entlastungsmaßnahmen abgedeckt werden.[548]

Sofern die wertgeminderten Aktiva vor einem bestimmten Stichtag vor Bekanntgabe der Beihilferegelung in die Bilanz einer begünstigten Bank aufgenommen worden sind, werden diesbezügliche Rettungsregelungen als zulässig erachtet.[549] Diese einheitliche und objektive Regelung ermöglicht die Schaffung vergleichbarer Bedingungen zwischen den Banken und verschiedenen Staaten. So ist auch ausgeschlossen, dass die Banken eine unbefristete Absicherung gegen künftige Folgen der Rezession haben.[550]

Zwecks Bewertung der Aussichten auf Wiederherstellung der Rentabilität (Rentabilitätsprüfung) fordert die Kommission nach Antragstellung der jeweiligen Bank, dass deren Geschäftsfähigkeit und Bilanzen überprüft werden müssen.[551]

(3) Kohärente Kostenverteilung

Grundsätzlich müssen die mit den wertgeminderten Aktiva verbundenen Kosten zwecks angemessen ausgewogener Lastenverteilung zwischen Staat, Anteilseignern und Gläubigern aufgeteilt werden. Zur Sicherstellung eines kohärenten „burden sharings“ der Beteiligten sind Offenlegung der Wertminderungen[552] ex ante, korrekte Bewertung der Aktiva vor Durchführung der Entlastungsmaßnahme sowie eine angemessene Vergütung für den Staat für seine Unterstützung erforderlich.[553]

548 Risikoaktivamitteilung, Ziff. 33.
549 Risikoaktivamitteilung, Ziff. 36.
550 Vgl. Mitteilung der Kommission über die Behandlung wertgeminderter Vermögenswerte im Bankensektor der Gemeinschaft – Häufig gestellte Fragen, Memo/09/85 vom 26. Februar 2009.
551 Risikoaktivamitteilung, Ziff. 20 lit. b).
552 Bereits zuvor ausführlich dargestellt unter (2).
553 Risikoaktivamitteilung, Ziff. 21.

Grundsätzlich haben die begünstigten Banken die aus den Risikoaktiva resultierenden Verluste, d. h. die Differenz zwischen dem Buchwert der Aktiva und ihrem tatsächlich wirtschaftlichen Wert, weitestgehend selbst zu tragen.[554] Ein Abweichen davon ist lediglich möglich, wenn das begünstigte Finanzinstitut nach derartigen Abschreibungen in die Insolvenz geriete. Sofern es für die Finanzstabilität jedoch von Bedeutung ist, erscheint es nicht angezeigt, dies zuzulassen. In solch einem Fall systemischer Relevanz ist ein höherer Übernahmewert und damit eine höhere Beihilfe zulässig. Im Gegenzug hat eine weitergehende Umstrukturierung oder gar eine spätere Abwicklung der Bank zu erfolgen. Dabei sind auch Verstaatlichungen in Betracht zu ziehen. Handelt es sich um eine nicht systemrelevante Bank, so wird diese ordnungsgemäß abgewickelt oder in Verwaltung genommen.[555] Ist eine vollständige Lastenverteilung im Vorfeld nicht möglich, so kann diese auch ex post vorgenommen werden.[556]

(4) Bewertung der wertgeminderten Vermögensstände

Zur Vermeidung von Wettbewerbsverzerrungen verlangt die Kommission ein kohärentes Konzept, durch das sich das Beihilfeelement der Maßnahme genau ermitteln lässt. Die dafür erforderliche Bewertung der Vermögenswerte einschließlich der Risikoaktiva erfolgt auf der Grundlage einer einheitlichen, gemeinschaftsweit festgelegten Methodologie.[557] In einem ersten Schritt wird der aktuelle Marktwert der Vermögenswerte festgestellt. Unter den besonderen Umständen der Krise kann es jedoch sein, dass sich infolge eines fehlenden Marktes der Wert der Risikoaktiva überhaupt nicht ermitteln lässt oder dieser erheblich niedriger ausfällt als deren Buchwert.[558] In einem zweiten Schritt wird denselben Vermögenswerten sodann ein sog. Übernahmewert zugeordnet. Zwecks Entlastungseffekts für die Banken wird dieser Wert höher angesetzt als der eigentliche Marktwert.[559] Die Differenz von aktuellem Marktwert und dem Übernahmewert entspricht der zulässigen staatlichen Beihilfe. Die Differenz von Buchwert und

554 Risikoaktivamitteilung, Ziff. 21.
555 Vgl. Risikoaktivamitteilung, Ziff. 22 f.; Pressemitteilung der Kommission vom 26.02.2009 (MEMO/09/85).
556 Risikoaktivamitteilung, Ziff. 24.
557 Risikoaktivamitteilung, Ziff. 37.
558 Risikoaktivamitteilung, Ziff. 39.
559 Risikoaktivamitteilung, Ziff. 40.

Übernahmewert stellt indes den Verlust dar, den die Banken zwecks angemessener Kostenverteilung zwischen Banken und Steuerzahlern zu tragen haben.[560]

(5) Vergütung der Entlastungsmaßnahme

Bei der Festsetzung des Preises der Entlastungsmaßnahme ist zwingend eine Vergütung des Staates zu berücksichtigen.[561] Zwecks Festlegung der Höhe der Vergütung orientiert sich die Kommission an der zuvor erlassenen Rekapitalisierungsmitteilung. Die Vergütung muss daher mindestens der Vergütung für staatliche Rekapitalisierungsmaßnahmen entsprechen.[562] Dabei muss sie dem Risiko künftiger Verluste Rechnung tragen. Zudem muss dasjenige Risiko mit einbezogen werden, das mit einem den tatsächlichen wirtschaftlichen Wert übersteigenden Übernahmewert zusammenhängt. Die Vergütung kann auf verschiedene Arten erfolgen. Eine Variante ist die Festlegung des Übernahmewerts der Aktiva auf einen Wert, der in ausreichendem Maße unterhalb des tatsächlichen wirtschaftlichen Werts liegt, so dass ein angemessener Risikoausgleich in Form eines entsprechenden Wertsteigerungspotenzials gewährleistet ist. Alternativ kann das Garantieentgelt entsprechend angepasst werden.

bb. Folgemaßnahmen während der Umstrukturierungsphase

Die Kommission genehmigt Rettungsmaßnahmen für einen Zeitraum von sechs Monaten unter der Bedingung, dass innerhalb von drei Monaten entweder ein Umstrukturierungsplan oder eine Rentabilitätsanalyse vorgelegt wird.[563] Für die möglicherweise anstehende Umstrukturierungsphase stellt die Kommission folgende drei bereits aus den R&U-Leitlinien geläufige Genehmigungskriterien auf:[564] i) angemessener Beitrag des Beihilfeempfängers zu den Kosten des Entlastungsprogrammes für Risikoaktiva, ii) geeignete Maßnahmen zur Gewährleistung der Wiederherstellung der Rentabilität, iii) Maßnahmen zum Ausgleich von Wettbewerbsverzerrungen.[565]

560 Pressemitteilung der Kommission vom 26.02.2009 (MEMO/09/85).
561 Risikoaktivamitteilung, Ziff. 21; Risikoaktivamitteilung, Anhang IV Ziff. II.
562 Pressemitteilung der Kommission vom 26.02.2009 (MEMO/09/85).
563 Risikoaktivamitteilung, Ziff. 47 i.V.m. Anhang V.
564 Vgl. Risikoaktivamitteilung, Ziff. 49.
565 Risikoaktivamitteilung, Ziff. 49.

Es ist davon auszugehen, dass die erste Voraussetzung erfüllt ist, sofern die oben unter aa.) vorgenannten Bedingungen eingehalten werden. Andernfalls werden an die anderen Genehmigungsbedingungen strengere Anforderungen gestellt.[566]

Für die Erfüllung der zweiten Voraussetzung, der Herstellung langfristiger Rentabilität, muss die Bank ohne staatliche Unterstützung auskommen können.[567] Der Umfang der Umstrukturierung hängt davon ab, inwieweit die Maßnahmen zur langfristigen Rentabilität der Bank beitragen und als Ausgleich von Wettbewerbsverzerrungen erforderlich sind. Für die Beurteilung legt die Kommission die Kriterien aus der Rekapitalisierungsmitteilung sowie den Umfang der Risikoaktiva, den Übertragungswert verglichen mit dem Marktpreis, Art und Herkunft der Schwierigkeiten und die Stimmigkeit des Geschäftsmodells sowie der Investitionsstrategie zugrunde.[568] Ergebnisabhängig müssen im Zuge der Umstrukturierung gegebenenfalls die Strategie und die Tätigkeit der Bank grundlegend analysiert werden. Kernpunkte der Überprüfung sind dann unter anderem die Konzentration auf das Kerngeschäft, die Neuausrichtung des Geschäftsmodells, die Auflösung oder der Verkauf von Geschäftsbereichen oder Tochtergesellschaften und die Änderung des Aktiv-Passiv-Managements.[569]

Was die dritte Voraussetzung angeht, so bestimmt sich der Umfang der Ausgleichsmaßnahmen nach den aus der Beihilfe resultierenden Wettbewerbsverzerrungen. Als Maßnahmen kommen z.B. die Verkleinerung oder der Verkauf von rentablen Geschäftsbereichen oder von Tochtergesellschaften oder Verhaltensmaßregeln zur Begrenzung der geschäftlichen Expansion in Betracht.[570]

e. *Umstrukturierungsmitteilung*

Am 22. Juli 2009 veröffentlichte die Kommission die „Mitteilung der Kommission über die Wiederherstellung der Rentabilität und die Bewertung von Umstrukturierungsmaßnahmen im Finanzsektor im Rahmen der derzeitigen Krise gemäß den Beihilfevorschriften“[571]. Sie erläutert darin, wie Beihilfen zur Umstrukturierung von Banken geprüft werden.[572] Für die langfristige Stabilität des Finanzsystems

566 Risikoaktivamitteilung, Ziff. 50.

567 Risikoaktivamitteilung, Ziff. 51, 53.

568 Risikoaktivamitteilung, Ziff. 52.

569 Risikoaktivamitteilung, Ziff. 53.

570 Risikoaktivamitteilung, Ziff. 57.

571 Mitteilung der Kommission vom 19.08.2009, ABl. 2009 Nr. C 195/09, S. 9–20 (nachstehend, sofern nicht anders bezeichnet, „Umstrukturierungsmitteilung“ genannt).

572 Umstrukturierunsmitteilung, Ziff. 7.

sind Maßnahmen zu ergreifen, mit denen die Banken der Krise standhalten, langfristig ohne Unterstützung rentabel arbeiten und damit ihrer Rolle als Kreditgeber auf einer solideren Grundlage gerecht werden können.[573] Schließlich haben sie als Kreditinstitute eine volkswirtschaftliche Funktion. Auch wird mit der Mitteilung einer Fragmentierung des Binnenmarkts und einem Rückzug in die nationalen Märkte vorgebeugt.[574]

Die Umstrukturierungsmitteilung ergänzt die vorherigen Mitteilungen unter gleichzeitiger Konkretisierung der bisherigen Maßstäbe, die die Kommission bei der Bewertung von Umstrukturierungs- bzw. Rentabilitätsplänen im Falle krisenbedingter Beihilfen für Finanzinstitute auf der Grundlage von Art. 107 Abs. 3 lit. b) AEUV anzulegen gedenkt.[575] Bis dato waren die Genehmigungskriterien für Umstrukturierungsbeihilfen nur ansatzweise und oberflächlich durch einen Verweis auf die in den R&U-Leitlinien dargelegten Grundsätzen skizziert.[576] Während die Bankenmitteilung kurzfristige staatliche Rettungsbeihilfen krisenbedingt vergleichsweise großzügig behandeln wollte, legte sie für längerfristigere Umstrukturierungsbeihilfen strengere Maßstäbe, d.h. die zwingende Berücksichtigung der in den R&U-Leitlinien dargelegten Grundsätze, fest. Ihr kam es dabei auf die Rettung des Finanzsystems und nicht die Sanierung einzelner an dessen Zusammenbruch schuldiger Marktteilnehmer an.[577] In der neu erlassenen Mitteilung unterstreicht die Kommission ausdrücklich ihre Absicht, die Vereinbarkeitsbeurteilung nun nicht mehr auf die R&U-Leitlinien,[578] sondern lediglich auf die Umstrukturierungsmitteilung stützen zu wollen.[579] Den Orientierungsrahmen dafür bilden aber unverändert die in den R&U-Leitlinien festgelegten Grundsätze.

Im Unterschied zu den vorherigen drei Mitteilungen war die Mitteilung befristet bis zum 31.12.2010.[580] In Abhängigkeit von der Entwicklung der Marktbedingungen, den in der Fallbearbeitung gewonnenen Erkenntnissen und dem Erfordernis der Finanzstabilität sollte jedoch die Verlängerung der Geltungsdauer wie auch

573 Vgl. Umstrukturierungsmitteilung, Ziff. 2.
574 Vgl. Umstrukturierungsmitteilung, Ziff. 6, 28 f., 33 und 36.
575 Umstrukturierungsmitteilung, Ziff. 4; Mitteilung der Kommission über die Anwendung der Vorschriften für staatliche Beihilfen auf Maßnahmen zur Stützung von Finanzinstituten im Kontext der Finanzkrise ab dem 1. Januar 2011, ABl. 2010 Nr. C 329/07, Ziff. 1.
576 Vgl. Umstrukturierungsmitteilung, Ziff. 5.
577 Vgl. *Arhold*, EuZW 2008, 715.
578 Umstrukturierungsmitteilung, Ziff. 5.
579 Umstrukturierungsmitteilung, Fn. 1 zu Ziff. 4.
580 Vgl. Umstrukturierungsmitteilung, Ziff. 49.

die inhaltliche Anpassung der Mitteilung möglich sein.[581] Nach Ablauf der Geltungsdauer sollen die R&U-Leitlinien auf der Grundlage von Art. 107 Abs. 3 lit. c) AEUV wieder Anwendung finden.[582]

aa. Wiederherstellung der langfristigen Rentabilität

Geschwächten Banken wird auferlegt, einen umfassenden und detaillierten Umstrukturierungsplan zu erstellen.[583] Dieser muss aufzeigen, wie das Kreditinstitut die Wiederherstellung der langfristigen Rentabilität ohne Beihilfen erreichen wird.[584] Auch die Ursachen der Schwierigkeiten der Bank[585] und Informationen über das Geschäftsmodell sind darzustellen. Zudem soll der Plan Angaben über Organisationsstruktur, Finanzierung, Corporate Governance, Risikomanagement (einschließlich der Offenlegung von Risikoaktiva und einer vorsichtigen Bewertung derselben), Aktiv-Passiv-Management, außerbilanzielle Verpflichtungen sowie die Cashflow-Situation enthalten.[586] Das geforderte Aufzeigen von Alternativlösungen[587] dient der Überprüfung, inwieweit auch durch weniger einschneidende Maßnahmen im Vergleich zur Umstrukturierung die Wahrung der Finanzstabilität erreichbar ist. Ist Rentabilität nicht realisierbar, so ist im Plan die ordnungsgemäße Liquidation darzustellen.[588]

Der Umstrukturierungsplan soll die Bank befähigen, aus eigener Kraft und im Einklang mit den einschlägigen aufsichtsrechtlichen Kriterien zukünftig im Wettbewerb um Kapital bestehen zu können. Zwecks Entwicklung dafür notwendiger und tragfähiger Strategien müssen die erwarteten Ergebnisse der geplanten Umstrukturierung sowohl einer unbelasteten wie auch belasteten Situation standhalten. Der Plan sollte daher auf Base-Case-Szenarien und Stress-Szenarien zugeschnitten sein. Der Plan sollte spezifische Maßnahmen enthalten, die den sich aus den Tests ergebenden Anforderungen gerecht werden.[589] Dies kann zur Folge haben, das Geschäftsmodell der Bank entsprechend anzupassen, Risikoaktiva

---

581 Umstrukturierungsmitteilung, Ziff. 50.

582 Pressemitteilung der Kommission vom 23.07.2009 (IP/09/1180).

583 Umstrukturierungsmitteilung, Ziff. 9; Ein Muster befindet sich im Anhang der Umstrukturierungsmitteilung.

584 Umstrukturierungsmitteilung, Ziff. 9.

585 Umstrukturierungsmitteilung, Ziff. 10.

586 Umstrukturierungsmitteilung, Ziff. 11.

587 Hier käme beispielsweise Aufspaltung oder Übernahme durch eine andere Bank in Betracht.

588 Umstrukturierungsmitteilung, Ziff. 9.

589 Umstrukturierungsmitteilung, Ziff. 13.

offenzulegen, geeignete Entlastungsmaßnahmen zu ergreifen und verlustbringende Geschäftsbereiche abzustoßen. Im äußersten Falle wird die Bank von einem gesunden Wettbewerber übernommen[590] oder aber ordnungsgemäß abgewickelt[591,592] Der Verkauf einer Bank kann eine Beihilfe für den Käufer bzw. den verkauften Geschäftsbereich beinhalten. Solange der Verkaufspreis jedoch dem Marktpreis entspricht und der Verkauf im Rahmen eines offenen, bedingungsfreien und vom Wettbewerb bestimmten Ausschreibungsverfahrens abläuft und der Meistbietende den Zuschlag für die Vermögenswerte erhält, ist eine Beihilfe ausgeschlossen.[593]

Die ordnungsgemäße Umsetzung des genehmigten Planes soll in regelmäßigen Abständen kontrolliert werden. Daher wird wie in den R&U-Leitlinien[594] ein erster Bericht innerhalb von 6 Monaten nach Genehmigung des Planes verlangt.[595]

In Anbetracht der Krisensituation hat die Kommission für strukturelle Maßnahmen eine längere Durchführungszeit als üblich genehmigt. Im Unterschied zur bisherigen Praxis hat sie den Zeitraum zwar auf bis zu 5 Jahre ausgedehnt, allerdings hat die Umstrukturierung nach wie vor rasch zu erfolgen. Dadurch soll insbesondere rückläufigen Marktentwicklungen durch Notverkäufe entgegengewirkt werden.[596] Unter Notverkäufen versteht man den Verkauf von Vermögenswerten in größerem Umfang zu den derzeitigen, niedrigen Preisen, wodurch ein weiterer Preisverfall ausgelöst werden könnte.[597]

bb. Eigenbeitrag des Begünstigten/Lastenverteilung

Die Beschränkung der Beihilfe auf das erforderliche Minimum und ein angemessener Beitrag zu den Umstrukturierungskosten tragen dazu bei, Wettbewerbsverzerrungen und moralischen Risiken gegenzusteuern. Notleidende Banken und deren Kapitaleigner müssen sich daher an den Umstrukturierungskosten weitestgehend beteiligen. Zugleich werden die geretteten Banken für die Folgen ihres früheren Verhaltens in angemessenem Umfang in die Verantwortung genommen.[598] Während vor der Krise ein substantieller Beitrag von der Bank zu den

590 Umstrukturierungsmitteilung, Ziff. 17.
591 Umstrukturierungsmitteilung, Ziff. 21.
592 Pressemitteilung der Kommission vom 23.07.2009 (IP/09/1180).
593 Umstrukturierungsmitteilung, Ziff. 20.
594 R&U-LL, Ziff. 50.
595 Umstrukturierungsmitteilung, Ziff. 46.
596 Umstrukturierungsmitteilung, Ziff. 15.
597 Umstrukturierungsmitteilung, Fn. 2 zu Ziff. 15.
598 Umstrukturierungsmitteilung, Ziff. 22.

Umstrukturierungskosten zu entrichten war, hat sie jetzt dem Staat eine angemessene Vergütung für dessen Unterstützung zu zahlen.[599] Krisenbedingt verzichtet die Kommission nun[600] hinsichtlich der Lastenverteilung auf die Festlegung konkreter Schwellenwerte ex ante. Andernfalls könnte das eigentliche Ziel, den Zugang zu privatem Kapital zu erleichtern und die Rückkehr zum normalen Marktgeschehen zu fördern, nur schwer erreicht werden.[601] Jede Abweichung von der exante-Lastenverteilung ist in einer späteren Phase der Umstrukturierung durch einen weiteren Beitrag zu kompensieren. Dafür eignen sich Rückholbestimmungen oder eine umfassende Umstrukturierung einschließlich zusätzlicher Maßnahmen zur Begrenzung etwaiger Wettbewerbsverzerrungen.[602]

cc. Ausgleichsmaßnahmen

Staatliche Beihilfen können Wettbewerbsverfälschungen zur Folge haben. Um dem gegenzusteuern, können entsprechende Ausgleichsmaßnahmen erforderlich sein.[603] Als mögliche Auflagen sind strukturelle Maßnahmen wie die Veräußerung oder Verkleinerung von Geschäftsfeldern oder Tochtergesellschaften[604] vorgesehen. Ferner kommen Verhaltensmaßregeln wie Beschränkungen im Hinblick auf Übernahmen, aggressive Preisgestaltung und Marketingstrategien in Betracht.[605] Anders als in den R&U-Leitlinien räumt die Kommission die Möglichkeit ein, die Durchführung der Ausgleichsmaßnahmen auf einen Zeitraum von bis zu 5 Jahren auszudehnen, sofern diese aufgrund der aktuellen Marktbedingungen nicht unmittelbar umgesetzt werden können.[606]

Hinsichtlich möglicher Wettbewerbsverfälschungen ist unübersehbar, dass die Kommission ihren Fokus gerade auf die Banken richtet, die weiterhin ihre unangemessene und riskante Geschäftspolitik betreiben oder zum Nachteil ihrer Wettbewerber künstlich am Leben gehalten werden.[607]

---

599 *Soltész*, WuW 2010, 743, 747.

600 Im Unterschied zu den R&U-LL, Ziff. 44; dort hatte die Kommission erstmals Mindestschwellenwerte für den Eigenanteil bestimmt. Allerdings hatte sie sich vorbehalten, „in außergewöhnlichen Umständen und in Härtefällen" ausnahmsweise einen geringeren Betrag zu akzeptieren.

601 Umstrukturierungsmittelung, Ziff. 24.

602 Umstrukturierungsmitteilung, Ziff. 25.

603 Umstrukturierungsmitteilung, Ziff. 28 f.

604 Umstrukturierunsmitteilung, Ziff. 35.

605 Umstrukturierungsmitteilung, Ziff. 39 ff.

606 Umstrukturierungsmitteilung, Ziff. 37.

607 Vgl. Umstrukturierungsmitteilung, Ziff. 28.

dd. Kein Grundsatz der einmaligen Beihilfe

Wie bereits erwähnt, findet der Einmaligkeitsgrundsatz der R&U-Leitlinien bei Krisenmaßnahmen keine Anwendung. Daher wurde in der Umstrukturierungsmitteilung erstmals festgelegt, dass die Gewährung zusätzlicher Beihilfen während der Umstrukturierung möglich ist. Der Staat hat dann dafür entsprechende Rechtfertigungsgründe darzulegen und die Unterstützung auf ein Minimum zu beschränken.[608]

f. Verlängerungsmitteilung

Am 7.12.2010 veröffentlichte die Kommission „Die Anwendung der Vorschriften für staatliche Beihilfen auf Maßnahmen zur Stützung von Finanzinstituten im Kontext der Finanzkrise ab dem 1. Januar 2011"[609]. Darin erläuterte sie die Parameter für die befristete Zulässigkeit krisenbedingter Unterstützungsmaßnahmen für Banken,[610] die weiterhin auf der Grundlage von Art. 107 Abs. 3 lit. b) AEUV zu bewerten sind. Hintergrund der Verlängerung war die im Jahre 2010 immer noch angespannte Lage auf dem Bankensektor, auch wenn sich diese im Vergleich zum Beginn der Krise verbessert hatte.[611] Die Mitteilung legt fest, dass alle Bankenmitteilungen weiterhin gelten sollen. Da im Unterschied zu den ersten 3 Mitteilungen lediglich die Umstrukturierungsmitteilung bis Ende 2010 befristet war, wurde sie bis Ende 2011 verlängert.[612]

Trotz der vorgenommenen Verlängerung zielte die Mitteilung auf den graduellen Ausstieg aus den bisherigen Krisenmaßnahmen. Entsprechend ist eine Anpassung der Mitteilungen für die Zeit nach der Krise beabsichtigt. Insbesondere müssten neue, dauerhafte Beihilfevorschriften für die Rettung und Umstrukturierung von Banken unter normalen Marktbedingungen erlassen werden. Den Marktgegebenheiten angepasst sollten diese ab dem 1. Januar 2012 gelten. Auch sollte überlegt werden, inwieweit weitere außerordentliche krisenbedingte Maßnahmen für den Bankensektor erforderlich sein könnten. „Die Kriterien für die Vereinbarkeit solcher Unterstützungsmaßnahmen sind so festzulegen, dass eine

608 Umstrukturierungsmitteilung, Ziff. 27.

609 ABl. 2010 Nr. C 329/07, S. 7–10; nachstehend, sofern nicht anders bezeichnet, „Verlängerungsmitteilung" genannt.

610 Verlängerungsmitteilung, Ziff. 3.

611 Verlängerungsmitteilung, Ziff. 5.

612 Umstrukturierungsmitteilung, Ziff. 7.

neue Regelung für die Rettung und Umstrukturierung auf der Grundlage von Art. 107 Absatz 3 Buchstabe c AEUV bestmöglich vorbereitet wird."[613]

Die bisherige Unterscheidung von gesunden und notleidenden Banken ist nach Auffassung der Kommission nicht mehr angezeigt. Grund hierfür ist der seit 2009 zu beobachtende deutliche Anstieg aufgenommener Kapitalbeträge von Kreditinstituten. Banken haben wieder Zugang zu den Kapitalmärkten und bereiten sich auf neue aufsichtsrechtliche Vorschriften vor.[614] Der neuen Regelung nach haben alle Banken, die 2011 noch staatliche Unterstützung zur Aufnahme von Kapital oder in Form von Entlastungsmaßnahmen für wertgeminderte Aktiva in Anspruch nehmen möchten, *unterschiedslos* einen Umstrukturierungsplan vorzulegen. Daraus muss die feste Absicht der Bank hervorgehen, unverzüglich die erforderlichen Umstrukturierungsmaßnahmen durchzuführen und ihre Rentabilität wiederherzustellen.[615]

g. *Verlängerungsmitteilung ab dem 1. Januar 2012*

Die für den Bankensektor ergangenen Krisenvorschriften wurden durch die soeben vorgestellte Mitteilung bis zum 31. Dezember 2011 verlängert. Die wesentliche Auflage für alle durch eine Rekapitalisierungs- oder Entlastungsmaßnahme Begünstigten war – unabhängig vom Umfang der erhaltenen Unterstützung – die Vorlage eines Umstrukturierungsplanes. Dem vorgeschaltet wurden bereits im Juli 2010 im Rahmen der Anpassung der bereits ergangenen Krisenvorschriften an neue Gegebenheiten die Garantievergütungen für begünstigte Finanzinstitute angehoben. Die Erhöhung zielte darauf ab, das Risikoprofil der Banken stärker zu berücksichtigen und einer zu großen Abhängigkeit von einer unterstützenden Maßnahme, die ein hohes potentielles Risiko für die öffentlichen Haushalte in sich trägt, vorzubeugen.[616]

Die im Jahre 2011 eingetretene Verschärfung der Lage auf den Märkten für Staatsanleihen erschwerte insbesondere für den Bankensektor den Zugang zu längerfristiger Finanzierung. Angesichts dieser zugespitzten Situation vereinbarten die Staats- und Regierungschefs auf ihrer Tagung vom 26.10.2011 das sogenannte „Bankenpaket", das zur Wiederherstellung des Vertrauens in den Bankensektor beitragen soll. In diesem sind vertrauensbegründende Maßnahmen und die Verschärfung der Beaufsichtigung des Bankensektors der EU gleichermaßen

613 Verlängerungsmitteilung, Ziff. 8.

614 Verlängerungsmitteilung, Ziff. 13.

615 Verlängerungsmitteilung, Ziff. 14.

616 Pressemitteilung der Kommission vom 1.12.2011 (IP/11/1488).

angedacht. Auch Garantien für mittelfristige Finanzierungen sowie ein vorübergehender Kapitalpuffer mit einer Eigenkapitalquote von 9 % höchster Güte bezüglich des Marktwertes von Staatsanleihen sind vorgesehen.[617]

Zwecks Umsetzung dieses Pakets erging am 6. Dezember 2011 die „Mitteilung der Kommission über die Anwendung der Vorschriften für staatliche Beihilfen auf Maßnahmen zur Stützung von Banken im Kontext der Finanzkrise ab dem 1.1. 2012“[618]. In den jetzt verlängerten und überarbeiteten Krisenvorschriften wird den festzustellenden Entwicklungen im Risikoprofil von Banken mittels präzisierteren Vereinbarungskriterien für Beihilfen Rechnung getragen. Entsprechend enthält die neue Mitteilung die erforderlichen Änderungen der Vereinbarkeitskriterien für krisenbedingte Beihilfen an Finanzinstitute.[619] In Ergänzung zur Rekapitalisierungsmitteilung erläutert sie die Gewährleistung einer angemessenen Vergütung für Kapitalinstrumente ohne feste Rendite. Die sich wandelnden Rahmenbedingungen lassen zukünftig in verstärktem Maße eine variable Vergütung in Form von Aktien für staatlich gewährte Kapitalzuführungen erwarten. Die Schwierigkeiten der Vorhersage von Dividenden und Kapitalgewinnen führen zu deren Bewertung anhand von Marktdaten. Die Kommission fordert daher, dass die Aktien vom Staat mit einem angemessenen Abschlag vom letzten Aktienpreis gezeichnet werden. Die Abschlagshöhe sollte vor allem nach dem Umfang der Kapitalzuführung im Verhältnis zum vorhandenen Kapital der Bank bemessen werden und sich danach richten, ob es sich um stimmberechtigte oder stimmrechtslose Aktien handelt.[620] Mit der Abänderung der Methode für die Vergütungsberechnung für Garantien sollen die Beihilfen auf das erforderliche Minimum begrenzt werden. Auch wird dem Risiko für die öffentlichen Haushalte Rechnung getragen. Dabei sollen die von den Banken zu entrichtenden Garantievergütungen vielmehr das intrinsische Risiko als das des betreffenden Mitgliedstaates oder des Binnenmarktes widerspiegeln. Anhand der neuen Methode lässt sich die Höhe der Vergütung berechnen, die für auf einzelstaatlicher Ebene gewährte Garantien mindestens in Rechnung gestellt werden sollte.[621]

---

617 Erklärung der Staats- und Regierungschefs der Euroäischen Union vom 26. Oktober 2011 abgerufen am 25.10.2012 unter: http://www.consilium.europa.eu/uedocs/cms_Data/docs/pressdata/en/ec/125621.pdf.

618 ABl. 2011 Nr. C 356/07, S. 7–10; nachstehend „Verlängerungsmitteilung ab dem 1.1.2012“ genannt.

619 Verlängerungsmitteilung ab dem 1.1.2012, Ziff. 5.

620 Verlängerungsmitteilung ab dem 1.1.2012, Ziff. 6 ff.

621 Verlängerungsmitteilung ab dem 1.1.2012, Ziff. 14.

Zudem erläutert die Mitteilung wie die Prüfung der langfristigen Rentabilität von Banken erfolgen wird. Nach wie vor müssen Staaten für alle Finanzinstitute, die eine staatliche Unterstützung in Form einer Rekapitalisierungs- oder Entlastungsmaßnahme erhalten, einen Umstrukturierungsplan bzw. die Aktualisierung eines bereits genehmigten Planes übermitteln.[622] Dies gilt unabhängig vom Umfang und vom Grund der Unterstützungsmaßnahme.[623] Die Rentabilitätsprüfung erfolgt unter dem Aspekt der Verhältnismäßigkeit. Hinweise darauf, ob eine Bank auch ohne Umstrukturierung langfristig rentabel sein kann, finden Berücksichtigung. Mögliche Faktoren dafür können sein, ob die Kapitalknappheit im Wesentlichen auf ein erschüttertes Vertrauen in Staatsanleihen zurückzuführen ist, ob die Kapitalzuführung des Staates auf den Betrag begrenzt ist, den eine ansonsten rentabel arbeitende Bank für den Ausgleich der Verluste aus der Neubewertung von Staatsanleihen der Vertragsparteien des EWR-Abkommens benötigt, und ob das betreffende Finanzinstitut beim Kauf von Staatsanleihen kein übermäßiges Risiko eingegangen ist.[624] Grundsätzlich sind Banken, denen lediglich eine staatliche Refinanzierungsgarantie gewährt wurde, von der Auflage der Vorlage eines Umstrukturierungsplanes entbunden. Nur für den Fall der Inanspruchnahme staatlicher Garantien in großem Umfange haben Banken auch zukünftig Rentabilitätsberichte vorzulegen.[625]

Die Kommission wendet die überarbeiteten Vorschriften solange an, wie es die Marktbedingungen erfordern.[626] Erst wenn es die wirtschaftliche Lage zulässt, wird die Kommission auf dauerhafte Vorschriften über Rettungs- und Umstrukturierungsbeihilfen für den Bankensektor nach Art. 107 Abs. 3 lit. c) AEUV hinarbeiten.[627]

B. Die Kommissionspraxis in der Realwirtschaft

Durch die zahlreichen Rettungspakete für den Bankensektor ließ sich eine Ausweitung der Finanz- und Wirtschaftskrise auf die Realwirtschaft nicht verhindern. Ende 2008 zeigte sich ein massiver Konjunkturrückgang in der gesamten

622 Verlängerungsmitteilung ab dem 1.1.2012, Ziff 14.
623 Pressemitteilung der Kommission vom 1.12.2011 (IP/11/1488).
624 Verlängerungsmitteilung ab dem 1.1.2012, Ziff. 14.
625 Pressemitteilung der Kommission vom 1.12.2011 (IP/11/1488).
626 Verlängerungsmitteilung ab dem 1.1.2012, Ziff. 3.
627 Vgl. Pressemitteilung der Kommission vom 1.12.2011 (IP/11/1488).

Wirtschaft. Angesichts der mangelnden Risikobereitschaft der Banken und der daraus resultierenden Kreditklemme sah sich die EU mit Kreditrationalisierung, Nachfragerückgang sowie einer Rezession konfrontiert. Auch drohten nicht nur geschwächten Unternehmen ohne Kapitalreserven, sondern auch gesunden Unternehmen von Finanzknappheit oder Kreditverweigerung getroffen zu werden.[628] Dem versuchte die EU durch konjunkturpolitische Vorkehrungen gegenzusteuern. Die Kommission schöpfte in diesem Zusammenhang ihre Befugnisse derart aus, dass sie sowohl in fiskal- und stabilitätspolitischer Hinsicht als auch in der Beihilfenkontrolle wie auch anderen Wirtschaftsrechtsgebieten tätig werden konnte.[629] Vor dem Hintergrund der globalen Krise erteilte der Europäische Rat im Dezember 2008 seine Zustimmung[630] zu dem „Europäischen Konjunkturprogramm" der Kommission. Der Gesamtmittelumfang von EU und Mitgliedstaaten umfasste 200 Mrd. Euro, was ca. 1,5 % des Bruttoinlandsproduktes der gesamten Europäischen Union entspricht. Davon waren 170 Mrd. Euro für mitgliedstaatliche Ausgaben vorgesehen.[631] Nachdem sich – trotz aller gegenteiligen Bemühungen – abzeichnete, dass die Staaten weitgehend unkoordinierte Rettungsmaßnahmen durchführten,[632] plädierte die Kommission für ein gemeinsames und abgestimmtes Vorgehen der Beteiligten.[633] Während die Kommission im Bankensektor durch Verabschiedung von Mitteilungen und Genehmigung zahlreicher Rettungspakete eine rasche Vorgehensweise an den Tag legte, zeigte sie sich im Unterschied dazu in der Realwirtschaft jedoch ein wenig zurückhaltend.[634] Dort verabschiedete sie *lediglich* den

628 Mitteilung der Kommission vom 22.1.2009 – Vorübergehender Gemeinschaftsrahmen für staatliche Beihilfen zur Erleichterung des Zugangs zu Finanzierungsmitteln in der gegenwärtigen Finanz- und Wirtschaftskrise, ABl. 2009 Nr. C 16/01, Ziff. 1.1.

629 *Herrmann*, WiVerw 2010, 36, 44.

630 Schlußfolgerungen des Vorsitzes, EU-Dokumentation Nr. 4/2008, S. 4.

631 Mitteilung der Kommission an den Europäischen Rat über ein „Europäisches Konjunkturprogramm" (KOM(2008)800) vom 26.11.2008.

632 *Keßler/Dahlke*, EWS 2009, 79, 80.

633 Mitteilung der Kommission vom 22.1.2009 – Vorübergehender Gemeinschaftsrahmen für staatliche Beihilfen zur Erleichterung des Zugangs zu Finanzierungsmitteln in der gegenwärtigen Finanz- und Wirtschaftskrise, ABl. 2009 Nr. C 16/01, Ziff. 1.2 und 2.

634 *Keßler/Dahlke*, EWS 2009, 79.

„Vorübergehenden Gemeinschaftsrahmen“[635].[636] Der Beihilferahmen war Teil der Maßnahmen, die die Kommission zuvor im Rahmen ihres Konjunkturprogrammes angekündigt hatte. Er wurde in Abstimmung mit den Staaten in Rekordzeit genehmigt.[637] Da Subventionswettläufe der Staaten dem Binnenmarkt ernsthaft schaden können, zielte die Kommission zwecks Vermeidung auf die Herstellung gleicher Wettbewerbsbedingungen mittels eines koordinierten Rahmens.[638]

Trotz des sich seit Anfang 2010 einstellenden Erholungsprozesses bestand in besonderen Marktsegmenten und einigen Ländern weiterhin Ungewissheit hinsichtlich der wirtschaftlichen Aussichten. Die zukünftige Entwicklung des Finanzsektors blieb ebenfalls unsicher. So befürchtete die Kommission, dass das Bankensystem einer steigenden Kreditnachfrage bei anhaltender Konjunkturerholung möglicherweise nicht standhalten könnte, sofern die Banken nicht konsequent die nötigen Umstrukturierungen tätigten. Infolge der ausgeprägten Volatilität des Finanzsektors und der ungewissen wirtschaftlichen Perspektive verlängerte sie daher einen Teil der im vorübergehenden Gemeinschaftsrahmen vorgesehenen Maßnahmen zur Erleichterung des Zugangs zu Finanzierungsmitteln bis zum 31.12.2011. Allerdings beabsichtigte die Kommission, die krisenbedingten Maßnahmen nach und nach auslaufen zu lassen.[639]

I. Einführung „Vorübergehender Gemeinschaftsrahmen“

Die Kommission erließ am 17.12.2008 die Mitteilung „Vorübergehender Gemeinschaftsrahmen für staatliche Beihilfen zur Erleichterung des Zugangs zu

635 Mitteilung der Kommission – Vorübergehender Gemeinschaftsrahmen für staatliche Beihilfen zur zur Erleichterung des Zugangs zu Finanzierungsmitteln in der gegenwärtigen Finanz- und Wirtschaftskrise ABl. 2009 Nr. C 16/01 vom 22. Januar 2009, S. 1–9; konsolidierte Fassung: Mitteilung vom 7.4.2009, ABl. 2009 Nr. C 83/01, S. 1–15, geringfügig geändert durch die Mitteilung vom 31.10.2009, ABl. 2009 Nr. C 261/2 und Mitteilung vom 15.12.2009, ABl. 2009 Nr. C 303/6 (nachstehend, sofern nicht anders bezeichnet, „VGR“ genannt).

636 *Soltész/von Köckritz*, EuZW 2010, 167.

637 Pressemitteilung der Kommission vom 17.12.2008 (IP/08/1993).

638 VGR, Ziff. 1.2

639 Mitteilung der Kommission vom 11. Januar 2011 „Vorübergehender Unionsrahmen für staatliche Beihilfen zur Erleichterung des Zugangs zu Finanzierungsmitteln in der gegenwärtigen Finanz- und Wirtschaftskrise“, ABl. 2011 Nr. C 6/05, Ziff. 1.2. (nachstehend, soweit nicht anders bezeichnet, „verlängerter Gemeinschaftsrahmen“ benannt).

Finanzierungsmitteln in der gegenwärtigen Finanz- und Wirtschaftskrise“[640]. Die Lockerung des bisherigen Beihilferechts geschah insbesondere vor dem Hintergrund, dass es für viele Unternehmen unzumutbar war, eine Erholung des Finanzsektors abzuwarten. Viele Banken verwei-gerten die Kreditvergabe, obwohl einige Unternehmen der Realwirtschaft dringend auf finanzielle Mittel angewiesen waren.[641] Sogar kreditwürdige Unternehmen[642] hatten Schwierigkeiten bei der Kreditaufnahme, was ihre Geschäftsfähigkeit ernsthaft gefährdete.[643] Der Gemeinschaftsrahmen sollte die Kreditvergabe an Unternehmen ankurbeln und somit den Zugang zu Finanzierungsmitteln für alle Marktteilnehmer sicherstellen.[644] Gleichzeitig zielte er auf die Schaffung eines ökologisch nachhaltigen Wirtschaftswachstums, für das die Unternehmen weiterhin investieren sollten.[645]

Der vorübergehende Gemeinschaftsrahmen ermöglichte den Staaten, während eines befristeten Zeitraums Maßnahmen zu ergreifen, um Unternehmen bei der Überwindung ihrer krisenbedingten Finanzschwierigkeiten zu unterstützen.[646] Obwohl die Kommission ursprünglich die Anwendung des Art. 107 Abs. 3 lit. b) AEUV lediglich auf den Finanzsektor begrenzen wollte,[647] waren die neuen Beihilfemaßnahmen nun auch für Unternehmen der Realwirtschaft auf Grundlage dieser Norm möglich.[648] Entsprechend konnten die eingeführten Beihilfen zur Behebung einer „beträchtlichen Störung im Wirtschaftsleben der Mitgliedstaten“ als für mit dem Binnenmarkt vereinbar erklärt werden[649]. Im Unterschied zu den eingeführten Regelungen für die Finanzwirtschaft war in den Bestimmungen für die Realwirtschaft eine behutsame bis zurückhaltende Vorgehensweise unübersehbar, denn im Wesentlichen wurde über die bereits bestehenden Unterstützungsmöglichkeiten nicht hinausgegangen. Dementsprechend beinhaltet der Gemeinschaftsrahmen

---

640 ABl. 2009 Nr. C 16/01 vom 22. Januar 2009, S. 1–9; konsolidierte Fassung: ABl. 2009 Nr. C 83/01, gering- fügig geändert durch die Mitteilung in ABl. 2009 Nr. C 261/02 und Mitteilung in ABl. 2009 Nr. C 303/06.

641 *BmWi*, Schlaglichter der Wirtschaftspolitik, April 2009, S. 9.

642 Dies gilt insbesondere für kleine und mittelere Unternehmen (KMU); für sie ist der Zugang zu Finanzierungsmitteln noch schwerer als für große Unternehmen. Vgl. VGR, Ziff. 1.1.

643 Pressemitteilung der Kommission vom 17.12.2008 (IP/08/1993).

644 *Soltész/von Köckritz*, EuZW 2010, 167; VGR, Ziff. 1.3.

645 VGR, Ziff. 1.3.

646 Pressemitteilung der Kommission vom 17.12.2008 (IP/08/1993).

647 Vgl. Bankenmitteilung, Ziff. 11.

648 VGR, Ziff. 4.1.

649 Vgl. VGR, Ziff. 4.1.

teilweise lediglich die bereits bekannten Förderungsmöglichkeiten, auf die die Staaten bereits zurückgreifen konnten.[650] Darüber hinaus kamen nur wenige zusätzliche staatliche Beihilfeinstrumente hinzu.[651] Die neuen Instrumente für mehr staatliche Förderung[652] sind im Wesentlichen Garantien[653], Beihilfen in Form von Zinszuschüssen[654], Beihilfen für die Herstellung „grüner Produkte“[655] sowie die Anpassung von Risikokapitalmaßnahmen an geltende Richtwerte[656] und Kleinstbeihilfen[657]. Der eigentliche Kern der Mitteilung ist die Heraufsetzung der sog. „De-minimis-Schwelle“ von 200.000 Euro auf 500.000 Euro sowie die begleitende Anpassung der Schwellenwerte für andere Beihilfen als direkte Zuschüsse.[658]

Der vorübergehende Gemeinschaftsrahmen ist kein unmittelbar anwendbares Regelwerk. Nationale Maßnahmen konnten daher nicht direkt auf ihn gestützt werden. Vielmehr mussten die Staaten Beihilfeprogramme verabschieden und diese bei der Kommission anmelden. Sofern ein Programm genehmigt wurde, konnten hieraus individuelle Beihilfen gewährt werden.[659] Der Rahmen zielte auf die Unterstützung von „grundsätzlich gesunden“ Unternehmen, die nur durch den „ausgetrockneten“ Kreditmarkt in Schwierigkeiten geraten waren. Unternehmen, die sich am 1. Juli 2008 in Schwierigkeiten[660] befanden, waren von den Krisenmaßnahmen ausgeschlossen.[661] Mit der Stichtagsregelung wurde damit schematisch unterstellt, dass die aktuellen Schwierigkeiten eines Unternehmens auf die Krise zurückzuführen waren.[662] Sofern die in den einschlägigen Leitlinien oder Gruppenfreistellungsverordnungen festgelegten Beihilfehöchstintensitäten eingehalten werden, können die einzelnen Maßnahmen mit anderen Beihilfeinstrumenten

---

650 Vgl. VGR, Ziff. 1.3.

651 *Soltész/von Köckritz*, EuZW 2010, 167; Pressemitteilung der Kommission vom 17.12.2008 (MEMO/08/795).

652 *BmWi*, Schlaglichter der Wirtschaftspolitik, April 2009, S. 10.

653 VGR, Ziff. 4.3.2.

654 VGR, Ziff. 4.4.2.

655 VGR, Ziff. 4.5.2.

656 VGR, Ziff. 4.6.2.

657 VGR, Ziff. 4.2.2.

658 VGR, Ziff. 4.3 ff.

659 *Soltész/von Köckritz*, EuZW 2010, 167.

660 Vgl. VGR, Fn. 17: Vgl. zum Begriff „Unternehmen in Schwierigkeiten“: Große Unternehmen in Abschnitt 2.1 der R&U-LL definiert, KMU in Art. 1 Nr. 7 AGVO definiert.

661 Vgl. u. a. VGR, Ziff. 4.2.2. lit. c); *Klafki*, EWS 2011, 497, 499.

662 Vgl. VGR, Ziff. 4.2.2. lit. c); *BmWi*, Schlaglichter der Wirtschaftspolitik, März 2011, S. 8 f.

kumuliert werden. Ferner waren Kombinationsmöglichkeiten der Maßnahmen aus dem Gemeinschaftsrahmen vorgesehen.[663]

Grundsätzlich sind die bisherigen Beihilfen nach den in den R&U-Leitlinien niedergelegten Grundsätzen zu bewerten. Im Kern stellt der vorübergehende Gemeinschaftsrahmen an die staatlichen Krisenmaßnahmen zur Stützung einzelner Unternehmen bzw. ganzer Sektoren dieselben Anforderungen, die bereits nach den R&U-Leitlinien für herkömmliche Beihilfeinstrumente gefordert wurden.[664] Beispielhaft zu nennen wäre der in den R&U-Leitlinien niedergelegte Grundsatz der Verhältnismäßigkeit.[665] Allerdings bietet das neue Instrumentarium im Vergleich zu vorher, als lediglich die R&U-Leitlinien Anwendung fanden, auch Vorteile. So muss die Beihilfe nicht mit einem weitreichenden Umstrukturierungsplan und „Ausgleichsmaßnahmen" einhergehen. Ferner sind von dem Gemeinschaftsrahmen auch staatliche Kredite und Garantien zur Deckung der Betriebskosten zugelassen.[666]

Die Beihilfemaßnahmen unterliegen bestimmten Auflagen. Sofern die Beihilferegelungen den im Gemeinschaftsrahmen genannten Bedingungen in vollem Umfang entsprechen,[667] müssen sie bei der Kommission angemeldet[668] werden. Liegt jedoch eine herkömmliche Kleinstbeihilfe vor, so kann eine Anmeldung unterbleiben.[669] Zwecks rascher Genehmigung der krisenbedingten Maßnahmen müssen die Staaten in vollem Umfang mitwirken und alle erforderlichen Informationen uneingeschränkt bereitstellen.[670]

II. Inhalt des Gemeinschaftsrahmens

1. De-minimis-Beihilfen

Auf der Grundlage von Ziff. 4.2.2. des vorübergehenden Gemeinschaftsrahmens konnten in Ergänzung zur sog. De-minimis-Regelung (Zuschüsse bis zu 200.000

663 Vgl. VGR, Ziff. 4.7.

664 *Klafki*, EWS 2011, 497, 498.

665 R&U-LL, Ziff. 25.

666 *Soltész/von Köckritz*, EuZW 2010, 167.

667 Pressemitteilung der Kommission vom 17. Dezember 2008 (IP/08/1993).

668 Einzelne Beihilfen, die auf der Grundlage von nationalen Beihilferegelungen ergehen, müssen nicht angemeldet werden, da diese bereits von der Kommission genehmigt worden sind.

669 Vgl. VGR, Ziff. 4.2.1.

670 VGR, Ziff. 5.2.

Euro) Beihilfen von bis zu 500.000 Euro je Unternehmen über den Dreijahreszeitraum[671] vom 1.1.2008 bis zum 31.12.2010 gewährt werden.[672] Dies war jedoch nur zulässig, wenn die Beihilfe im Rahmen einer Beihilferegelung gewährt wurde[673]. Der hier festgesetzte Höchstbetrag bezieht sich auf den Fall einer Barzuwendung. Bei den eingesetzten Zuschüssen sind die Bruttobeträge, d.h. die Beträge vor Abzug von Steuern und sonstigen Abgaben, zugrunde zu legen. Sofern die Beihilfe nicht als Zuschuss, sondern in anderer Form gewährt wird, bestimmt sich die Höhe der Beihilfe nach ihrem Bruttosubventionsäquivalent, also dem Nennwert der gewährten Beihilfe.[674] Die neu eingeführten Beihilfehöchstbeträge galten nach wie vor nur für transparente Beihilfen.[675] Transparenz liegt vor, wenn die Beihilfe in einer Form gewährt wird, für die das Bruttosubventionsäquivalent im Voraus genau berechnet werden kann, ohne dass eine Risikobewertung erforderlich ist.[676] Für auf der Grundlage einer Bürgschaftsregelung gewährte Einzelbeihilfe an Unternehmen ergab sich dann Folgendes: Während nach Art. 2 Abs. 4 lit. d) der De-minimis-Verordnung eine entsprechend gewährte Beihilfe dann als transparent behandelt wurde, wenn der verbürgte Teil insgesamt 1.500.000 Euro pro Unternehmen nicht übersteigt bzw. der Verbürgungsanteil des Darlehens max. 80 % beträgt, so konnte nach der neuen Regelung der verbürgte Teil bis zu 3.750.000 Euro betragen.[677]

Von zentraler Bedeutung war die Kumulierungsregelung von Ziff. 4.2.2. lit. g), derzufolge die 500.000 Euro-Grenze einschließlich der bereits vor Einführung des Gemeinschaftsrahmens gewährten De-minimis-Beihilfen nicht überschritten werden durfte. Dabei durften Kleinbeihilfen und De-minimis-Beihilfen nicht für dieselben förderfähigen Kosten nebeneinander gewährt werden. Eine Kumulierung von Kleinbeihilfen mit anderen, nicht De-minimis-Beihilfen, war möglich, sofern die zulässige Beihilfehöchstintensität nicht überschritten wurde.[678] Zur Sicherstellung der Transparenz musste sich der Beihilfegeber vor der Gewährung der Beihilfe vergewissern, dass der Maximalbetrag aller De-minimis- und

671 Danach wären dann wieder 200.000 Euro für jedes Unternehmen beihilfefrei gewesen.
672 VGR, Ziff. 4.2.2. lit. a) und g).
673 VGR, Ziff. 4.2.2. lit. b).
674 VGR, Ziff. 4.2.2. lit. a).
675 VGR, Ziff. 4.2.1. und 4.2.2. lit. a). Vgl. zur Definition in dieser Arbeit unter: De-Minimis-Beihilfen.
676 Verordnung (EG) Nr. 1998/2006, ABl. 2006 Nr. L 379/05, Art. 2 Abs. 4.
677 *Keßler/Dahlke*, EWS 2009, 79, 80.
678 VGR, Ziff. 4.7.

Kleinbeihilfen im Zeitraum zwischen dem 1. Januar 2008 und dem 31. Dezember 2010 nicht überschritten wurde.[679]

Die Kommission genehmigte auf Grundlage von Ziffer 4.2.2. zahlreiche nationale Beihilfeprogramme. In Deutschland erging die „Bundesregelung Kleinbeihilfen", die im Rahmen des Konjunkturpaketes II[680] veröffentlicht wurde.[681] Da diese von der Kommission genehmigt wurde, mussten die auf dieser Grundlage gewährten Beihilfen nicht einzeln angemeldet werden.

Angesichts der Überschreitung des Schwellenwertes von 200 000 Euro stellten die neuen Kleinstbeihilfen keine tatbestandsmäßige Ausnahme vom Beihilfeverbot des Art. 107 Abs. 1 AEUV dar[682] und konnten daher nicht mit den bisherigen De-Minimis-Beihilfen[683] gleichgesetzt werden. Hinzu kommt, dass sie – im Unterschied zu Förderungen von bis zu 200.000 Euro – anhand des Art. 107 Abs. 3 lit. b) AEUV zu beurteilen waren.[684]

2. Beihilfen in Form von Garantien

Eine weitere Maßnahme war die Vergabe von Garantien[685] für Investitions- und Betriebsmittelkredite[686] zu günstigeren Bedingungen.[687] Während die Kommission vor der Krise die Gewährung von Garantien aufgrund einer gewissen Intransparenz zu umgehen versuchte, betrachtete sie die weitergehende Subventionierung von Kreditgarantien als vorübergehende zielorientierte Maßnahme zur Kreditaufnahme für die Realwirtschaft.[688] Ausgangspunkt für die Bewertung von Garantien war die „Bürgschaftsmitteilung". Darin wird erläutert, unter welcher Voraussetzung die Gewährung einer Garantie keine Begünstigung und somit keine anmeldungspflichtige Beihilfe darstellt.[689] Dies ist etwa dann der Fall, wenn der Kreditnehmer für die Garantie eine marktübliche Prämie zahlt und somit keinen Vorteil erhält.[690]

---

679 VGR, Ziff. 4.2.2. lit. g).

680 Pressemitteilung der Kommission vom 30.12.2008 (IP/08/2063).

681 *Soltész/von Köckritz*, EuZW 2010, 167, 168.

682 Vgl. Verlängerter Gemeinschaftsrahmen, Ziff. 1.2.

683 ABl. 2006 Nr. L 379/05.

684 *Soltész/von Köckritz*, EuZW 2010, 167, 168.

685 In der Kommissionspraxis wird der Begriff „Garantie" in Ziff. 4.3.2. des VGR in Übereinstimmung mit Ziff. 1.2. der Bürgschaftsmitteilung ausgelegt.

686 VGR, Ziff. 4.3.2. lit. g).

687 VGR, Ziff. 4.3.2.

688 *Keßler/Dahlke*, EWS 2009, 79, 80.

689 Vgl. Bürgschaftsmitteilung, Ziff. 3.1., 3.2. lit. a) bis d).

690 Bürgschaftsmitteilung, Ziff. 3.2. lit. d) und 3.3.

Die Marktprämiensätze, die für solche Garantien üblicherweise berechnet werden, definieren die sog. „Safe-Harbours". Da die darin festgelegten Sätze als beihilfefrei gelten, können sie auch zur Berechnung eines über diesen Beträgen liegenden Beihilfeelements eingesetzt werden.[691] Die „Safe-Harbours" fanden bislang nur für KMU Anwendung.[692] Im vorübergehenden Gemeinschaftsrahmen wurden die bisherigen Safe-Harbour-Bestimmungen auf die Krisensituation insofern abgestimmt, als dass nun auch große Unternehmen erfasst wurden[693] und insgesamt eine Reduzierung[694] der jährlichen Prämienzahlungen vorgesehen war. Unternehmen konnten die subventionierten Garantien folglich zu einem geringeren Satz erhalten als unter normalen Marktbedingungen:[695] Für KMU konnten die Prämien um bis zu 25 % und für Großunternehmen bis zu 15 % reduziert werden.[696]

Die zweite Lockerung des bisherigen Beihilferechts betraf die Höhe der Besicherung des Kreditbetrages. Statt der üblicherweise maximal 80 %igen[697] Besicherung erweiterte der vorübergehende Gemeinschaftsrahmen die Bürgschaftshöchstgrenze auf 90 %.[698] Diese prozentuale Regelung entstand aus der Erkenntnis, dass der Kreditgeber im Falle vollständiger Deckung keinen Anreiz hatte, die Kreditrisiken zu beobachten und ordnungsgemäß zu bewerten.[699] Die Prämienermäßigungen galten nur für neue Garantien[700] und waren auf einen Zeitraum von höchstens 2 Jahren ab Garantiegewährung begrenzt.[701] Dabei wurde die Höhe des Kreditbetrages beschränkt. Obergrenze war die Gesamtlohnsumme[702] des begünstigten Unternehmens für das Jahr 2008.[703]

---

691 VGR, Fn. 20.

692 Bürgschaftsmitteilung, Ziff. 3.3.

693 Vgl. VGR, Anhang.

694 Diese fällt relativ gering aus. Vgl. hierzu: *Soltész/von Köckritz*, EuZW 2010, 167, 168.

695 VGR, Ziff. 4.3.2.

696 VGR, Ziff. 4.3.2. lit. a) und b).

697 Bürgschaftsmitteilung, Ziff. 3.4. lit. c).

698 VGR, Ziff. 4.3.2. lit. f).

699 Vgl. Bürgschaftsmitteilung, Ziff. 3.2. lit. c) und 4.1. lit. c).

700 VGR, Ziff. 4.3.2. lit. a), b) und c).

701 VGR, 4.3.2. lit. h).

702 Die Gesamtlohnsumme erfaßt auch die Sozialversicherungsbeiträge sowie Personalkosten, selbst, wenn das Personal am Unternehmensstandort arbeitet, jedoch auf der Lohn- und Gehaltsliste eines Subunternehmens steht.

703 Vgl. VGR, Ziff. 4.3.2. lit. d); Verlängerter Gemeinschaftsrahmen, Ziff. 2.3. lit. d).

Die Kommission genehmigte für die Bundesrepublik die „Befristete Regelung Bürgschaften“, die im Rahmen des Konjunkturpaketes II erging. Sie erfüllte die Voraussetzungen des Gemeinschaftsrahmens in den wesentlichen Punkten.[704]

3. Beihilfen in Form von Zinszuschüssen

Ein weiteres Instrument waren „öffentliche oder private Kredite“ zu einem günstigeren Zinssatz.[705] Die Formulierung „private Kredite“ ist irreführend, da die Beihilfevorschriften solche Kredite eigentlich nicht mit umfassen. Es können also nur solche Kredite gemeint sein, die zwar von privatrechtlich verfassten Unternehmen gewährt werden, allerdings dem Staat zurechenbar sind. Ferner könnten solche Fallkonstellationen erfasst sein, in denen der Kredit von einer Privatbank vergeben wurde und die Zinsen partiell vom Staat erstattet werden.[706]

Nach dem beihilferechtlichen Rahmen konnten Darlehen zu einem günstigeren Zinssatz als nach der von der Kommission seit dem 1.7.2008[707] angewendeten Methode zur Festsetzung der Referenz- und Abzinsungssätze[708] gewährt werden.[709] Zur Berechnung des ermäßigten Zinssatzes war die im Gemeinschaftsrahmen unter Ziff. 4.4.2. genannte Formel heranzuziehen. Zu dem bisherigen Mindestzinssatz gemäß der Referenzmitteilung wurden dem Begünstigten noch 2 Prämien gewährt: Dabei handelte es sich um einen staatlichen Zuschuss, der sich aus der Differenz zwischen dem durchschnittlichen Inter-Banken-Satz für ein Jahr und dem durchschnittlichen Tagesgeldsatz der Zentralbank für den Zeitraum vom 1. Januar 2007 bis zum 30. Juni 2008 ergab. Zusätzlich wurde dem Begünstigten eine je nach Risikoprofil festgelegte Risikoprämie gewährt. Für den Risikoaufschlag war das Rating des Unternehmens zum Zeitpunkt der Darlehensbewilligung entscheidend.[710]

Anders als die Garantien sahen die günstigeren Kredite keine Lohnsummenbegrenzungen vor, so dass sie theoretisch grenzenlos in Anspruch genommen werden konnten. Allerdings stellte sich die Praxis anders dar: Sofern es sich um sehr hohe

704 Pressemitteilung der Kommission vom 27. Februar 2009 (IP/09/331).

705 VGR, Ziff. 4.4.2.

706 Vgl. *Soltész/von Köckritz*, EuZW 2010, 167, 169.

707 Mitteilung der Kommission über die Änderung der Methode zur Festsetzung der Referenz- und Abzinsungssätze, ABl. 2008 Nr. C 14/06, S. 6–9 (nachstehend „Referenzmitteilung“ genannt).

708 Referenzmitteilung, S. 8 f.

709 VGR, Ziff. 4.4. 2.

710 *Soltész/von Köckritz*, EuZW 2010, 167, 169.

Kredite handelte, prüfte die Kommission diese akribisch, da sie die Finanzierung auf ein Mindestmaß beschränken wollte. Hinzu kam, dass die Staaten infolge von teuren Zinsen und budgetrechtlichen Beschränkungen im Gegensatz zu Garantien, die keine direkten Zahlungen nach sich ziehen, bei dieser Beihilfeform relativ zurückhaltend waren. Daher führte ein Großteil der Staaten Höchstgrenzen für die Kredite auf nationaler Ebene ein.[711]

Die subventionierten Kredite galten für alle Verträge, die bis spätestens 31.12.2010 geschlossen wurden. Während der Kredit eine beliebig lange Laufzeit haben konnte, ist der vergünstigte Zinssatz für Zinszahlungen nur bis zum 31.12.2012 anwendbar. Im Anschluss gilt wieder der veröffentlichte Referenzzinssatz.[712] In der Bundesrepublik erging im Rahmen des Konjunkturpakets II die „Bundesrahmenregelung Niedrigverzinslicher Darlehen", die die Vorgaben des Gemeinschaftsrahmens detailgenau übernahm.[713]

4. Sonstige Beihilfeinstrumente

Trotz der Krise hatten die Umweltziele der Gemeinschaft weiterhin einen hohen Stellenwert. Daher galten bei Investitionskrediten für die Herstellung umweltfreundlicher Produkte (sog. „Grüne Produkte") besondere Konditionen.[714] Unter strengen Voraussetzungen konnten günstigere Kredite gewährt werden. Bei großen Unternehmen betrug die Zinsermäßigung bis zu 25%, bei KMU bis zu 50%.[715] Das bereits existente Beihilfeinstrument der Risikokapitalmaßnahmen wurde an die geltenden Richtwerte angepasst.[716] Schließlich wurden die Bedingungen für kurzfristige Exportkreditversicherungen in Ziff. 5.1. des Gemeinschaftsrahmens gelockert.

5. Verfahrensvorschriften

Verfahrensrechtlich beinhaltete der vorübergehende Gemeinschaftsrahmen nebst Stichtagsregelungen und Anwendungsfristen Vorgaben zur Überwachung und Berichterstattung. Zwecks Transparenz und Kontrolle hatten die Staaten Jahresberichte zu erstellen und sämtliche Beihilferegelungen, die nach dem

711 *Soltész/von Köckritz*, EuZW 2010, 167, 169.
712 VGR, Ziff. 4.4.2. lit. a).
713 Pressemitteilung der Kommission vom 19.2.2009 (IP/09/296).
714 Vgl. VGR, Ziff. 4.5.2.
715 VGR, Ziff. 4.5.2. und 4.5.2. lit. g).
716 Vgl. VGR, Ziff. 4.6.2.

Gemeinschaftsrahmen erlassen wurden, aufzulisten und der Kommission zukommen zu lassen. Zudem hatten die Staaten dafür zu sorgen, dass die entsprechenden relevanten Unterlagen geführt und 10 Jahre lang aufbewahrt werden. Die Unterlagen müssen belegen, dass es sich bei den begünstigten Unternehmen nicht um Unternehmen in Schwierigkeiten am 1. Juli 2008 gehandelt hat.[717] Einen weiteren Schwerpunkt bildete die Vorschrift der Ziff. 4.7. Sie enthält detaillierte Angaben zu Kumulierungsmöglichkeiten der Beihilfeinstrumente und verknüpft die bisherigen Beihilferegeln mit den Bestimmungen des Gemeinschaftsrahmens.[718]

III. Verlängerung des Gemeinschaftsrahmens

Nach Ansicht der Kommission leistete der vorübergehende Gemeinschaftsrahmen einen elementaren Beitrag zum koordinierten Handeln der Mitgliedstaaten. Durch ihn wurden mehr Transparenz und gleiche Wettbewerbsbedingungen für Unternehmen und Staaten geschaffen.[719] Angesichts der umfassenden Nutzung seiner bereitgestellten Fördermöglichkeiten stufte die Kommission den Gemeinschaftsrahmen als zweckdienliches zusätzliches Instrument zur Aufrechterhaltung der Kreditvergabe an Unternehmen ein.[720] In zwei durch die Kommission einberufenen öffentlichen Befragungsrunden wurden die Maßnahmen des Gemeinschaftsrahmens bewertet und über deren mögliches Auslaufen diskutiert. Obwohl sich die Wirtschaft unerwartet schnell erholte, einigte man sich auf eine Verlängerung. Ausschlaggebend waren die nach wie vor unsicheren wirtschaftlichen Aussichten, insbesondere der schwierige Zugang zu Finanzmitteln. Letztlich beabsichtigte die Kommission jedoch, die neu eingeführten Regeln langfristig auslaufen zu lassen.[721] Sie verabschiedete folglich neben der bereits im Bankensektor ergangenen Mitteilung[722] eine weitere Mitteilung für die Realwirtschaft[723]. Darin wurden einige Krisenvorschriften, die eigentlich bis Ende 2010 befristet waren, bis zum 31.12.2011 verlängert.[724] Wie auch im Bankensektor ging es hier nicht nur um die zeitliche Ausdehnung der Sonderregelungen, sondern vielmehr um einen

717 VGR, Ziff. 6.

718 *Klafki*, EWS 2011, 497, 501.

719 Verlängerter Gemeinschaftsrahmen, Ziff. 1.1.

720 Verlängerter Gemeinschaftsrahmen, Ziff. 1.2.

721 Vgl. verlängerter Gemeinschaftsrahmen, Ziff. 1.2.

722 Verlängerungsmitteilung, ABl. 2010 Nr. C 329/07.

723 Vgl. hierzu verlängerter Gemeinschaftsrahmen, ABl. 2011 Nr. C 6/05, S. 5–15.

724 Verlängerter Gemeinschaftsrahmen, Ziff. 1.2.

graduellen Ausstieg aus den bisherigen krisenbedingten Fördermaßnahmen.[725] Zwecks schrittweiser Rückkehr zur Anwendung der bisherigen Beihilfevorschriften wurde lediglich ein Teil der Maßnahmen des vorübergehenden Rahmens begrenzt verlängert. Zudem legte die Kommission nunmehr gesteigerten Wert auf striktere Bestimmungen. Die „Phasing-out-Strategie" sollte insbesondere durch entsprechende Gegenleistungen der Beihilfeempfänger sichergestellt werden.[726] Insgesamt schränkte der verlängerte Rahmen die bisherigen beihilferechtlichen Ermäßigungen ein. Maßnahmen für Unternehmen in Schwierigkeiten waren nun grundsätzlich ausgeschlossen.[727] Lediglich gesunde Unternehmen sollten zwecks Förderung einer langfristigen und tragfähigen wirtschaftlichen Entwicklung subventioniert werden können. Für große Unternehmen galten strengere Kriterien als für KMU.[728] Insbesondere kamen vergünstigte Zinssätze für Betriebsmittelkredite nur noch KMU zugute.[729] Ferner wurden die begrenzten Beihilfen in Höhe von bis zu 500.000 EUR nicht über den 31.12.2010 hinaus verlängert, es sei denn, der Beihilfeempfänger hatte einen entsprechenden Antrag vor diesem Datum gestellt und dieser musste noch bearbeitet werden. Der Fokus lag nun auf den Wettbewerb weniger verzerrenden und stärker wachstumsorientierten Beihilfemaßnahmen.[730]

Der Rahmen sah zudem Maßnahmen vor, mit denen insbesondere KMU der Zugang zu Finanzierungsmitteln erleichtert werden sollte. Allerdings waren die subventionierten Kreditgarantien[731] oder zinsvergünstigte Darlehen[732] deutlich in ihrer Beihilfehöhe reduziert. Ferner wurden die Leitlinien für Risikokapitalbeihilfen[733] angepasst. Hintergrund war die Tatsache, dass private Kapitalgeber seit der Krise weniger risikoreiche Investitionen tätigten, so dass sich v.a. für KMU große Kapitallücken auftaten.[734] Die Schwelle für Kapitalgewährung von 1,5 Mio. Euro wurde auf 2,5 Mio. Euro bis Ende 2013 angehoben. Ferner hatten Vereinfachungen für kurzfristige Exportkreditversicherungen Gültigkeit bis Ende 2011.

---

725 Vgl. *Almunia, Joaquín.* Rede vom 1. Dezember 2010 (SPEECH/10/711).

726 Verlängerter Gemeinschaftsrahmen, Ziff. 1.2.

727 Verlängerter Gemeinschaftsrahmen, Ziff. 1.2, 2.3. lit. i), 2.4. lit. c), 2.5. lit. j).

728 Verlängerter Gemeinschaftsrahmen, Ziff. 1.2.

729 Verlängerter Gemeinschaftsrahmen, Ziff. 2.4. lit. b).

730 Verlängerter Gemeinschaftsrahmen, Ziff. 1.2.

731 Verlängerter Gemeinschaftsrahmen, Ziff. 2.3. lit. f).

732 Verlängerter Gemeinschaftsrahmen, Ziff. 2.5. lit. g).

733 Leitlinien der Gemeinschaft für staatliche Beihilfen zur Förderung von Risikokapitalinvestitionen in kleine und mittlere Unternehmen, ABl. 2006 Nr. C 194/02, S. 2–21.

734 Verlängerter Gemeinschaftsrahmen, Ziff. 1.2.

Gleichzeitig verlängerte die Kommission die Geltungsdauer der geänderten Mitteilung von 1997 für kurzfristige Exportkredite bis zum 31.12.2012.[735]

C. Die Umsetzung der krisenspezifischen Beihilfevorschriften

I. Bankensektor

Durch den Erlass zahlreicher Rettungspakete für den Finanzsektor machten die Staaten von den gelockerten Beihilfevorschriften Gebrauch. Als einer der ersten Nationen nutze die Bundesrepublik diesen neuen beihilferechtlichen Spielraum.[736] Im Rahmen des von der Kommission verfolgten krisenbedingten Neuansatzes konnten die Staaten auf dem Bankensektor sowohl durch Einzelmaßnahmen für einzelne Banken als auch durch allgemeine Rettungspakete reagieren. Letztere bildeten dann die Grundlage für spätere Einzelmaßnahmen,[737] die auf nationaler Ebene in Form von staatlichen Garantien, Bürgschaften und Darlehen gewährt wurden.[738] Ferner beinhalteten die Maßnahmen die Beteiligung an geschwächten Kreditinstituten zum Zwecke der Rekapitalisierung, den Erwerb von Risikopositionen und die Einrichtung von Bad Banks.[739]

Sofern die einzelnen Beihilfen auf der Grundlage der genehmigten nationalen Regelungen gewährt worden waren, konnten sie nicht mehr anhand der Bankenmitteilung oder des Art. 107 AEUV bewertet werden. Die Prüfung beschränkte sich darauf, ob die Einzelmaßnahmen mit den Vorgaben des genehmigten nationalen Rettungspakets übereinstimmten. Zudem musste die Kommission die Maßnahmen mit den in ihrer Genehmigungsentscheidung selbst auferlegten Auflagen, Vorbehalten, Zusicherungen oder Bedingungen abgleichen. Entscheidend war daher, dass die individuellen Hilfen mit den jeweiligen Vorgaben der anwendbaren nationalen Regelung und den möglichen Vorgaben in der betreffenden Genehmigungsentscheidung im Einklang standen. Kam es bei der Prüfung zu

735 Vgl. *Almunia, Joaquín*, Rede vom 1. Dezember 2010 (SPEECH/10/711).
736 *Haverkamp/Schmidt*, BRZ 2009, 71,77.
737 *Jestaedt/Amory*, Beihilfen für Banken in der Finanzmarktkrise, S. 6.
738 *Wielpütz*, EWS 2010, 14.
739 *Zimmer/Blaschczok*, WuW 2010, 142.

Unsicherheiten oder Ungereimtheiten, konnte die Bankenmitteilung interpretatorisch herangezogen werden.[740]

Grundlage für den Erlass von nationalen Maßnahmen ist die Bankenmitteilung. Bezüglich der dafür zu stellenden Anforderungen ist die Bankenmitteilung relativ flexibel, so dass die Rettungspakete je nach den spezifischen Marktverhältnissen der Staaten entwickelt werden konnten. Auf dieser Grundlage hat die Kommission Rettungspakete von 18 Staaten teilweise sehr zügig genehmigt.[741] Inzwischen existieren zahlreiche Entscheidungen für Einzelmaßnahmen von Staaten als auch nationale Rettungspakete.[742] Die nationalen Rettungspakete weisen teilweise starke Unterschiede auf.[743]

II. Realwirtschaft

Der vorübergehende bzw. verlängerte Gemeinschaftsrahmen war die Grundlage für den Erlass nationaler Rettungspakete für die Realwirtschaft. Deutschland und Frankreich haben nicht nur am zügigsten, sondern auch am umfangreichsten dessen gelockerte Bedingungen zur Beihilfevergabe in Anspruch genommen.[744] Der vorübergehende Gemeinschaftsrahmen war wie bereits ausgeführt kein direkt anwendbares Regelwerk, d. h. die einzelnen nationalen Maßnahmen konnten sich nicht unmittelbar auf ihn stützen. Die Mitgliedstaaten mussten vielmehr zunächst ihre Beihilfeprogramme erlassen und diese dann bei der Kommission notifizieren. Im Falle der Genehmigung des jeweiligen Programmes konnten individuelle Beihilfen hieraus gewährt werden.[745]

Zwecks Umsetzung des Rahmens wurden in Deutschland mehrere Beihilfeprogramme erlassen und von der Kommission genehmigt. Sie wurden als sogenannte „Bundesrahmenregelungen“ bzw. „Regelungen“[746] verabschiedet und dienten der

---

740 *Arhold*, EuZW 2008, 713, 716.

741 Die Kommission stellt eine Auflistung der allgemeinen Beihilferegelungen sowie der Einzelbeihilfen der Mitgliedstaaten aufgrund der Finanz- und Wirtschaftskrise mit Stand vom 12.11.2009 bereit unter: http://europa.eu/rapid/press-release_MEMO-09–499_en.htm?locale=en, abgerufen am 04.11.2012.

742 Vgl. *Jestaedt/Amory*, Beihilfen für Banken in der Finanzmarktkrise, S. 6.

743 *Jestaedt/Wiemann*, WuW 2009, S. 606, 615.

744 *Klafki*, EWS 2011, 497, 502.

745 *Soltész/ von Köckritz*, EuZW 2010, 167.

746 Beispielhaft sei hier die Regelung zur vorübergehenden Gewährung geringfügiger Beihilfen im Geltungsbereich der Bundesrepublik Deutschland während der

Vereinfachung der durch die Krise entstandenen komplexen Probleme im Vergabebereich sowie der Entlastung der Kommission, der damit zahlreiche Anmeldungen von Einzelbeihilfeanträgen erspart blieben. Das Procedere lief dergestalt ab, dass der Bund das jeweilige Programm bei der Kommission notifizierte.[747] Sofern das Programm den Vorgaben des Gemeinschaftsrahmens entsprach, wurde es genehmigt. Es diente dann als Grundlage für einzelne Fördermaßnahmen in der Bundesrepublik, die nicht mehr gesondert bei der Kommission angemeldet werden mussten.[748]

Sofern Fördermaßnahmen aus einem nationalen Programm gewährt wurden, das sich auf den Gemeinschaftsrahmen stützte, existierte für die Beteiligten kein entsprechendes formelles Genehmigungsverfahren. Einziges Kontrollinstrument im Falle der Beschwerden von Mitbewerbern oder Mitgliedstaaten war die Prüfung der Kommission, ob die Bedingungen des Rahmens erfüllt waren. Danach konnte sie erforderlichenfalls ein förmliches Prüfungsverfahren eröffnen.[749]

D. Rettungsmaßnahmen in der Bundesrepublik während der Krise

Gegenstand der nachfolgenden Ausführungen sind die Unterstützungsmaßnahmen in der Bundesrepublik als Beispiel für eine mitgliedstaatliche Beihilferegelung. Rettungsmaßnahmen anderer europäischer Staaten bleiben unberücksichtigt. Es wird insbesondere auf die wesentlichen Bestandteile des Rettungspaketes (FMStG und FMStFG) für den Bankensektor eingegangen. Weitere Änderungen, die im Zuge der Finanzmarktkrise ergingen, werden nicht näher erläutert. Ferner wird das durch Art. 3 FMStErgG geschaffene „Gesetz zur Rettung von Unternehmen zur Stabilisierung des Finanzmarktes“ (RettungsG)[750] mit seiner enteignungsrechtlichen

---

Finanz-und Wirtschaftskrise („Bundesregelung Kleinbeihilfen“) genannt; Pressemitteilung der Kommission vom 30.12.2008 (IP/08/2063).

747 Pressemitteilung der Kommission vom 17. 12.2008 (MEMO/08/795).

748 Vgl. Pressemitteilung der Kommission vom 17.12.2008 (MEMO/08/795); *Freshfields Bruckhaus Deringer LLP*, „EU-Kommission genehmigt „Bundesrahmenregelung niedrigverzinslicher Darlehen“, S. 1 und 2.

749 *Soltész/ von Köckritz*, EuZW 2010, 167, 170.

750 Rettungsübernahmegesetz vom 7. April 2009 (BGBl. I S. 725, 729), das durch Artikel 2 Absatz 60 des Gesetzes vom 22. Dezember 2011 (BGBl. I S. 3044) geändert worden ist.

Komponente ausgeklammert.[751] Im Anschluss daran werden die Regelungen für die Realwirtschaft, d. h. die Konjunkturpakete I und II, dargestellt.

I. Das Finanzmarktstabilisierungsgesetz

Ausgehend von den auf gemeinschaftlicher Ebene gesetzten Maßnahmen zeigte die Bundesrepublik mit der Einführung des Gesetzes zur Umsetzung eines Maßnahmenpakets zur Stabilisierung des Finanzmarktes (Finanzmarktstabilisierungsgesetz, kurz: FMStG)[752] am 17. Oktober 2008 eine schnelle[753] Reaktion auf die Krise. Das auch als „Bankenrettungsschirm"[754] bezeichnete Maßnahmenpaket wurde am 14.10.2008 bei der Kommission angemeldet.[755] Die darin enthaltenen Maßnahmen zielten darauf ab, den Zusammenbruch „systemrelevanter Banken" zu verhindern und so das Vertrauen im Bankensektor wiederherzustellen.[756] Systemrelevanz liegt vor, wenn die Bank von einer derartigen Größe und Bedeutung (Interbanken- und Auslandsverflechtungen) ist, dass durch ihren Wegfall negative Folgeeffekte bei anderen Banken ausgelöst und die Finanzstabilität insgesamt gefährdet werden können.[757]

---

751 Die Frist zur Einleitung eines Enteignungsverfahrens ist am 30. Juli 2009 abgelaufen. Daher wird in dieser Arbeit nicht näher darauf eingegangen. Ein Enteignungsverfahren gemäß § 3 RettungsG kam lediglich für die Hypo Real Estate in Betracht. Nachdem 90 % der Unternehmensanteile durch die Bundesrepublik am 2. Juni 2009 erworben worden sind, kam eine Enteignung nicht mehr in Frage. Vgl. hierzu: *Böckenförde*, NJW 2009, 2484, 2485 f.; *Wolfers/Rau*, NJW 2009, 1297 ff.; *Rinze/Ohler*, NJW 2009, 1847 ff.; *Kaserer/ Köndgen/ Möllers*, ZBB-Report 2009, 142, 144, 148 ff.; *Stewing*, EWS 2009, 303 ff. Ferner wird teilweise bereits die Klassifizierung als Beihilfe mangels einer Leistung bezweifelt. Vgl. hierzu: *Stewing*, EWS 2009, 303, 308 f.

752 Gesetz vom 17.10.2008 (BGBl. I S. 1982); Das Gesetz erging als Eilgesetz und trat am 18.10.2008 in Kraft.

753 Vgl. *Körnert/Wagner*, ZBB 2009, 320.

754 *Haverkamp/Schmidt*, BRZ 2009, 71, 77; *BmWi*, Schlaglichter der Wirtschaftspolitik, April 2009, S. 11.

755 Entscheidung der Kommission vom 27.10. 2008, Fall N 512/2008, Ziff. I. (1) (Rettungspaket für Kreditinstitute in Deutschland).

756 *BmWi*, Schlaglichter der Wirtschaftspolitik, August 2009, S. 9.

757 *Stewing*, EWS 2009, 303, 305.

1. Grundlagen der Beihilferegelung

a. Überblick

Das FMStG beinhaltete im Wesentlichen[758] zwei völlig neue Regelungswerke. Art. 1 FMStG normierte das „Gesetz zur Errichtung eines Finanzmarktstabilisierungsfonds" (FMStFG)[759]. Dieses Gesetz bildete den operativen Kern der Finanzmarktstabilisierungsgesetze. Art. 2 FMStG beinhaltete das „Gesetz zur Beschleunigung und Vereinfachung des Erwerbs von Anteilen sowie Risikopositionen von Unternehmen des Finanzsektors durch den Fonds[760]" (FMStBG)[761]. Das FMStG verkörperte eine elementare Säule zur Finanzmarktstabilisierung. Insbesondere sollte durch ein Maßnahmenpaket ein tragfähiges Instrumentarium geschaffen werden, um Liquiditätsengpässe von in Deutschland ansässigen Banken zeitnah zu überwinden und den Finanzmarkt insgesamt zu festigen.[762] Kern des Gesetzes war daher der „Bankenrettungsschirm", ein im FMStG enthaltenes Maßnahmenpaket, dessen Leistungen Unternehmen des Finanzsektors[763] in Anspruch nehmen konnten. Ein diesbezüglicher Rechtsanspruch bestand jedoch nicht.[764] Hierfür wurde der Sonderfonds Finanzmarktstabilisierung (SoFFin) nebst dazu gehöriger Anstalt (FMSA) gegründet. Die näheren Voraussetzungen der Stabilitätsmaßnahmen sind in der Finanzmarktstabilisierungsfonds-Verordnung (FMStFV) normiert.[765]

Die wirtschaftliche Entwicklung erforderte ein zusätzliches Eingreifen des Staates. Weitere Gesetze wurden zur flexibleren Handhabung der

758 Das Gesetz enthält auch Änderungen der Insolvenzordnung (InsO), des Kreditwesens- (KWG) und Versicherungsaufsichtsgesetzes (VAG).

759 Finanzmarktstabilisierungsfondsgesetz vom 17. Oktober 2008 (BGBl. I S. 1982), das zuletzt durch Artikel 1 des Gesetzes vom 24. Februar 2012 (BGBl. I S. 206) geändert worden ist.

760 Finanzmarktstabilisierungsfonds; s. ebenfalls: FMS, Sonderfonds Finanzmarktstabilisierung oder SoFFin.

761 Finanzmarktstabilisierungsbeschleunigungsgesetz vom 17. Oktober 2008 (BGBl. I S. 1982, 1986), das zuletzt durch Artikel 3 des Gesetzes vom 24. Februar 2012 (BGBl. I S. 206) geändert worden ist.

762 Siehe BT-Drucks. 16/10600, S. 1.

763 Dies sind insbesondere Banken und Versicherungen sowie deutsche Tochterunternehmen ausländischer Institute. Vgl. Entscheidung der Kommission vom 12.12.2008, Fall N 625/2008, Ziff. 8 (Rettungspaket für Finanzinstitute in Deutschland).

764 Entscheidung der Kommission vom 12.12.2008, Fall N 625/2008, Ziff. 9.

765 Vgl. *Jestaedt/Wiemann*, WuW 2009, 606, 615.

Unterstützungsmaßnahmen verabschiedet. Am 9. April 2009 trat das Finanzmarktstabilisierungsergänzungsgesetz (FMStErgG)[766] in Kraft. Durch das Gesetz wurden das FMStG sowie die entsprechende Durchführungsverordnung (FMStFV) geändert und ergänzt, um eine effektivere Stabilisierung des Finanzmarktes zu erreichen. Das Gesetz sah insbesondere in Art. 2 vor, dass dem SoFFin die Beteiligung an notleidenden Unternehmen des Finanzsektors erleichtert werden sollte. Kernstück des FMStErG war das Rettungsübernahmegesetz[767] (RettungsG) in Art. 3 FMStErgG, das als Ultima Ratio zur Finanzmarktstabilisierung die Möglichkeit einer Verstaatlichung einräumte.[768]

Das Gesetz zur Fortentwicklung der Finanzmarktstabilisierung (FMStFortG)[769] trat am 23. Juli 2009 in Kraft. Dadurch erhielten die Banken nunmehr die Möglichkeit, sog. „Bad Banks" in Form von Zweckgesellschaften oder Abwicklungsanstalten zur Entlastung der Bankbilanzen von Problemaktiva zu errichten.[770] Am 01.03.2012 trat das zweite FMStG in Kraft.[771] Dieses führt mit einigen veränderten Maßgaben das bisherige FMStG fort. Das Gesetz schafft mit der Reaktivierung des Sonderfonds die befristete Möglichkeit, erneut unterstützend tätig zu werden und eröffnet der Finanzaufsicht größere Handlungsmöglichkeiten.

b. FMStG i.V.m. FMStFG

aa. SoFFin

§ 1 FMStFG sah die Errichtung eines Sonderfonds des Bundes vor. Der „Finanzmarktstabilisierungsfonds" (FMS) – auch als „SoFFin" (Sonderfonds Finanzmarktstabilisierung) bezeichnet – wurde am 17. Oktober 2008 eingeführt.[772] Stabilisierungsmaßnahmen konnten lediglich an „Unternehmen des Finanzsektors" gewährt werden.[773] Sie sind in § 2 Abs. 1 FMStFG durch eine abschließende Auflistung definiert.[774] Nach § 2 Abs. 2 FMStFG stellt der Fonds ein Sondervermögen

766 „Gesetz zur weiteren Stabilisierung des Finanzmarktes" vom 7.4.2009 (BGBl. I S. 725). Das Gesetz trat am 9.4.2009 in Kraft.

767 Das Gesetz wird auch als Enteignungsgesetz bezeichnet.

768 BT-Drucksache 16/12100 vom 3.3.2009, S. 10.

769 Gesetz vom17.07.2009 (BGBl. I S. 1980).

770 *Pannen*, Rn. 3.

771 Zweites Gesetz zur Umsetzung eines Maßnahmenpakets zur Stabilisierung des Finanzmarktes (Zweites Finanzmarktstabilisierungsgesetz – 2. FMStG) vom 24.02.2012 (BGBl. I S. 206).

772 Vgl. § 1 Abs. 2 der Satzung der Finanzmarktstabilisierungsanstalt (FMVASa).

773 Vgl. *Becker/Mock*, Finanzmarktstabilitsierungsgesetz, §§ 1–3 FMStFG, Rn. 11 ff.

774 Gemeint sind vor allem Finanzinstitute und Versicherungsunternehmen.

des Bundes im Sinne des Art. 110 Abs. 1 GG dar, so dass er damit nicht den üblichen Regeln der Haushaltsplanung unterliegt. Das Fondsvolumen für in Not geratene Unternehmen umfasste in seiner Erstauflage zunächst 480 Mrd. Euro.[775] Obwohl der Fonds vom Vermögen des Bundes zu trennen ist, haftet der Bund gemäß § 5 S. 2 FMStFG unmittelbar. Zur Verwirklichung des in § 2 Abs. 1 FMStFG verankerten Zieles – Stabilisierung des Finanzmarktes – standen dem Fonds folgende Instrumente zur Verfügung: Gewährung von Garantien für Schuldtitel (§ 6 FMStFG), Rekapitalisierung durch Beteiligung von Eigenkapital von Finanzunternehmen (§ 7 FMStFG) sowie die Übernahme von Risikopositionen (§ 8 FMStFG). Mit dem Gesetz zur Fortentwicklung der Finanzmarktstabilisierung (FMStFortG)[776] wurde zusätzlich die Einrichtung von sog. Bad Banks zur Entlastung der Bankbilanzen von Problem-aktiva ermöglicht.[777]

Nach § 6 Abs. 1 S. 1 FMStFG konnten Garantien bis zu 400 Mrd. Euro gewährt werden. Zudem wurde das Bundesministerium für Finanzen gemäß § 9 Abs. 5 FMStFG ermächtigt, für den Fonds im Falle der Inanspruchnahme aus einer Garantie weitere Kredite in Höhe von bis zu 20 Mrd. Euro aufzunehmen. Der Rettungsschirm sah ferner die Möglichkeit von Risikoübernahmen und Ausstattungen von Banken mit Eigenkapital (Rekapitalisierung) vor (§§ 7 und 8 FMStFG). Letzteres war notwendig für die Kreditvergabe und diente auch als Risikopuffer. Im Falle der Übernahme von Risikoaktiva konnten Banken wertgeminderte Kredite und Wertpapiere sowie nicht mehr benötigte Geschäftsbereiche in eine Abwicklungsanstalt der FMSA auslagern und sich so neu ausrichten.[778] Der Fonds verfügte über die Möglichkeit, Kreditermächtigungen in Anspruch zu nehmen, dies regelt § 9 FMStFG.[779] Für den Erwerb von Problemaktiva und zur Rekapitalisierung konnte der Fonds Kredite in Höhe von bis zu 70 Mrd. Euro[780] aufnehmen.

Die Organisation des Fonds erfolgte durch einige Organe mit unterschiedlichen Befugnissen. Namentlich waren dies die FMSA, der Leitungs- und

---

775 Vgl. §§ 6 Abs. 1, 7 Abs. 1 und § 9 Abs. 1, 4 und 5 FMStFG; *Jestaedt/Wiemann*, WuW 2009, 606, 615; *BmWi*, Schlaglichter der Wirtschaftspolitik, August 2009, S. 9 f.

776 Gesetz vom 17.07.2009 (BGBl. I S. 1980).

777 Vgl. *Pannen*, Rn. 6; *BmWi*, Schlaglichter der Wirtschaftspolitik, August 2009, S. 15.

778 Vgl. *BmWi*, Schlaglichter der Wirtschaftspolitik, Sonderheft Finanzkrise, November 2008, S. 10; §§ 8 und 8a FMStFG.

779 BT-Drucksache 16/10600 vom 14.10.2008, S. 10.

780 Der Haushaltsausschuß des Bundestages kann gemäß § 9 Abs. 4 FMStFG die Summe um 10 Mrd. Euro erhöhen.

Lenkungsausschuss, das Bundesministerium für Finanzen sowie das Gremium des SoFFin, wobei die FMSA das wichtigste Organ darstellt.[781]

Die Kommission hatte am 27. Oktober und am 12. Dezember 2008 die deutsche Beihilferegelung als mit ihrer Bankenmitteilung vereinbar angesehen und genehmigt.[782] Viele Banken hatten sich in der darauffolgenden Zeit unter den Rettungsschirm begeben. Zu den Banken zählten nicht nur Landesbanken, sondern auch etliche Privatbanken. Dies zeigt, dass das Rettungspaket die von der Bundesregierung beabsichtigte Wirkung entfaltete.[783] Die wohl bekanntesten Unterstützungsfälle sind die Kapitalbeteiligung des Bundes an der Commerzbank und der Hypo Real Estate. Letztere erhielt zudem Garantien in Höhe von 102 Mrd. Euro.[784]

Obwohl sich der Bund die Kompetenz für Gesetzgebung und Verwaltung in Bezug auf Stabilisierungsmaßnahmen des SoFFin vorbehalten hat, beteiligt er die Länder an den Finanzierungslasten.[785] So werden die nach der Abwicklung des Fonds verbleibenden Verbindlichkeiten im Verhältnis 65 zu 35 zwischen Bund und Ländern aufgeteilt. Der Anteil der Länder ist auf den Maximalbetrag von 7,7 Mrd. Euro begrenzt. Überstiegen die Schulden die Summe von 22 Mrd. Euro, so trägt der Bund diese allein. Die Aufteilung der von den Ländern zu tragenden finanziellen Belastungen erfolgt gemäß § 13 Abs. 2 FMStFG je zur Hälfte nach der Einwohnerzahl und nach dem Bruttoinlandsprodukt. § 13 Abs. 3 FMStFG enthält eine Sonderregelung. Sie weist die finanziellen Lasten aus Unterstützungsmaßnahmen des Fonds für Landesbanken und deren Zweckgesellschaften den jeweiligen Ländern zu.

Die stabilisierende Tätigkeit des Bankenrettungsfonds war gemäß § 13 Abs. 1 FMStFG ursprünglich bis Ende 2010 befristet. Seither werden die bereits gewährten Hilfsmaßnahmen nur noch betreut, d. h. sie werden verwaltet. Zusätzlich wird kontrolliert, ob die mit den Maßnahmen verbundenen Auflagen eingehalten

---

781 *Pannen*, Rn. 10 und 11.

782 Vgl. Entscheidungen der Kommission vom 27.10.2008, Fall N 512/2008, und vom 12.12.2008, Fall N 625/2008. Die letzte Entscheidung umfasst die Vorgängerentscheidung der Kommission vom 27.10.2008, da zwischenzeitlich der deutsche Bankenschirm verändert wurde.

783 *BmWi*, Schlaglichter der Wirtschaftspolitik, April 2009, S. 11.

784 *Zimmer/Blaschczok*, WuW 2010, 142; vgl. Entscheidungen der Kommission vom 7.5.2009, Fall N 244/ 2009 (Commerzbank) und vom 2.10.2008, Fall NN 44/2008 (Hypo Real Estate).

785 *Wieland*, ZG 2009, 140, 143.

werden.[786] Als Reaktion auf die Ergebnisse des Banken-Stresstests[787] der europäischen Bankenaufsicht EBA wurde der Fonds im Jahre 2012 durch das zweite FMStG befristet bis Ende 2012 reaktiviert. Zur Gewährung von Unterstützungsmaßnahmen wurde er wieder auf sein ursprüngliches Volumen aufgestockt. Die Banken können nun wieder auf das bekannte Instrumentarium zurückgreifen. Mit der Wiederauflage können Kredite in Höhe von maximal 80 Mrd. Euro sowie Garantien von bis zu 400 Mrd. Euro zur Verfügung gestellt werden. Die Reaktivierung war mit der Forderung an die Institute verbunden, sich mit mehr Eigenkapital wirksamer für mögliche Krisensituationen zu wappnen. Den wichtigsten europäischen Banken war damit auferlegt, ihre Kernkapitalquote bis zum 30.06.2012 zu erhöhen.[788]

bb. FMSA

Die FMSA ist eine Anstalt des öffentlichen Rechts im Geschäftsbereich des Bundesministeriums für Finanzen, die am 17.10.2008 durch das FMStG gegründet wurde (§ 3 a Abs. 1 S. 1 FMStFG). Gemäß § 3 a Abs. 1 S. 3 FMStFG ist sie bei der Deutschen Bundesbank in Frankfurt am Main angegliedert, organisatorisch jedoch von ihr getrennt.[789] Die FMSA verwaltet die im SoFFin von Seiten des Staates bereitgestellten Mittel.[790] Genau genommen ergibt sich aus § 2 Abs. 1 FMSAVSa[791], dass der FMSA die Verwaltung des nach § 1 FMStFG errichteten Fonds und die Entscheidung über Stabilisierungsmaßnahmen nach dem FMStFG obliegt, sofern über diese nicht bereits der Lenkungsausschuss nach § 4 Abs. 1 S. 2 FMStFG oder das Bundesministerium für Finanzen entschieden hat. Sie unterliegt gemäß § 3 a Abs. 1 S. 4 FMStFG der Rechts und Fachaufsicht des Bundesministeriums

---

786 Pressemitteilung des SoFFin vom 29. Dezember 2010.

787 Vgl. *Panster/Köhler*, Banken-Stresstest deckt Schwächen auf, Handelsblatt Online v. 15.07.2011 abgerufen am 06.08.2013 unter: http://www.handelsblatt.com/unternehmen/banken/ergebnisse-vorgestellt-banken-stresstest-deckt-schwaechen-auf/4399494.html.

788 Vgl. Drucksache 17/8343 vom 17.01.2012; *FMSA*, „Wiedereröffnung" des Finanzmarktstabilisierungsfonds; *Bundesregierung* , Für Vertrauen auf dem Finanzmarkt, v. 10.2.2012 zuletzt abgerufen am 6.8.2013 unter: http://www.bundesregierung.de/Content/DE/Artikel/2011/12/2011-12-14-finanzmarktstabilisierung.html.

789 *Pannen*, Rn. 11.

790 Vgl. § 3 a Abs. II S. 1 FMStFG. Die Aufgaben werden dort allerdings nur angedeutet.

791 Satzung der Finanzmarktstabilisierungsanstalt (Anlage der Verordnung über die Satzung der Finanzmarktstabilisierungsanstalt) vom 20.05.2009 (eBAnz. 2009, AT56 V1).

für Finanzen. § 3 a Abs. 3 S. 1 FMStFG sieht die Führung der FMSA durch den Leitungsausschuss vor. Dieser besteht aus drei Mitgliedern, die das Bundesministerium der Finanzen im Einvernehmen mit der Deutschen Bundesbank ernennt.

Eine zentrale Rolle kommt dem Lenkungsausschuss zu. Dieser interministerielle Ausschuss trifft die tatsächlich relevanten Entscheidungen[792], die gemäß § 4 Abs. 1 FMStFG auf Grundlage von Vorschlägen des Leitungsausschusses über die Stabilisierungshilfen ergehen. Der Lenkungsausschuss ist kein Organ der FMSA und somit von ihr unabhängig[793]; für die FMSA ist nur der Leitungsausschuss tätig.[794] Die Unabhängigkeit ermöglicht ihm eine umfangreiche politische Einflussnahme auf die Gewährung von Stabilitätsmaßnahmen.[795] Gemäß § 4 Abs. 3 FMStFG setzt sich der Lenkungsauschuss aus je einem Vertreter des Bundeskanzleramtes, der Bundesministerien für Finanzen, der Justiz und für Wirtschaft und Technologie sowie einem Ländervertreter zusammen. Ein Vertreter der Deutschen Bundesbank sowie ein Stellvertreter gehören ihm beratend an.

cc. Die einzelnen Instrumente

(1) Garantieermächtigung

Von besonderer Bedeutung ist die Übernahme einer Garantie durch den SoFFin.[796] Sie betrifft Verbindlichkeiten, die ab Inkrafttreten des FMStFG bis zum 31.12.2010 begründet worden sind. Gemäß § 6 Abs. 1 S. 1 AMStFG kann die Laufzeit der abzusichernden Verbindlichkeiten bis zu 36 Monate[797] betragen. Nach § 6 Abs. 1 S. 3 FMStFG ist für die Übernahme einer Garantie eine Vergütung in angemessener Höhe zu erheben. Gemäß § 3 Abs. 2 Nr. 1 FMStFV besteht diese aus einem individuellen Prozentsatz des Höchstbetrages der zur Verfügung gestellten Garantie, der das Ausfallrisiko abbildet, nebst einer zusätzlichen Marge. Die Garantieprämie beträgt 0,5 % zuzüglich, für Verbindlichkeiten mit einer Laufzeit von über einem Jahr, einer dem Credit-Default-Swap-Spread für Senior Debt des

792 Kritisch hierzu: *Becker/Mock*, Finanzmarktstabilisierungsgesetz, § 4 FMStFG, Rn. 4. Er stellt sich hier die Frage, ob es sich bei den Entscheidungen nicht zwangsläufig um Grundsatzfragen oder solche von großer Bedeutung handelt. Entsprechend wäre die übrige Kompetenz der FMSA relativ gering.

793 *Pannen*, Kapitel 2, Rn. 18.

794 *Becker/Mock*, Finanzmarktstabilisierungsgesetz, § 4 FMStFG, Rn. 22.

795 *Pannen*, Kapitel 2, Rn. 18.

796 *Grieser/Heemann*, Bankenaufsichtsrecht, S. 146.

797 Liegt ein Ausnahmefall i.S.d. § 6 FMStFG vor, so kann die Laufzeit max. 60 Monate betragen.

jeweiligen Finanzinstituts entsprechenden Risikoprämie. Letztere ist nicht geringer als der Median des 5-jährigen Credit-Default-Swap-Spread des Finanzinstituts zwischen dem 1.1.2007 und dem 31.8.2008.[798] Nach § 2 Abs. 2 FMStFV überprüft die FMSA, ob die Garantieübernahme ausreichend ist. Bei der Bewertung hat sie in Betracht zu ziehen, ob zur Stärkung des Eigenkapitals der Bank zusätzlich oder vorrangig eine Rekapitalisierung oder eine Risikoübernahme durchgeführt werden sollte.[799] Für die Garantieübernahme ist nach § 2 Abs. 2 Nr. 3 FMStFV eine angemessene Eigenmittelausstattung der Bank erforderlich. Von ihr ist gemäß § 2 Abs. 2 Nr. 6 FMStFV die Höchstsumme der Garantie abhängig.

(2) Rekapitalisierung

Zur Verbesserung der Eigenmittelausstattung von Finanzunternehmen kann der SoFFin eine Rekapitalisierung nach § 7 FMStFG in jeder geeigneten Form vornehmen. Dabei erwirbt der Fonds gegen Leistung einer Einlage Eigenmittel des Unternehmens, wie z.B. Anteile, stille Beteiligungen oder Genussrechte. Gemäß § 9 FMStFG beträgt die Höchstsumme für die Beteiligung an Eigenmittelbestandteilen 80 Mrd. Euro. Bei einzelnen Unternehmen liegt sie gemäß § 3 Abs. 2 Nr. 3 FMStFV bei 10 Mrd. Euro. Der Lenkungsausschuss kann jedoch ausnahmsweise von der genannten Obergrenze abweichen. So war es im Fall der Commerzbank. Der SoFFin beteiligte sich mit insgesamt 18 Mrd. Euro in Form von stillen Beteiligungen und Aktien.[800] Im Gegenzug für die Beteiligung erhält der Fonds gemäß §3 Abs. 2 Nr. 1 FMStFV eine marktgerechte Vergütung. Diese geht den übrigen Gewinnbeteiligungsrechten vor und richtet sich nach den Empfehlungen der Rekapitalisierungsmitteilung. Demnach ist die Höhe der Vergütung davon abhängig zu machen, ob eine grundsätzlich gesunde oder eine notleidende Bank stabilisiert wird. Je höher das Risikoprofil der Bank ist, desto höher fällt die Vergütung aus.[801] Die Beteiligung durch den SoFFin soll gemäß § 7 Abs. 2 S. 2 FMStFG nur erfolgen, wenn ein wichtiges Interesse des Bundes vorliegt und der vom Bund angestrebte Zweck nicht besser und wirtschaftlicher auf andere Weise realisierbar ist. Ist die Bank zum Zeitpunkt der Maßnahmenzusage gesund, muss sie keinen Umstrukturierungsplan vorlegen. Innerhalb von 6 Monaten hat sie jedoch einen Plan einzureichen, sofern das Unternehmen keine bestimmten Rückkaufverpflichtungen eingeht.[802]

798 Entscheidung der Kommission vom 12.12.2008, Fall N 625/2008, Ziff. 25.

799 *Kremer/Laier*, in: Jaletzke/Veranneman, § 6 FMStFG, Rn. 55.

800 *Grieser/Heemann*, Bankenaufsichtsrecht, S. 137.

801 Rekapitalisierungsmitteilung, Ziff. 12 f.

802 Entscheidung der Kommission vom 12.12.2008, Fall N 625/2008, Ziff. 20 und 21.

(3) Risikoübernahme

Gemäß § 8 FMStFG kann der Fonds vor dem 13. Oktober 2008 erworbene Risikopositionen („toxic assets“) erwerben oder diese auf andere Weise absichern. Nach § 4 Abs. 2 Nr. 1 FMStFV erfolgt die Übernahme zu dem vom Verkäufer im letzten Zwischenbericht oder Jahresabschluss bilanzierten oder einem geringeren Wert der Risikoposition gegen Übertragung von Schuldtiteln der Bundesrepublik. Es gilt die gemeinsame Obergrenze in Höhe von insgesamt 80 Mrd. Euro.[803]

(4) Auflagen bei Stabilisierungsmaßnahmen

Nach § 4 Abs. 1 S. 5 FMStFG ist die Vergabe von Stabilisierungsmaßnahmen von Bedingungen und Auflagen abhängig. Die Anforderungen an die Unternehmen unterscheiden sich gemäß § 10 Abs. 2 S. 2 FMStFG nach Art und Adressat der Maßnahme. Nach § 5 Abs. 1 S. 3 FMStFG müssen die Auflagen dem Grundsatz der Verhältnismäßigkeit entsprechen und haben sich insbesondere nach Art, Höhe und Dauer der in Anspruch genommenen Maßnahme sowie an der wirtschaftlichen Situation des Unternehmens auszurichten. § 5 FMStFV normiert die verschiedenen Bedingungen, die bei den Stabilisierungsmaßnahmen zu stellen sind. Grundsätzlich kommt bei Rekapitalisierungsmaßnahmen der vollständige Katalog[804] zur Anwendung. Für Risikoübernahmen gelten eingeschränkte Bedingungen,[805] und bei Garantien werden nur Auflagen bezüglich der Geschäftspolitik gemacht.[806]

dd. Entscheidungsverfahren über die Stabilisierungsmaßnahmen

Im Bedarfsfall stellt das Finanzunternehmen einen Antrag an die FMSA. Sofern nicht Grundsatzfragen oder Angelegenheiten von besonderer Bedeutung

---

803 Die Obergrenze bezieht sich auf Rekapitalisierungen und Risikoübernahmen. Vgl. hierzu: Entscheidung der Kommission vom 12.12.2008, Fall N 625/2008, Ziff. 2. (6) lit. A und B (Rettungspaket für Finanzinstitute).

804 Der Katalog umfaßt u. a. folgende Bedingungen: die Prüfung der Nachhaltigkeit der Geschäftspolitik, die Reduzierung/Aufgabe von risikoreichen Geschäften, die Verpflichtung zur Gewährung marktüblicher Konditionen bei der Kreditvergabe, um dem Bedarf von KMU gerecht zu werden, die Überprüfung der Vergütungssysteme auf Anreizwirkung und Angemessenheit (ggf. Beendigung unangemessener Vergütungssysteme), die Begrenzung der Organmitglieder und Geschäftsleiter, das Verbot der Zahlung von Dividenden oder oder anderen nicht geschuldeten Leistungen an andere Gesellschafter als den SoFFin.

805 Es kommen Bedingungen hinsichtlich der Geschäftspolitik u. der Vergütungssysteme sowie das Dividendenverbot zur Anwendung.

806 *Grieser/Heemann*, Bankenaufsichtsrecht, S. 148 f.

vorliegen, entscheidet der Leitungsausschuss nach pflichtgemäßem[807] Ermessen darüber. Andernfalls ergeht auf Vorschlag der FMSA die Entscheidung durch den Lenkungsausschuss. Das Unternehmen hat einen Anspruch auf fehlerfreie Ermessensentscheidung.[808] Nach § 4 Abs. 1 S. 1 und 3 FMStFG sind Kriterien für die Ermessensausübung die Bedeutung des Unternehmens für die Finanzmarktstabilität, die Dringlichkeit und der Grundsatz des möglichst effektiven und wirtschaftlichen Einsatzes der verfügbaren Mittel. Die Bedeutung eines Unternehmens bemisst sich nach Bilanzsumme, Einlagenintensität, Funktion für den gesamtwirtschaftlichen Zahlungsverkehr und dem Stellenwert für das Vertrauen in die Finanzmarktstabilität.[809] Die Leistung ist gemäß § 4 Abs. 1 S. 4 FMStFG an unterschiedliche Bedingungen (z. B. die Zahlung einer marktgerechten Vergütung) und Auflagen geknüpft.[810] Diese sind nicht direkt im FMStFG, sondern in der FMStFV (§§ 2 bis 4) geregelt. Gemäß § 4 Abs. 1 S. 1 und 4 FMStFG liegt die Entscheidungsbefugnis für Stabilisierungsmaßnahmen wie auch die Fondsverwaltung grundsätzlich beim Bundesministerium für Finanzen. Nach § 4 Abs. 2 S. 1 FMStFG kann die Bundesregierung diese Kompetenzen durch Rechtsverordnung der FMSA übertragen. Auf diese Weise wurde der FMSA gemäß § 1 FMStFV die Entscheidungsbefugnis über Maßnahmen nach dem FMStFG und die Verwaltung des SoFFin zugewiesen.[811]

2. Die Vereinbarkeitsentscheidung der Kommission zur Beihilferegelung

Am 14. Oktober 2008 meldete Deutschland seine Beihilferegelung bei der Kommission an. Die Übermittlung eines umfangreichen Kataloges von Zusicherungen, die bei der Anwendung des Maßnahmenpakets zu beachten sind, erfolgte am 27. Oktober 2008. Die Kommission genehmigte am 28. Oktober 2008[812] die im

807 Die FMSA verfügt über kein Ermessen. Sofern ihr ein Antrag vorliegt, hat sie das Entscheidungsverfahren einzuleiten. Vgl. hierzu: *Kremer/Laier*, in: Jaletzke/Veranneman, § 4 FMStFG, Rn. 5.

808 *Becker/Mock*, Finanzmarktstabilisierungsgesetz, § 4 FMStFG, Rn. 63; *Jaletzke/Denzer*, in: Jaletzke/ Veranneman, § 4 FMStFG, Rn. 19.

809 Entscheidung der Kommission vom 12.12.2008, Fall N 625/2008, Ziff. 9 (Rettungspaket für Finanzinstitute).

810 Vgl. § 3 Abs. 2 Nr. 1 FMStFV, § 2 FMStFV sowie § 4 FMStFV.

811 *Ewer/Behnsen*, NJW 2008, 3457, 3459; *Grieser/Heemann*, Bankenaufsichterecht, S. 134.

812 Entscheidung der Kommission vom 28.10.2008, Fall N 512/2008 (Rettungspaket für Kreditinstitute in Deutschland). Nach Gesetzesänderungen durch die Bundesrepublik

Rettungspaket vorgesehenen Stützungsmaßnahmen. Bei der anschließenden weiteren Überprüfung wurde eine Reihe von Korrekturen erreicht. Am 12. Dezember 2008 erklärte die Kommission die Änderungen am Rettungspaket ebenfalls als mit dem Beihilferecht vereinbar.[813] Betroffen waren Maßnahmen zugunsten von Banken im Rahmen des FMStG,[814] also im Wesentlichen Rekapitalisierungsmaßnahmen. Am 23. Juni 2009 genehmigte die Kommission die am 10. Juni 2009 von Deutschland ersuchte Verlängerung der Beihilferegelung bis zum 31. Dezember 2009.[815] Dies geschah angesichts der weiterhin anhaltenden Krise unter weiteren Zusicherungen von Seiten Deutschlands.[816] Die Errichtung von Bad Banks nach dem Zweckgesellschaftsmodell genehmigte die Kommission am 31. Juli 2009.[817]

a. Klassifizierung des Rettungspaketes als Beihilfe

Angesichts der mit den Unterstützungsmaßnahmen einhergehenden Wettbewerbsvorteile für begünstigte Unternehmen, der hieraus resultierenden Wettbewerbsverzerrungen sowie der Beeinträchtigung des Handels zwischen den Mitgliedstaaten sah die Kommission den Tatbestand der Beihilfe i.S.d. Art. 107 AEUV sowohl für Garantie- und Risikoübernahmen als auch Rekapitalisierungsmaßnahmen als gegeben an.[818] Für die Einstufung der Maßnahmen als Beihilfe galten folgende Gesichtspunkte: Durch die Inanspruchnahme des jeweiligen Hilfsinstruments des FMStG wird den begünstigten Banken ein wirtschaftlicher Vorteil ohne eine marktadäquate Gegenleistung zuteil und deren Position auf dem Kapitalmarkt derart gestärkt wie es im Wege des Leistungswettbewerbs unter den derzeitigen Finanzbedingungen sonst nicht möglich wäre.[819] Das Tatbestandsmerkmal der „Begünstigung" scheitert hier nicht an der Entgeltpflichtigkeit des Begünstigten.

erging am 12.12.2008 zur Klarstellung eine erneute Genehmigungsentscheidung der Kommission. Sie ersetzte damit ihre vorherige Entscheidung. Vgl. Entscheidung der Kommission vom 12.12.2008, Fall N 625/2008 (Rettungspaket für Finanzinstitute).

813 Entscheidung der Kommission vom 12.12.2008, Fall N 625/2008.

814 Entscheidung der Kommission vom 23.06.2009, Fall N 330/2009, Ziff. 1.

815 Vgl. Entscheidung der Kommission vom 23.06.2009, Fall N 330/2009.

816 Entscheidung der Kommission vom 23.06.2009, Fall N 330/2009, Ziff. 5 und 8.

817 Entscheidung der Kommission vom 31.07.2009, Fall N 314/2009 (Deutsche Entlastungsregelung für wertgeminderte Vermögenswerte). Das Anstaltsmodell (Anstalt in der Anstalt) kann nicht pauschal beihilferechtlich genehmigt werden, denn erst die im Einzelfall zu erhebende Verlustausgleichspflicht kann mit einer Beihilfe verbunden sein. Siehe hierzu: *Wolfers/Rau*, NJW 2009, 2401, 2405.

818 Entscheidung der Kommission vom 28.10.2008, Fall N 512/2008, Ziff. 40 ff.

819 Entscheidung der Kommission vom 12.12.2008, Fall N 625/2008, Ziff. 43.

Normalerweise verlangt die Begünstigung eine einseitige Zuwendung.[820] Bei den vorliegenden Maßnahmen ist das geförderte Unternehmen jedoch entgeltpflichtig, so dass – oberflächlich betrachtet – infolge der Zweiseitigkeit der Zuwendung eine Beihilfe ausscheiden müsste. Nach dem für derartige Fälle konzipierten Private-Investor-Test liegt allerdings eine Beihilfe auch vor, wenn ein privater Investor eine derartige Investition nicht tätigen würde.[821] Ebendies stellte die Kommission hinsichtlich der Unterstützungsmaßnahmen nach dem FMStFG fest, wenn sie formuliert, dass „ein marktwirtschaftlich handelnder Kapitalgeber weder die Rekapitalisierung vorgenommen, die Risikoübernahme durchgeführt hätte, noch die Garantie gestellt hätte“. Bei Rekapitalisierungsmaßnahmen weist die Kommission darauf hin, dass ein marktwirtschaftlich handelnder Kapitalgeber eine angemessene Rendite erwartet, eine solche allerdings bei Unternehmen in Schwierigkeiten oder infolge der derzeitigen Finanzmarktverhältnisse nicht verfügbar sei, so dass es auch keinen Investor gäbe. Gerade deswegen investiere schließlich ja auch der Staat.[822]

Das Tatbestandsmerkmal der „Selektivität“ ist dadurch gegeben, dass die vom Rettungspaket vorgesehenen Maßnahmen nur den Begünstigten der Beihilferegelung[823] zugutekommen.[824] Dieses sind die Unternehmen des Finanzsektors, d. h. im wesentlichen Banken und Versicherungsgesellschaften, oder auch deutsche Tochterunternehmen ausländischer Finanzinstitute.[825] Die übrigen Tatbestandsmerkmale der Beihilfe handelte die Kommission relativ zügig ab.[826] Dafür könnte bestimmend sein, dass Deutschland das Rettungspaket bereits von vorn herein als Beihilfe klassifiziert hatte.[827]

---

820 *Mederer/van Ysendyck*, in: GS, EUV/EGV, Art. 87 EGV, Rn. 6, 64.

821 EuGH Urt. v. 21.03.1991, Rs. C-305/89, Slg. 1991, I-0160, Rn. 19 (Italien/Kommission); *Giesberts/Streit*, EuZW 2009, 484.

822 Entscheidung der Kommission vom 12.12.2008, Fall N 625/2008, Ziff. 44.

823 Diese sind in dem aus dem FMStG hervorgehenden FMStFG festgelegt.

824 Entscheidung der Kommission vom 12.12.2008, Fall N 625/2008, Ziff. 43.

825 Entscheidung der Kommission vom 12.12.2008, Fall N 625/2008, Ziff. 8.

826 Die Kommission nennt die weiteren Kriterien in einem einfachen Feststellungsstil. So schließt sie automatisch durch den einfachen Verweis der Finanzierung der Maßnahmen durch staatliche Mittel auf deren „Staat- lichkeit“. Vgl. Entscheidung der Kommission vom 12.12.2008, Fall N 625/2008, Ziff. 43.

827 Vgl. Entscheidung der Kommission vom 12.12.2008, Fall N 625/2008, Ziff. 42.

b. *Vereinbarkeit mit dem Binnenmarkt*

Nach der Klassifizierung der im FMStG und FMStFG vorgesehenen Maßnahmen als Beihilfe erklärte die Kommission diese gemäß Art. 107 Abs. 3 lit. b) AEUV als mit dem Binnenmarkt vereinbar. Sie betonte in ihrer Entscheidung die besonders restriktive Auslegung des Art. 107 Abs. 3 lit. b) AEUV.[828] Im Gegensatz zu den Fällen eingeschränkter Auslegung betrachtete sie die Regelung als dienlich für die Behebung einer beträchtlichen Störung im Wirtschaftsleben der Bundesrepublik. Schließlich seien nicht nur einzelne begünstigte Unternehmen betroffen, sondern der gesamte deutsche Bankensektor sei von der Krise erfasst.[829] Somit erfülle das Rettungspaket die erforderlichen Bedingungen für unter Artikel 107 Abs. 3 lit. b) AEUV subsumierbare Beihilfen und ist daher mit dem AEUV vereinbar. Die Maßnahmen sind geeignet, erforderlich und verhältnismäßig, so dass sie die allgemeinen Voraussetzungen des Art. 107 Abs. 3 AEUV erfüllen.[830] Das Paket entspricht ferner den Anforderungen der Bankenmitteilung.[831] Die Kommission hält alle im FMStFG vorgesehenen Maßnahmen für adäquat zur Behebung der Krise.[832]

II. Rettungspakete für die Realwirtschaft

Die Bundesregierung ergriff zur Stabilisierung der Realwirtschaft umfangreiche Maßnahmen. Diese fanden sich in den Konjunkturpaketen I und II. Der Wert der Hilfsmaßnahmen entsprach ca. 1,5 % des deutschen BIP. Eine elementare Rolle kam dabei den Hilfen zu, die der sicheren Kreditversorgung der in Deutschland ansässigen Firmen dienen sollte, die teilweise „unverschuldet“ durch die restriktive Kreditvergabe der Banken in wirtschaftliche Schwierigkeiten geraten waren. Es handelte sich vor allem um Kredit-, Bürgschafts- und Förderprogramme. Sie zielten neben der Unterstützung der einzelnen Unternehmen auf den Erhalt der Wettbewerbsfähigkeit der deutschen Wirtschaft und die verstärkte Förderung von neuen Technologien. Nicht mehr wettbewerbsfähige Unternehmen sollten hingegen nicht gefördert werden. Aus diesem Grund konnten Unternehmen, die sich schon vor dem 1. Juli 2008 in „wirtschaftlichen Schwierigkeiten“[833] befanden,

---

828 Entscheidung der Kommission vom 12.12.2008, Fall N 625/2008, Ziff. 46.

829 Entscheidung der Kommission vom 12.12.2008, Fall N 625/2008, Ziff. 46 f.

830 Entscheidung der Kommission vom 12.12.2008, Fall N 625/2008, Ziff. 47.

831 *Haverkamp/Schmidt*, BRZ 2009, 71, 77.

832 Entscheidung der Kommission vom 12.12.2008, Fall N 625/2008, Ziff. 48 lit. a) bis c).

833 Es ist hier die Definition des Begriffes der Europäischen Kommission zugrunde zu legen.

keine Unterstützung aus dem Sonderprogramm beanspruchen.[834] Für beide Sonderprogramme galt eine Laufzeit bis Ende 2010.[835]

1. Konjunkturpaket I

Die Bundesregierung verabschiedete am 5. November 2008 das 32 Mrd. Euro[836] umfangreiche „Maßnahmenpaket zur Beschäftigungssicherung durch Wachstumsstärkung" (Konjunkturpaket I). Eine wesentliche Säule des Pakets ist das „KfW-Sonderprogramm 2009"[837]. Ab Januar 2009 waren 15 Mrd. Euro zur Kreditvergabe an kleine und mittelständische Unternehmen zu vergünstigten Zinsen vorgesehen. Das eingeführte Finanzierungsinstrument sollte einer Kreditklemme vorbeugen.[838] Das Paket sah zudem die Einführung weiterer Förderprogramme vor. Auf der Grundlage des vorübergehenden Gemeinschaftsrahmens wurde die „Bundesregelung Kleinbeihilfen" eingeführt.[839] Darüber hinaus wurden die „Bundesrahmenregelung Risikokapital"[840] und die „Bundesrahmenregelung Niedrigverzinsliche Darlehen"[841] erlassen und genehmigt.

2. Konjunkturpaket II

Das am 14. Januar 2009 verabschiedete Konjunkturpaket II[842] war die flexible Fortführung des Konjunkturpakets I mit einem größeren fiskalischen Umfang. Die stabilisierenden Maßnahmen wurden bis Ende 2010 verlängert.[843] Herzstück

---

834 *Freshfields Bruckhaus Deringer LLP*, Der Weg aus der Finanzkrise, S. 1 f.

835 *BmWi*, Schlaglichter der Wirtschaftspolitik, Februar 2011, S. 10.

836 *Döhrn/Kambeck/Schmidt*, RWI: Positionen 2008, Nr. 28, S. 4; *BmWi*, Schlaglichter der Wirtschaftspolitik, April 2009, S. 11.

837 Vgl. zum KfW-Sonderprogramm: Entscheidung der Kommission vom 30.12.2008, Fall N 661/2008; *BmWi*, Schlaglichter der Wirtschaftspolitik, März 2009, S. 13. Die KfW-Bankengruppe (Kreditanstalt für Wiederaufbau) steht im Eigentum von Bund und Ländern. Als Förderbank hat sie die Aufgabe, durch finanzielle Unterstützung eine Verbesserung in der Wirtschaft herbeizuführen. Daneben fördert sie auch soziale Bereiche und solche der Umwelt.

838 *BmWi*, Schlaglichter der Wirtschaftspolitik, August 2009, S. 16.

839 Entscheidung der Kommission vom 20.12.2008, Fall N 661/2008.

840 Entscheidung der Kommission vom 03.02.2009, Fall N 39/2009.

841 Entscheidung der Kommission vom 19.02.2009, Fall N 38/2009.

842 Vgl. „Gesetz zur Sicherung und Stabilität in Deutschland vom 02.03.2009" (BGBl. I 2009 S. 416 ff.).

843 *BmWi*, Schlaglichter der Wirtschaftspolitik, August 2009, S. 16.

des Pakets war der „Wirtschaftsfonds Deutschland“[844]. Dieser bot Hilfe für Unternehmen, die auf der Grundlage eines tragfähigen Geschäftsmodells mit temporären Finanzierungsschwierigkeiten zu kämpfen hatten.[845] Der Fonds setzte das breit gefächerte Kredit- und Bürgschaftsprogramm[846] um, das Unternehmen aller Größenordnungen unabhängig von der Branche[847] zugutekam. Das bisherige Volumen wurde um weitere 100 Mrd. Euro aufgestockt, so dass der Rettungsschirm insgesamt 115 Mrd. Euro[848] umfasste. Davon waren 25 Mrd. Euro für das KfW-Kreditprogramm und 75 Mrd. Euro für Bürgschaften vorgesehen.[849] Angesichts der zunehmenden Finanzierungsprobleme von mittleren und großen Unternehmen stand nun auch großen Unternehmen das KfW-Sonderkreditprogramm zur Verfügung.[850] Das Entscheidende des Rettungsschirms waren die hohen Haftungsfreistellungen für die Hausbanken und die höheren Bundesanteile bei Bürgschaften.[851]

Der Antrag für einen KfW-Kredit oder eine Bundesbürgschaft konnte bei der Hausbank[852] gestellt werden. Zur Verfahrensbeschleunigung wurden kleinere Fälle nach den bewährten Strukturen für die Vergabe von Krediten und Bürgschaften entschieden. Für Anträge von Krediten bis zu 150 Mio. Euro war die KfW zuständig. Bürgschaftsanträge von bis zu 300 Mio. Euro wurden in den bestehenden Strukturen des dreigliedrigen Bürgschaftssystems (Bürgschaftsbanken, Länder, Bund/Länder) entschieden. Lediglich für größere und Fälle von grundsätzlicher[853] Bedeutung existierten zwei neue Institutionen. Die Entscheidung erfolgte dann durch den „Lenkungsausschuss Unternehmensfinanzierung“. Ihm gehörten auf Staatssekretärsebene Vertreter des Bundeswirtschaftsministeriums (Vorsitz), des

844 Vgl. zu den Einzelheiten des „Wirtschaftsfonds Deutschland“: *BmWi*, Schlaglichter der Wirtschaftspolitik, August 2009, S. 9 und 16 ff.; *BmWi*, Das Kredit- und Bürgschaftsprogramm, S. 2–10.

845 *BmWi*, Schlaglichter der Wirtschaftspolitik, August 2009, S. 16.

846 Vgl. *Bmwi*, Das Kredit- und Bürgschaftsprogramm, S. 2–10; *BmWi*, Schlaglichter der Wirtschaftspolitik, August 2009, S. 16 ff.

847 Banken können auf die umfangreichen Maßnahmen aus dem FMStG zurückgreifen.

848 *BmWi*, Schlaglichter der Wirtschaftspolitik, Februar 2009, S. 14, und August 2009, S. 9.

849 Vgl. *BmWi*, Schlaglichter der Wirtschaftspolitik, August 2009, S. 16.

850 *BmWi*, Schlaglichter der Wirtschaftspolitik, März 2009, S. 13.

851 *BmWi*, Praxisratgeber Konkjunkturpakete, April 2009, S. 5.

852 *BmWi*, Schlaglichter der Wirtschaftspolitik, August 2009, S. 17.

853 Ein Grundsatzfall liegt z. B. bei erhöhten Risiken, ungewöhnlicher Kredit- u. Besicherungsstruktur, strukturpolitischer Bedeutung, hoher sektoraler/regionaler Bedeutung od. bedeutenden Arbeitsmarkteffekten vor.

Bundesfinanzministeriums, des Bundesjustizministeriums, des Bundeskanzleramtes sowie der KfW an. Dem Lenkungsausschuss stand beratend der „Lenkungsrat Unternehmensfinanzierung“ zur Seite. Die darin vertretenen erfahrenen Persönlichkeiten in Wirtschafts- und Finanzfragen begleiteten den „Wirtschaftsfonds Deutschland“ und sprachen unabhängige Empfehlungen aus. Bevor der Lenkungsausschuss abschließend entschied, musste er den Haushaltsausschuss des Deutschen Bundestages konsultieren.[854]

Am 19.02.2009 genehmigte die Kommission das Kredit- und Bürgschaftsprogramm.[855]

3. Die einzelnen Förderprogramme

Im Folgenden werden die wichtigsten Förderprogramme der Konjunkturpakete I und II dargestellt. Da die übrigen Maßnahmen keine beihilferechtliche Relevanz haben,[856] wird auf deren Darstellung verzichtet.

a. Das KfW-Sonderprogramm der Konjunkturpakete I und II[857]

Viele Unternehmen erhielten von ihrer Hausbank infolge der Krise keine Finanzierungshilfe mehr. Den Banken war das Risiko zu hoch, eine Investition zu finanzieren. Dieser Situation sollte ein neues Finanzierungsinstrument[858], das KfW-Sonderprogramm, entgegenwirken. Banken, die im Rahmen dieses Programmes Kredite vergaben, wurden nunmehr von der KfW-Bank durch eine Haftungsfreistellung weitgehend von Risiken entlastet. Das Programm galt nun für mittelständische und größere Unternehmen. Unter enger Absprache mit der Kommission konnten günstigere Konditionen[859] für beide Unternehmenstypen eingeräumt werden. Entsprechend wurde das Kreditmittelvolumen um 25 Mrd. Euro ausgedehnt. Gegenstand des Sonderprogrammes sind Betriebsmittel- und Investitionskredite. Für Großunternehmen war darüber hinaus eine allgemeine Finanzierung ohne konkreten Verwendungszweck möglich. Mittelständische

---

854 *BmWi*, Allgemeine Wirtschaftspolitik, Schlaglichter der Wirtschaftspolitik, August 2009, S. 17 f.

855 Entscheidung der Kommission vom 30.12.2008, Fall N 661/2008 (KfW-Sonderprogramm 2009).

856 *BmWi*, Schlaglichter der Wirtschaftspolitik, April 2009, S. 12.

857 Vgl. *BmWi*, Schlaglichter der Wirtschaftspolitik, März 2009, S.14 f., und August 2009, S. 16 ff.

858 *BmWi*, Schlaglichter der Wirtschaftspolitik, August 2009, S. 16.

859 *BmWi*, Schlaglichter der Wirtschaftspolitik, April 2009, S. 15.

Unternehmen[860] konnten Kredite von bis zu 50 Mio. Euro je Vorhaben zu dem genannten Zweck beantragen. Dabei waren bis zu drei Investitionsvorhaben gleichzeitig möglich. Der maximale Kreditbetrag für größere Unternehmen[861] lag bei 300 Mio. Euro. Sie mussten nachweisen, dass sie keinen Zugang zum Kapitalmarkt hatten. Die bisherigen bereitgestellten Darlehenssummen wurden von 50 Mio. Euro auf einen neuen Höchstbetrag von 200 Mio. Euro pro Projekt und max. 300 Mio. Euro pro Antragsteller aufgestockt. Die KfW beteiligte sich auch mit bis zu 200 Mio. Euro an Konsortialfinanzierungen. Dabei handelt es sich um Finanzierungen, die von mehreren Banken gemeinsam getätigt werden.[862]

Zur Finanzierung war ein formgebundener[863] Antrag bei der „Hausbank"[864] zu stellen. Die finanzierende Bank nahm die Prüfung des Kreditnehmers vor. Nach Beurteilung der Pläne entschied sie, ob sie das Vorhaben begleitet und versah den Antrag mit einem Votum[865]. Bei positiver Entscheidung leitete sie die erforderlichen Unterlagen der KfW-Bank weiter. Im Falle der Bewilligung reichte die Hausbank die KfW-Mittel an den Kreditnehmer durch.[866] Das „Hausbankprinzip" hat den Vorteil, dass die Bank und der Kreditnehmer meist auf lange Zusammenarbeit zurückblicken können. Damit ist es für die Bank leichter, die Unterlagen zu bewerten.[867] Die Dokumente enthielten u. a. Informationen zu den Besitz- und Beteiligungsverhältnissen, zum Unternehmenskonzept sowie die Vorlage von Jahresabschlüssen und aktuellen betriebswirtschaftlichen Auswertungen. Überstieg die Kreditsumme einen Betrag von 10 Mio. Euro, so behielt sich die KfW vor, weitere Unterlagen zur Risikoprüfung abzufragen.[868] Je nach Kreditart und Größe des Unternehmens konnte die KfW die Hausbank bei der Betriebsmittelfinanzierung von der Haftung von 50 % um bis zu 90 % Prozent

---

860 Bei mittelständischen Unternehmen liegt der Umsatz unter 500 Mio. Euro.

861 Bei größeren Unternehmen liegt der Umsatz über 500 Mio. Euro.

862 *BmWi*, Wirtschaftsfonds Deutschland, Das Kredit- und Bürgschaftsprogramm der Bundesregierung, Mai 2009, S. 2.

863 *Ernst&Young*, Tax Magazine 4/2009, S. 9.

864 *BmWi*, Praxisratgeber Konjunkturpakete, S. 8; *BmWi*, Schlaglichter der Wirtschaftspolitik, August 2009, S. 17; *Jansen*, Kreditwesen, 2010, 902/ S. 12, 903/ S. 13; *Elsas/ Mielert*, zfbf Sonderheft 61/2010, 18, 20.

865 *Ernst&Young*, Tax Magazine 4/2009, S. 9.

866 *BmWi*, Wirtschaftsfonds Deutschland, Das Kredit- u. Bürgschaftsprogramm der Bundesregierung, Mai 2009.

867 *KfW*, Kreditvergabe über Hausbanken, abgerufen am 29.10.2012 unter: http://kfw.de/kfw/de/KfWKonzern/Unternehmen/Arbeitsweise/Kreditvergabe_ueber_Hausbanken/index.jsp.

868 *Ernst&Young*, Tax Magazine 4/2009, S. 9.

freistellen.[869] Über die Haftungsfreistellung nahm die KfW den Banken einen Teil des Ausfallrisikos ab und beteiligte sich am Insolvenzrisiko des Kreditnehmers. Die Kreditbedingungen orientierten sich an der Bonität des Unternehmens.[870] Im Übrigen mussten Besicherung, Zins- und Tilgungsregelung marktüblich sein.[871] Während die Besicherung im Rahmen des Banküblichen erfolgte, lagen die Zinsen unter dem Marktniveau.[872] Das zunächst nur für das Jahr 2009 aufgelegte Programm wurde bis zum 31. Dezember 2010 verlängert.[873]

b. Das Bürgschaftsprogramm[874]

Nach Verabschiedung des Kredit- und Bürgschaftsprogrammes am 13.02.2009 wurde die „befristete Regelung Bürgschaften" bei der Kommission als Beihilfe beantragt. Die Regelung übernahm sämtliche für Bürgschaften vorgegebene Maßgaben aus dem vorübergehenden Gemeinschaftsrahmen.[875] Die Genehmigung erging am 27. Februar 2009[876,877] Das im „Wirtschaftsfonds Deutschland" enthaltene Programm sah durch die Bereitstellung von 75 Mrd. Euro eine bessere Nutzung und Ausweitung des bereits bestehenden[878] Bürgschaftsinstrumentariums vor.[879] Die Bürgschaftsvergabe erfolgte nun jedoch unter Berücksichtigung krisenspezifischer Entscheidungskriterien sowie in Anwendung eines besonderen Entscheidungsprozederes für Großbürgschaften.[880] Eine weitere wesentliche Neuerung waren die höheren Bundesanteile bei Bürgschaften, d.h. der Bund entlastete die Haus- und Bürgschaftsbanken sowie die Länder stärker als bisher. Das

---

869 Vgl. *BmWi*, Praxisratgeber Konjunkturpakete, S. 5; *BmWi*, Wirtschaftsfonds Deutschland, Das Kredit- und Bürgschaftsprogramm der Bundesregierung, Mai 2009, S. 2.

870 *Elsas/Mielert*, zfbf Sonderheft 61/2010, 18, 20.

871 *BmWi*, Schlaglichter der Wirtschaftspolitik, August 2009, S. 18.

872 *Freshfields Bruckhaus Deringer LLP*, Der Weg aus der Finanzkrise, S. 1 f.

873 *BmWi*, Schlaglichter der Wirtschaftspolitik, März 2009, S. 17.

874 Vgl. *BmWi*, Praxisratgeber Konjunkturpakete, S. 8 ff.; *BmWi*, Schlaglichter der Wirtschaftspolitik, August 2009, S. 19 ff.

875 *Haverkamp/Schmidt*, BRZ 2009, 71, 80.

876 Entscheidung der Kommission vom 27.02.2009, Fall N 27/2009; Pressemitteilung der Kommission vom 27.02.2009 (IP/09/331).

877 BT-Drucksache 16/12580 vom 08.04.2009, S. 1.

878 *BmWi*, Schlaglichter der Wirtschaftspolitik, August 2009, S. 15.

879 Vgl. *BmWi*, Das Kredit- und Wirtschaftsprogramm, S. 8 f.; *BmWi*, Praxisratgeber Konjunkturpakete, S. 5; *BmWi*, Schlaglichter der Wirtschaftspolitik, August 2009, S. 19.

880 *BmWi*, Schlaglichter der Wirtschaftspolitik, August 2009, S. 15.

Eigenobligo wurde durch Erhöhung der Rückbürgschaftsanteile des Bundes reduziert.[881] Das Programm war bis zum 31.12.2010[882] angelegt.

Grundsätzlich kann der Staat auf Landes- oder Bundesebene für Unternehmenskredite bürgen. Bürgschaften sind insofern von Vorteil, als dass ihre Übernahme nicht unbedingt zu finanziellen Einbußen führen muss. Der Bundeshaushalt wird durch die Bürgschaft nicht zusätzlich belastet. Lediglich für den Fall, dass die Bürgschaft tatsächlich in Anspruch genommen wird, hat der Staat Verluste zu tragen. Da die Ausfallquoten meist gering und die Risiken für den Staat überschaubar sind und zusätzlich gut gesteuert werden können, stellt die Bürgschaft ein geeignetes Fördermittel dar.[883] Bürgschaftsgegenstand des Programmes waren Investitions- und Betriebsmittelkredite.[884] Die Bürgschaftsvergabe für Kredite erfolgt nach dem dreigliedrigen Bürgschaftssystem, welches durch den „Wirtschaftsfonds Deutschland" erweitert wurde. Bis Ende 2010 ergaben sich folgende Zuständigkeiten: Kleinere Kredite (Investitions- und Betriebsmittelkredite für Existenzgründer und mittelständische Unternehmen), grundsätzlich bis zu 2 Mio. Euro, verbürgten die Bürgschaftsbanken der Bundesländer. Bürgschaftsbeträge bis 50 Mio. Euro (in den neuen Bundesländern bis zu 10 Mio. Euro) konnten von den Ländern übernommen werden. Lagen die Beträge darüber, so galten sie als Großbürgschaften (sog. „Parallele Bund-Land-Bürgschaften"), die von Bund und Land gewährt wurden.[885]

Die Entscheidungen über Großbürgschaften wurden weiterhin in einem Bürgschaftsausschuss getroffen. Ihm gehören das Bundeswirtschaftsministerium, das Bundesfinanzministerium und die betroffenen Länder an. Lediglich bei Fällen von Bürgschaften, die Bürgschaftsvolumen von 300 Mio. Euro überschritten oder von besonderer Bedeutung waren, entschied der Lenkungsausschuss.[886]

Die Bürgschaften deckten höchstens 80 % des Ausfallrisikos ab. Unter besonderen Umständen konnten auch 90 %[887] abgedeckt werden. Die Übernahme des Eigenrisikos der Bank wurde im Rahmen des Programmes auf bis zu 10 %

---

881 Vgl. *BmWi*, Das Kredit- und Wirtschaftsprogramm, S. 8 f.; *BmWi*, Praxisratgeber Konjunkturpakete, S. 5; *BmWi*, Schlaglichter der Wirtschaftspolitik, August 2009, S. 19.

882 § 6 Abs. 2 „Befristete Regelung Bürgschaften".

883 *BmWi*, Schlaglichter der Wirtschaftspolitik, August 2009, S. 19.

884 § 2 Abs. 1 Befristete Regelung Bürgschaften.

885 *BmWi*, Schlaglichter der Wirtschaftspolitik, August 2009, S. 19 f.; *Bmwi*, Das Kredit- und Bürgschaftsprogramm, S. 8 f.

886 *BmWi*, Schlaglichter der Wirtschaftspolitik, August 2009, S. 20.

887 Befristete Regelung Bürschaften, § 3 Abs. 3.

reduziert.[888] Damit der Bürgschaftsgeber das Ausfallrisiko nicht alleine zu tragen hatte, mussten sich die Investoren bzw. Anteilseigner angemessen mit Eigen- bzw. Haftkapital an der Finanzierung beteiligen und ein Bürgschaftsentgelt für die Bürgschaftsübernahme zahlen.[889] Dieses war nach dem Bonitäts-Rating des Unternehmens sowie den verfügbaren Sicherheiten zu ermitteln. Sofern sich die Prämien an die Safe-Harbour-Bestimmungen hielten, entsprachen sie den Beihilfebestimmungen. Die EU räumte jedoch die Möglichkeit ein, im Rahmen des Bürgschaftsprogrammes reduzierte Bürgschaftsprämien zu gewähren, die für KMU bis zu 25% und für Großunternehmen bis zu 15 % unterhalb des Marktpreises liegen konnten.[890] Die Berechnung des Mindestbürgschaftsentgeltes erfolgte auf der Grundlage des Ratings zum Zeitpunkt der Bürgschaftsbewilligung.[891]

aa. Antragsprocedere für Bürgschaften

Vor der Entscheidung über den Bürgschaftsantrag eines Unternehmens muss ein umfangreicher und aufwendiger Antragsprozess durchlaufen werden. Eine umfassende Vorbereitung durch den Antragsteller gewährleistet eine schnelle Einleitung des Antragsverfahrens. Die Adressierung des Antrages ist vom jeweiligen Bürgschaftsvolumen abhängig. D. h. Anträge auf Bürgschaften der Bürgschaftsbanken sind grundsätzlich über die Hausbank zu stellen. Zum Teil können sie auch direkt bei der Bürgschaftsbank gestellt werden. Bürgschaften für Beträge, die zwischen 2 und 50 Mio. Euro liegen, nehmen die Bürgschaftsmandatare der Länder entgegen. Bei einem darüber liegenden Bürgschaftsbedarf können Anfragen und Anträge an den Mandatar des Bundes, die PricewaterhouseCoopers AG, gerichtet werden.[892] Das Verfahren läuft grundsätzlich formlos[893] ab. In der Regel wird im Vergabeprozess ein Mandatar oder eine am Risiko beteiligte Bank eingeschaltet. Bei den Mandataren handelt es sich überwiegend um Wirtschaftsprüfungsgesellschaften,[894] die dann ein Gutachten über das Unternehmen erstellen. Im Unterschied zu den Bürgschaftsbanken sind sie nicht am Risiko der Bürgschaft beteiligt. Für

888 Bei Landes- und Bundesbürgschaften ab 2 Mio. Euro teilen sich Bund und Länder das Risiko im Verhältnis 50:50. Vgl. *Bmwi*, Praxisratgeber Konjunkturpakete, S. 5; *BmWi*, Das Kredit- u. Bürgschaftsprogramm, S. 9.

889 *Bmwi*, Das Kredit- und Wirtschaftsprogramm, S. 9.

890 Vgl. Befristete Regelung Bürgschaften, § 1 Abs. 2.

891 Befristete Regelung Bürgschaften, § 1 Abs. 2.

892 *Bmwi*, Das Kredit- und Bürgschaftsprogramm, S. 9 f.

893 *Ernst&Young*, Tax Magazin 4/2009, S. 7.

894 *Ernst&Young*, Tax Magazin 4/2009, S. 7.

eine positive Entscheidung müssen insbesondere die folgenden Antragskriterien erfüllt sein.

bb. Kriterien für die Vergabe von Krediten und Bürgschaften[895]

Für einen Bürgschafts- oder Kreditantrag müssen die Unterlagen eindeutig den finanziellen Bedarf des Unternehmens aufzeigen. Dieser darf nicht anderweitig finanzierbar sein (Subsidiarität). Das Unternehmen muss seine Möglichkeiten (Sicherheiten, Eigenbeiträge der Eigentümer etc.) voll ausgeschöpft haben, bevor es auf die Bürgschaft zurückgreift. Ferner muss die Unternehmensleitung langfristige Perspektiven aufzeigen können und mit einem tragfähigen Unternehmenskonzept überzeugen. Es bedarf also eines diesbezüglichen Gutachtens des Mandatars[896]. Mittels Darstellung von Geschäftsplanung und -modell ist die wirtschaftliche Überlebensfähigkeit des Unternehmens einschätz- und prognostizierbar. Ein Geschäftsmodell ist tragfähig, „wenn Dritten auf effiziente Weise Nutzen gestiftet und daraus Einnahmen generiert werden, welche die anfallenden Kosten übersteigen und den notwendigen Kapitaldienst strecken".[897] Die Zukunftsfähigkeit eines Unternehmens lässt sich anhand eines unabhängigen (Sanierungs)konzeptes, das nach anerkannten Methoden in einer objektivierbaren Form erfolgt, beurteilen.[898] Dieses richtet sich nach den Vorgaben für Wirtschaftsprüfer. Eine geeignete[899] Beurteilungsgrundlage bietet dabei der „IDW S 6", der die Mindestanforderungen an ein Sanierungskonzept festlegt. Die Anforderungen werden gleichermaßen von Wirtschaftsprüfern als auch von Finanzierern als Grundlage herangezogen.[900] Das Gutachten muss zeigen, dass das Unternehmen mit Abklingen der Krise ohne staatliche Förderung auskommen kann, so dass die beantragte Finanzierung nicht dauerhafter Natur ist.[901] Darüber hinaus muss die volkswirtschaftliche Förderungswürdigkeit des Unternehmens gegeben sein, die sich aus der Bedeutung

895 *BmWi*, Schlaglichter der Wirtschaftspolitik, August 2009, S. 20.

896 Das Ministerium der Finanzen hat die PwC Deutsche Revision AG als Mandatar beauftragt, bei den Bürgschaftsverfahren mitzuwirken. Zu den Aufgaben zählen insbesondere die Entgegennahme der Anträge, deren Bearbeitung, Begutachtung und Vorbereitung der Bürgschaftsübernahmen. Ferner hat sie die Landesbürgschaften zu verwalten und abzuwickeln.

897 *von Usslar*, Wirtschaftsdienst 2010, 385, 387 f.

898 *Ernst&Young*, Tax Magazine 4/2009, S. 7.

899 Kritisch dazu: *Körnert/Wagner*, ZBB-Report 2009, 320–325.

900 Der neue IDW-Standard S 6. Inhalte und Kriterien für Sanierungskonzepte, Ausgabe 2010/3, S. 2.

901 *BmWi*, Schlaglichter der Wirtschaftspolitik, August 2009, S. 20.

des Antragstellers für andere Wirtschaftssubjekte ergibt. Durch die Abschätzung volkswirtschaftlicher Folgen lässt sich eine etwaige Insolvenz bestimmen. Neben den Kosten sind beschäftigungs-, innovations- und regionalpolitische Auswirkungen zu beachten.[902] Die Förderungswürdigkeit kann bei Unternehmen im Produktionsprozess, denen eine systemische Bedeutung zukommt, angenommen werden. Dies ist aber selbst bei Unternehmen von Schlüsselbranchen[903] nicht immer der Fall, so dass der Bewertung der politischen Bedeutung ein hoher Stellenwert zukommt. Ferner müssen die beihilferechtlichen Vorgaben eingehalten werden. Es darf sich insbesondere nicht um ein Unternehmen handeln, das bereits am 01. Juli 2008 in Schwierigkeiten war.[904] Alle genannten Informationen muss das Unternehmen für den Mandatar oder die Bank bereithalten. Handelte es sich um ein gesundes, zukunftsfähiges Unternehmen, das sich infolge der Krise nicht finanzieren konnte, stand der Gewährung der Bürgschaft nichts im Wege.[905]

c. Bundesregelung Kleinbeihilfen

Auf der Grundlage der in den Kleinstbeihilfen[906] festgelegten Anforderungen notifizierte die Bundesregierung die „Bundesregelung Kleinbeihilfen“[907], die am 30. Dezember 2008 von der Kommission genehmigt wurde.[908] Die Vergabe von Kleinbeihilfen konnte von allen in Betracht kommenden deutschen öffentlichen Stellen (Bundes-, Landes- oder Kommunalebene) erfolgen.[909]

d. Sonstige Förderprogramme

Neben dem „Wirtschaftsfonds Deutschland“ mit seinem Kredit- und Wirtschaftsprogramm nebst weiteren Regelungen beinhalten die Konjunkturpakete weitere

902 *von Usslar*, Wirtschaftsdienst 2010, 385, 388.

903 Nach *von Usslar* ist dies bei der Automobilindustrie eher selten der Fall, da diese oft schon vor der Krise erhebliche Überkapazitäten produziert und somit strukturelle Schwierigkeiten hatten.

904 *BmWi*, Schlaglichter der Wirtschaftspolitik, August 2009, S. 20.

905 Vgl. *Ernst & Young*, Tax Magazine 4/2009, S. 7.

906 Vgl. VGR, Ziff. 4.2.2.

907 Regelung zur vorübergehenden Gewährung geringfügiger Beihilfen im Geltungsbereich der Bundesrepublik Deutschland während der Finanz- und Wirtschaftskrise („Bundesregelung Kleinbeihilfen“) vom 29.12.2008, abgerufen am 25.10.2012 unter: http://www.bmwi.de/BMWi/Redaktion/PDF/P-R/regelung-gringfuegiger-beihilfen,property=pdf,bereich=bmwi,sprache=de,rwb=true.pdf.

908 Entscheidung der Kommission vom 30.12.2008, Fall N 668/2008.

909 *Haverkamp/Schmidt*, BRZ 2009, 71, 79.

Förderprogramme und sehen die Aufstockung verschiedener bestehender Programme vor.

e. Kein Unternehmen in Schwierigkeiten

Entsprechend den beihilferechtlichen Vorgaben setzte eine Inanspruchnahme des „Wirtschaftsfonds Deutschlands“ voraus, dass der Beihilfeempfänger erst nach dem 1.7.2008 aufgrund der Finanz- und Wirtschaftskrise in Schwierigkeiten geraten war.[910] Die Voraussetzung war erfüllt, wenn das Unternehmen von branchenbedingten, unvorhersehbar massiven Umsatz- oder Preisrückgängen betroffen war und sich dies als Folge der Krise und nicht eines Strukturwandels darstellte. Überdies mussten alle anderen Möglichkeiten der Finanzierung, insbesondere über Banken und Eigenkapitalaufstockung, ausgeschöpft sein.[911] Der Antragsteller musste nachweisen, dass er bis zum genannten Zeitpunkt noch keine wirtschaftlichen Probleme hatte. Unternehmen, die sich bereits vor der Finanz- und Wirtschaftskrise in Schwierigkeiten befanden, waren von dem Programm ausgeschlossen.[912]

910 *BmWi*, Schlaglichter der Wirtschaftspolitik, August 2009, S. 16.

911 Vgl. *BmWi*, Schlaglichter der Wirtschaftspolitik, August 2009, S. 20; Senatsverwaltung für Finanzen: Hinweise für die Beantragung von Bundesbürgschaften unter Einbindung paralleler Landesbürgschaften, Berlin, 30.7.2009, Anlage V.

912 *BmWi*, Schlaglichter der Wirtschaftspolitik, August 2009, S. 16.

4. Kapitel: Kritische Würdigung

Die Reaktion der EU auf die globale Finanz- und Wirtschaftskrise seit 2008 bestand in der Lockerung der bestehenden beihilferechtlichen Bestimmungen, um Banken und Unternehmen den Zugang zu Finanzierungsmitteln zu erleichtern. Dazu erließ die Kommission Sonderregelungen für staatliche Hilfen zur Rettung und Umstrukturierung von Banken und für die Realwirtschaft, die im Folgenden chronologisch zusammengefasst und dann kritisch hinterfragt werden.

A. Chronologie des beihilferechtlichen Krisenmanagements

Der Fokus der krisenspezifischen Rechtsakte richtete sich zunächst auf den Bankensektor, denn dort hatte die Krise nicht nur ihren Ursprung, sondern dort bestand auch der größte Finanzierungsbedarf.[913] Die für die Finanzbranche ergangenen Vorschriften sehen im Wesentlichen eine Lockerung der sonst für Rettungs- und Umstrukturierungsbeihilfen geltenden Anforderungen vor. Insbesondere kann von dem ansonsten geltenden „Grundsatz der einmaligen Beihilfe" abgewichen werden, so dass die Wiederholung von Rettungsmaßnahmen möglich ist. Zudem wurden Rekapitalisierungsmaßnahmen zugelassen und die Anforderungen an Umstrukturierungen angepasst. Trotz der sich grundsätzlich verbessernden wirtschaftlichen Lage verlängerte die Kommission angesichts der unverändert gegebenen Risiken für Banken ihre Sondervorschriften. Vor dem Hintergrund eines auf EU-Ebene beschlossenen graduellen Ausstieges aus den krisenspezifischen Sonderregeln verschärfte die Kommission gleichzeitig deren Konditionen.[914] Beispielhaft zu nennen sind die Anhebung der Garantieprämien und die verschärft anzulegende Messlatte für die Restrukturierungskonzepte der Banken. Langfristig beabsichtigt die Kommission, ein neues, dauerhaftes Regelwerk für R&U-Beihilfen für den Bankensektor, basierend auf Art. 107 Abs. 3 lit. c) AEUV, zu schaffen.[915]

---

913 *Haverkamp/Schmidt*, BRZ 2009, 71, 73.

914 Verlängerungsmitteilung, ABl. 2010 Nr. C 329/07, Ziff. 10.

915 Verlängerungsmitteilung ab dem 1. Januar 2012, ABl. 2011 Nr. C 356/07, Ziff. 4.

Der zunächst bis Ende 2010 terminierte vorübergehende Gemeinschaftsrahmen schaffte die Voraussetzungen für die Staaten, einer potentiell zurückhaltenden Kreditvergabe an die Unternehmen gegenzusteuern. Hintergrund war die Befürchtung, dass sich der auf den Finanzmärkten einstellende Vertrauensverlust auf die Darlehensvergabe an die Unternehmen auswirken würde. Der Gemeinschaftsrahmen beinhaltete deutliche Erleichterungen für die Gewährung staatlicher Beihilfen an Unternehmen. Im Wesentlichen sah er die Möglichkeit der Darlehensvergabe, der Bürgschaftsübernahme sowie Kleinbeihilfen in Höhe von bis zu 500.000 Euro vor. Gleichzeitig wurde das grundsätzliche Verbot der Gewährung von Beihilfen an „Unternehmen in Schwierigkeiten" insofern gelockert, als dass Unternehmen, die aufgrund der Finanz- und Wirtschaftskrise in Schwierigkeiten geraten waren, nunmehr gefördert werden konnten.[916] Die ansonsten bestehenden R&U-Leitlinien sehen im Falle eines „Unternehmens in Schwierigkeiten" keine Unterstützung ohne tiefgreifende Umstrukturierungen vor. Hintergrund dieses strengen Regelwerkes ist die Gewährleistung eines fairen Wettbewerbes zwischen den Teilnehmern im Binnenmarkt. Angesichts der Tatsache, dass viele Unternehmen trotz einer eigentlichen unternehmerischen Perspektive durch die Krise in Schwierigkeiten gerieten, führte die Kommission eine Stichtagsregelung ein. Die Möglichkeit der Unterstützung nach dem vorübergehenden Gemeinschaftsrahmen war damit gegeben.

Angesichts einer sich zwar erholenden, aber immer noch geschwächten Wirtschaftslage hielt es die Kommission für verfrüht, den vorübergehenden Gemeinschaftsrahmen Ende 2010 auslaufen zu lassen.[917] Vielmehr befürwortete sie vor dem Hintergrund der unveränderten Absicht der Rückkehr zur Normalität „eine begrenzte Verlängerung einiger Maßnahmen des vorübergehenden Rahmens bei gleichzeitiger Einführung strengerer Voraussetzungen für die verlängerten Maßnahmen".[918] Demzufolge wurden Kleinbeihilferegelungen nicht mehr fortgeführt. Mit deutlicher Priorisierung der KMU gegenüber den großen Unternehmen wurden insbesondere Regelungen und Anwendbarkeit für die bisherigen Instrumente wie Garantien – Garantiehöhe und Ermäßigung der Garantieprämie – sowie zinsverbilligte Darlehen modifiziert. Da der Fokus der Kommission nunmehr wieder auf die Unterstützung „gesunder Unternehmen" gerichtet war, wurden „Unternehmen

---

916 *BmWi*, Schlaglichter der Wirtschaftspolitik, März 2011, S. 8.

917 Bericht der Kommission v. 10.6.2011, Bericht über die Wettbewebspolitik 2010, KOM (2011), S. 15, Ziff. 41.

918 Verlängerter Gemeinschaftsrahmen, Ziff. 1.2.

in Schwierigkeiten“[919] von den verlängerten Maßnahmen ausgeschlossen.[920] Auch die Stichtagsregelung wurde entsprechend abgeschafft. Damit erfolgte eine graduelle Reaktivierung des ursprünglichen beihilferechtlichen Regelwerkes.

Die Kommission hat die primärrechtlichen Beihilfevorschriften auch in der Finanz- und Wirtschaftskrise konsequent angewendet. Insbesondere hat sie den zuvor äußerst restriktiv gehandhabten Art. 107 Abs. 3 lit. b) AEUV als Rechtsgrundlage für krisenspezifische Maßnahmen für den Bankensektor[921] und die Realwirtschaft[922] fruchtbar gemacht, dabei aber stets dessen Ausnahmecharakter und eine angestrebte Rückkehr zum ursprünglichen Beihilferegime betont. Dies wird deutlich durch die Befristung des Gemeinschaftsrahmens für die Realwirtschaft und die sogenannte „phasing-out-Strategie“ im Finanzsektor. Die Umstrukturierungsmitteilung ist ein eindeutiges Indiz für die Absicht der Kommission, langfristig Beihilfen wieder nach den auf Art. 107 Abs. 3 lit. c) AEUV basierenden Grundsätzen zu entscheiden.[923] Auch in den Verlängerungsmitteilungen für den Bankensektor und die Realwirtschaft wird diese Intention deutlich; sehen diese doch den allmählichen Ausstieg aus den krisenspezifischen Maßnahmen vor. Korrespondierend zu den Anpassungen und Änderungen der Krisenvorschriften führte die Kommission Konsultationsrunden durch, mittels derer sie ein „Update“ der Veränderungen und der Entwicklungen des Wirtschaftsprozesses erfährt, so dass sich entsprechende Erkenntnisse für die Notwendigkeit oder Abänderung von Krisenmaßnahmen gewinnen lassen. An den Konsultationsgesprächen nahmen die Behörden der Staaten und sonstige interessierte Stellen teil.[924]

Die vorübergehende Lockerung des Beihilferechts hat nicht nur bei den staatlichen Beihilfegebern, sondern auch bei den Unternehmen ein grundsätzlich positives Feedback erfahren.[925] Für ihre Verfahrens- und Vorgehensweise wurde die Kommission vielfach[926] gelobt. Dies bestätigte auch die damalige

---

919 Im Sinne von Abschnitt 2.1 der R&U-LL, S. 2.

920 Verlängerter Gemeinschaftsrahmen, Ziff. 1.2.

921 Bankenmitteilung, ABl. 2008 Nr. C 270/08, Ziff. 9.

922 VGR, ABl. 2009 Nr. C 16/01, Ziff. 4.1.

923 Vgl. Umstrukturierungsmitteilung, ABl. 2009 Nr. C 195/04, Ziff. 49; Verlängerungsmitteilung, ABl. 2010 Nr. C 329/07, Ziff. 17.

924 Vgl. *Klafki*, EWS 2011, 497, 501; Verlängerter Gemeinschaftsrahmen, ABl. C 6/05, Ziff. 1.2.

925 Vgl. *Klafki*, EWS 2011, 497.

926 Vgl. *Drijber/Burmester*, Competition law, S. 582; *Jaeger*, EStAL 1/2009, S. 4; *Werner/Maier*, S. 182; *Luja*, EStAL 2/2009, S. 159; *Chérot/Derenne/Giolito*, Crise financière globale, S. 104.

Wettbewerbskommissarin Neelie Kroes im Frühjahr 2009 als sie die Schlüsselrolle der Beihilfenkontrolle bei der Bewältigung der Krise betonte. Ihr positives Fazit lautete: „Die staatlichen Beihilfevorschriften der EU haben sich bewährt und waren eindeutig Teil der Lösung.“[927] Diese insgesamt positive Einschätzung wird im Folgenden kritisch hinterfragt.

B. Aspekte und Perspektiven

Angesichts des am 31. Dezember 2011 ausgelaufenen vorübergehenden Gemeinschaftsrahmens und der unter strengeren Auflagen verlängerten Sondervorschriften für Banken stellt sich die Frage, wie die zukünftige Ausgestaltung des Beihilferechts insgesamt aussehen soll und inwieweit Erfahrungswerte aus der Anwendung der krisenbedingt gelockerten Regelungen übernommen werden oder mit einfließen sollen. Die Frage nach einer möglichen Adaption stellt sich insbesondere vor dem Hintergrund der Tatsache, dass im Dezember 2013 die Geltungsdauer einer Reihe zentraler Regelungen des Beihilferechtes, wie beispielsweise De-minimis-Verordnung oder Allgemeine Gruppenfreistellungsverordnung (AGFVO), auslaufen werden. Zudem sind die zunächst bis zum 09.10.2012 befristeten R&U-Leitlinien verlängert worden und gelten nun so lange bis die Kommission neue Regelungen verabschiedet hat.[928] Ihre Prinzipien wurden für die krisenspezifischen Regelungen im Bankensektor herangezogen und waren häufiger Bezugspunkt für den vorübergehenden Gemeinschaftsrahmen. Die Frage ist insbesondere wichtig, um im Hinblick auf eine mögliche Wiederholung der Finanz- und Wirtschaftskrise, die wirtschaftspolitisch noch wesentlich existentieller ausfallen könnte, oder auf eine bisher sich so noch nicht abzeichnende erneute Zuspitzung der aktuellen Krise adäquat präventiv reagieren zu können. Ob oder in welchem Umfange das bisherige Beihilfekonstrukt mit seinen auch krisenspezifischen Sonderregelungen sowie den bei allen Beteiligten gemachten Erfahrungen in zukünftige Regelungen mit einfließt oder ob nicht gar das gesamte Beihilferecht auf neue Antworten hinausläuft, ist eine nur auf europäischer Ebene zu lösende Fragestellung.

Eine fundierte Antwort erfordert eine kritische Auseinandersetzung mit dem Beihilferecht, wie es sich in der Krise herausgebildet hat, und dessen komplexer wie auch differenzierter Anwendung in den unterschiedlichen Bereichen der

927 Pressemitteilung der Kommission vom 08.04.2009 (IP/09/554).

928 Pressemitteilung der Kommission vom 28.09.2012 (IP/12/1042).

Finanz- und Realwirtschaft. Im Folgenden wird daher erörtert, ob die getroffenen krisenspezifischen Maßnahmen de lege lata materiell- und verfahrensrechtlich überhaupt zulässig waren und ob sie sich bewährt haben. Rechtspolitisch wird dann analysiert, ob bzw. inwieweit eine grundsätzliche Neuorientierung des Beihilferechts de lege ferenda angezeigt sein könnte.

C. Analyse de lege lata

I. Rechtliche Möglichkeiten

Die Kommission hat während der Finanz- und Wirtschaftskrise von der Ausnahmevorschrift des Art. 107 Abs. 3 lit. b) 2. Alt. AEUV erstmals in massiver Form Gebrauch gemacht. Damit stellt sich die Frage, ob eine solche Vorgehensweise rechtlich zulässig ist und ob das Beihilferecht überhaupt als rechtliche Grundlage für entsprechende krisenspezifische Stützungsmaßnahmen materiell- und verfahrensrechtlich herangezogen werden kann.

1. Mögliche materiell-rechtliche Grundlagen für krisenspezifische Maßnahmen

Die Erörterung der möglichen rechtlichen Grundlagen für die getroffenen Krisenmaßnahmen soll Aufschluss darüber geben, ob oder inwieweit der Vertrag bzw. Art. 107 AEUV spezielle materiell-rechtliche Bestimmungen für entsprechende Maßnahmen vorsieht. Dabei ist anzumerken, dass es sich bei dem Großteil der in der Finanz- und Wirtschaftskrise getroffenen Maßnahmen um Beihilfen handelt. Die staatlichen Hilfsprogramme wie beispielsweise in Deutschland der Bankenrettungsschirm, der Wirtschaftsfonds wie auch das Kredit- und Bürgschaftsprogramm der Bundesregierung für Unternehmen erfüllen alle Kriterien des bereits am Anfang dieser Arbeit genau definierten Beihilfebegriffs. Mithin gilt für sie grundsätzlich das Beihilferegime.[929]

Dem in Art. 107 Abs. 1 AEUV enthaltenen Beihilfeverbot zur Vermeidung von Wettbewerbsverzerrungen stehen die Ausnahmetatbestände des Art. 107 Abs. 2 und 3 AEUV gegenüber. Allein sie kommen als materiell-rechtliche Grundlage für die Gewährung von krisenspezifischen Regelungen in Betracht. Daraus folgt, dass

929 *Schwarze*, in: Schwarze, Rechtsschutz und Wettbewerb, S. 43, 49; *Zimmer/Blaschczok*, WuW 2010, 142; *Soltész*, in: Schwarze, Rechtsschutz und Wettbewerb, S. 61 ff.

die nachfolgende Bewertung auf die dafür relevanten, für die Krisenbewältigung naheliegenden und möglicherweise bedeutsamen Ausnahmevorschriften, d. h. Art. 107 Abs. 2 lit. b), Art. 107 Abs. 3 lit. c) sowie Art. 107 Abs. 3 lit. b) AEUV, zu konzentrieren sind.

a. Art. 107 Abs. 2 lit. b) AEUV

Grundsätzlich sieht Art. 107 Abs. 2 lit. b) AEUV Beihilfen zur Beseitigung von Schäden, die durch Naturkatastrophen oder sonstige außergewöhnliche Ereignisse entstanden sind, vor. Bei der Vorschrift handelt es sich um eine Ausnahme von dem in Art. 107 Abs. 1 AEUV niedergelegten Beihilfeverbot, so dass diese nach Ansicht der Rechtsprechung eng auszulegen ist.[930] Das Beihilferegime betrachtet nach dieser Vorschrift ergangene Maßnahmen stets als erlaubte Beihilfen, so dass der Prüfungsauftrag der Kommission lediglich darauf beschränkt ist, festzustellen, ob der in der Norm bezeichnete Tatbestand vorliegt. Eine über die Tatbestandsebene hinausgehende Prüfung bzw. eine weitergehende Ermessensprüfung auf Rechtsfolgenseite steht der Kommission nicht zu.

Da eine Zuordnung der Finanz- und Wirtschaftskrise unter das Tatbestandsmerkmal der „Naturkatastrophen“ ausscheidet, beschränkt sich die folgende Erörterung auf das Merkmal „sonstige außergewöhnliche Ereignisse“. Wie bereits am Anfang der Arbeit ausgeführt, betrachtet die ständige Kommissionspraxis Krieg, schwere Terroranschläge, innere Unruhen und Streiks sowie Atom- und Brandkatastrophen größeren Ausmaßes als „außergewöhnliche Ereignisse“ im Sinne dieser Vorschrift. Gewöhnliche Naturereignisse werden davon nicht erfasst. Das führt zu der Frage, ob auch eine Wirtschaftskrise gravierenden Ausmaßes ein „außergewöhnliches Ereignis“ im Sinne des Art. 107 Abs. 2 lit. b) AEUV darstellt. Die europäische Rechtsprechung hat diese Frage bislang unbeantwortet gelassen. Die entsprechenden Kommentierungen erwähnen lediglich im Sinne einer Ausschlußformulierung, dass wirtschaftliche Rezessionen bzw. plötzliche wirtschaftliche Turbulenzen nicht zu den „Ereignissen“ zählen.[931] Wenngleich in der Literatur zumindest dahingehend Einigkeit besteht, Schäden, die sich auf wirtschafts oder unternehmenspolitische Fehlentscheidungen zurückführen lassen,

930 EuGH Urt. v. 29.04.2004, Rs. C-278/00, Slg. 2004, I-3997, Rn. 81 (Griechenland/Kommission); Urt. v. 19.09.2000, Rs. C-156/98, Slg. 2000, I-6857, Rn. 49 (Deutschland/Kommission); Urt. v. 30.09.2003, Rs. C-301/96, Slg. 2003, I-9919, Rn. 66 (Deutschland/Kommission).

931 *Oppermann/Classen/Nettesheim*, Europarecht, § 22, Rn. 15; *Cremer*, in: Calliess/Ruffert, EUV/AEUV, Art. 107, Rn. 42; *Mederer*, in: GS, EUV/EGV, Art. 87 EG, Rn. 133.

nicht als unterstützungsfähig i.S.d. Art. 107 Abs. 2 lit. b) AEUV einzustufen,[932] so ist dies ein für eine umfassende Bewertung unzulänglich substantiierter Ausschluss, der der weiteren Auslegung des Tatbestandsmerkmales bedarf.

Die erste Kommentierung des EWG-Vertrages verstand unter einem „außergewöhnlichen Ereignis" alle politischen und sonstigen Vorgänge, bei denen der Wirtschaftsablauf ganz erheblich von äußeren Faktoren beeinflusst wird.[933] Bei dem Versuch, dieses Verständnis für die Auslegung des „außergewöhnlichen Ereignisses" heranzuziehen, ist jedoch anzumerken, dass die Finanz- und Wirtschaftskrise hauptsächlich durch *wirtschaftsinterne* Ursachen und nicht durch äußere Einwirkung in die Wirtschaftsabläufe hervorgerufen worden ist. Selbst wenn die Krise ihren Ursprung – geographisch betrachtet – außerhalb Europas hatte, so sind die Erschütterungen in der Wirtschaft von der Sache her durch wirtschaftsimmanente und nicht durch wirtschaftsfremde Faktoren hervorgerufen worden.[934] Diese Betrachtungsweise spricht dafür, Art. 107 Abs. 2 lit. b) AEUV dahingehend auszulegen, dass die Finanz- und Wirtschaftskrise nicht dem Begriff des „außergewöhnlichen Ereignisses" unterfällt. Selbst wenn eine andere Auslegung möglich wäre – etwa weil sicherlich nicht nur endogene Probleme der Wirtschaft maßgeblich für die hervorgerufene Krise waren, sondern auch äußere Faktoren eine gewisse Rolle gespielt haben können -, so überwiegen doch die oben aufgeführten Argumente, Art. 107 Abs. 2 lit. b) AEUV für die Krisenbewältigung nicht anzuwenden.[935]

Eine andere Betrachtungsweise wäre sicherlich dann denkbar, wenn es sich bei Art. 107 Abs. 2 AEUV um den einzigen Ausnahmetatbestand vom Beihilfeverbot handelte und Art. 107 Abs. 3 AEUV nicht existierte. Ein Zugänglichmachen des Art. 107 Abs. 2 lit. b) AEUV für die Krisenbewältigung wäre dann erforderlich, wenn nicht sogar geboten. Da Begriffe wie „Naturkatastrophen" genau bestimmt bzw. genau bestimmbar und in ihrem Auslegungspotential abschließend sind, lieferte der abstrakt formulierte Rechtsbegriff des „außergewöhnlichen Ereignisses" in seiner Unbestimmtheit dann die einzige Interpretationsmöglichkeit, eine Wirtschaftskrise darunter zu subsumieren, so dass auch entsprechende

---

932 Vgl. *Bär-Bouyssière*, in: Schwarze, EU-Kommentar, Art. 87 EG, Rn. 59; *von Wallenberg*, in: Grabitz/Hilf, EU, Art. 87 EG, Rn. 106; *Mederer*, in: GS, EUV/EGV, Art. 87 EG, Rn. 130.

933 *Everling*, in: von Wohlfahrt /Everling/Glaesner/Sprung, Kommentar zum EWG-Vertrag zitiert nach: *Schwarze*, in: Schwarze, Rechtsschutz und Wettbewerb, S. 43, 55.

934 Vgl. *Schwarze*, in: Schwarze, Rechtsschutz und Wettbewerb, S. 43, 55.

935 So im Ergebnis auch *Schwarze*, in: Schwarze, Rechtsschutz und Wettbewerb, S. 43, 55.

Krisenmaßnahmen rechtlich legitimiert wären. Tatsächlich aber existiert neben dem Art. 107 Abs. 2 AEUV auch noch der Art. 107 Abs. 3 AEUV. Dieser setzt im Unterschied zum zweiten Absatz dieser Norm im Falle des Vorliegens der Tatbestandsmerkmale eine Beihilfe nicht zwingend voraus, sondern räumt auf der Rechtsfolgenseite der Kommission ein weiteres Ermessen ein. Somit ist die Ausgestaltung des dritten Absatzes auch wesentlich weiter gefasst und schafft damit eine Rechtsgrundlage, kraft derer die Kommission situationsangepaßt flexibel reagieren, auf die Sensibilität und Komplexität der Wirtschaft eingehen und daneben auch wirtschaftspolitisch gestaltend agieren kann. Nicht zuletzt ist auch aus diesem Grund im Krisenfall einer weiter gefassten Ermessensbefugnis stets der Vorrang vor einer starreren Regelung zu geben.

b. Art. 107 Abs. 3 lit. c) AEUV

Art. 107 Abs. 3 lit. c) AEUV sowie die darauf basierenden R&U-Leitlinien dienten vor und zu Beginn der Finanz- und Wirtschaftskrise als Rechtsgrundlage für staatliche Unterstützungsmaßnahmen. Als sich die ersten Auswirkungen der US-Krise auf dem europäischen Finanzmarkt zeigten, zog die Kommission zunächst noch die herkömmliche Rechtsgrundlage und damit die bisherigen R&U-Leitlinien zur Gewährung staatlicher Unterstützungen heran.[936] Zu diesem Zeitpunkt lehnte die Kommission noch die Anwendung des Art. 107 Abs. 3 lit. b) 2. Alt. AEUV ab. So geschah es im Falle der SachsenLB,[937] Northern Rock sowie der WestLB. Sie wurden anfangs unter dem alten Regime unterstützt.[938]

Die Lehman-Insolvenz Mitte September 2008 und das damit einhergehende Überschwappen der Probleme auf die europäischen Finanzmärkte brachte letztlich auch die Unzulänglichkeit der herkömmlichen Rechtsgrundlage sowie der R&U-Leitlinien für die Krisenfälle vollends zutage. So ermöglichten diese es beispielsweise nicht, Krisenmaßnahmen innerhalb von 24 Stunden zu entscheiden. Die neu gewonnene Erkenntnis führte insofern zu einem weitreichenden Paradigmenwechsel, als dass erstmals in der Geschichte des Beihilferechts eine umfassende Anwendung des Art. 107 Abs. 3 lit. b) Alt. 2 AEUV erfolgte. Denn dieser wurde angesichts des Ausmaßes der Finanzkrise und ihrer Auswirkungen

936 *Soltész*, in: Schwarze, Rechtsschutz und Wettbewerb, S. 61, 66.

937 Entscheidung der Kommission vom 04.06.2008, Ziff. 94 (Staatliche Beihilfen Deutschlands zugunsten der SachsenLB).

938 Pressemitteilungen der Kommission vom 02.04.2008 (IP/08/489) sowie vom 01.10.2008 (IP/08/1435).

auf das Wirtschaftsleben der Staaten als speziellere Norm im Vergleich zur Auffangvorschrift des Abs. 3 lit. c) AEUV eingestuft.[939]

In Anbetracht des anfänglichen Zurückgreifens auf Art. 107 Abs. 3 lit. c) AEUV für Krisenmaßnahmen und angesichts einer denkbaren Alternative zu der Fruchtbarmachung des Art. 107 Abs. 3 lit. b) 2. Alt. AEUV zur Krisenbewältigung stellt sich die Frage, ob die krisenspezifischen Maßnahmen in dem erfolgten Ausmaß auch in Art. 107 Abs. 3 lit. c) AEUV ihre rechtliche Grundlage hätten finden können.

Auch der Tatbestand des Art. 107 Abs. 3 lit. c) AEUV ist in Bezug auf die Finanz- und Wirtschaftskrise nicht frei von gewissen Auslegungs- und Anwendungsproblemen. Nach dieser Vorschrift können „Beihilfen zur Förderung und Entwicklung gewisser Wirtschaftszweige oder Wirtschaftsgebiete, soweit sie die Handelsbedingungen nicht in einer Weise verändern, die dem gemeinsamen Interesse zuwiderläuft" genehmigt werden. Allerdings hilft hier der Wortlaut der Norm nicht weiter, denn er nennt den Begriff der „Wirtschaftskrise" nicht explizit. Der Gedanke, dass eine Wirtschaftskrise möglicherweise konkludent von der Norm mit erfasst sein soll, erscheint ebenfalls fernliegend, denn schon die Normen in ihrer Gesamtheit mit ihren entsprechenden Formulierungen sind abschließend und zeigen, dass der Gesetzgeber sehr wohl in Art. 107 Abs. 3 lit. b) 2. Alt. AEUV ausdrücklich „eine beträchtliche Störung im Wirtschaftsleben eines Mitgliedstaates" und damit eine Wirtschaftskrise für denkbar gehalten und somit mitberücksichtigt hat. Dies zeigte sich auch in der Vergangenheit, in der Art. 107 Abs. 3 lit. b) 2. Alt. AEUV beispielsweise nach der Ölkrise von 1973 sowie zugunsten Griechenlands Anwendung fand.

Betrachtet man die Semantik der Normen, so veranschaulicht bereits eine Gegenüberstellung der Begriffe „Förderung und Entwicklung gewisser Wirtschaftszweige" und „Behebung einer Störung" deren grundverschiedene Bedeutungen und damit auch unterschiedliche wirtschaftspolitischen Ausrichtungen. Danach ist eine „Förderung" als eine unterstützende Maßnahme anzusehen. „Behebung einer Störung" meint dagegen eine Beseitigung, die wohl eher zwingend geboten ist, um zum Normalzustand zurückkehren zu können. Während der Begriff der „Behebung einer Störung" immer ein dringendes, zwingend gebotenes Handlungserfordernis zur Behebung eines vorübergehenden Istzustandes bzw. einer Negativsituation beinhaltet, folgt aus dem Begriff der „Förderung" weniger ein Handlungszwang, sondern vielmehr ein optional-konzeptionelles, taktisches und

939 *Klafki*, EWS 2011, 497, 499.

strategisches, wenn nicht sogar wirtschaftspolitisches Vorgehen. Es stehen sich hier im weitesten Sinne also „actio“ und „reactio“ gegenüber.

Wenngleich der Wortlaut in nichts auf die Besonderheit und den Ausnahmecharakter der Finanz- und Wirtschaftskrise hindeutet, so könnten sich Anhaltspunkte für die Beantwortung der Frage, ob Art. 107 Abs. 3 lit. c) AEUV auch Wirtschaftskrisen aller Mitgliedstaaten umfasst, aus einer teleologischen Auslegung ergeben. Die Vorschrift gewährleistet die spezifische Förderung einzelner Sektoren und Regionalförderungen unterentwickelter Gebiete in den Mitgliedstaaten. Eine Störung der gesamten Wirtschaft eines Staates ist dafür nicht erforderlich. Diese am häufigsten in der Kommissionspraxis angewandte Befreiungsmöglichkeit innerhalb der Art. 107 Abs. 2 und 3 AEUV hat einen Auffangcharakter für horizontale Beihilfen und Beihilfeprogramme im Verhältnis zu anderen beihilferechtlichen Ausnahmevorschriften.[940] Aus diesem Grund müssen die wirtschaftlichen Schwierigkeiten im Unterschied zu den Voraussetzungen der anderen Ausnahmevorschriften *weniger* gravierend sein, weshalb auch das zulässige Förderungshöchstniveau niedriger ist.[941] Im Fall der Finanz- und Wirtschaftskrise waren das Ausmaß und die Auswirkungen auf die Wirtschaft in den Mitgliedstaaten allerdings enorm und damit *mehr* als gravierend. Dies zeigte sich insbesondere darin, dass nicht nur Unternehmen in Schwierigkeiten, sondern auch gesunde Unternehmen in die finanzielle Schieflage gerieten. Auf diese waren die R&U-Leitlinien jedoch nicht zugeschnitten. Die in der Anfangsphase praktizierte Anwendung der R&U-Leitlinien zeigte deren unzureichende Flexibilität und damit deren Unzulänglichkeit für die Krise. Eine Aufweichung der Leitlinien bzw. die Erweiterung der Kriterien hätte indes zu einer Vielzahl unüberschaubarer Einzelfälle, wenn nicht sogar zu einer gewissen Beliebigkeit bei deren Anwendung, geführt und wäre damit der Rechtssicherheit abträglich. Mithin scheidet eine Anwendung des Art. 107 Abs. 3 lit. c) AEUV für krisenspezifische Maßnahmen in einer Finanz- und Wirtschaftskrise, die ganze Staaten und sogar ganz Europa erfasst, aus.

c. Art. 107 Abs. 3 lit. b) 2. Alt. AEUV

Das Fruchtbarmachen sowie die prononcierte Anwendung des Art. 107 Abs. 3 lit. b) 2. Alt. AEUV für die Finanz- und Wirtschaftskrise in Abkehr von der bisherigen Kommissionspraxis mit dem damit einhergehenden Paradigmenwechsel waren zwingend geboten. Der zunehmende Vertrauensschwund in den Finanzsektor nach der Lehman-Pleite hatte zur Folge, dass selbst für grundsätzlich gesunde Banken

---

940 *Cremer*, in: Calliess/Ruffert, EUV/AEUV, Art. 107, Rn. 57.

941 *Cremer*, in: Calliess/Ruffert, EUV/AEUV, Art. 107, Rn. 61.

der Zugang zu finanziellen Mittel erheblich erschwert war. Der Rückgriff auf diese Norm und die Befristung ihres Gebrauches machen ihren Ausnahmecharakter erkennbar.

Grundsätzlich können nach dieser Vorschrift Beihilfen zur Behebung einer beträchtlichen Störung im Wirtschaftsleben eines Mitgliedstaates genehmigt werden. Dabei muss es sich um allgemeine krisenhafte Störungen der Gesamtwirtschaft eines Staates handeln. Originär sektorielle und regionale Probleme werden nicht erfasst.[942] Sie sind jedoch von Bedeutung, wenn sie sich auf das gesamte Wirtschaftsleben eines Staates auswirken; in diesem Fall kann Art. 107 Abs. 3 lit. b) 2. Alt. AEUV durchaus Anwendung finden.[943] Darüber hinaus scheiden allgemeine Konjunkturschwankungen oder arbeitsmarktbedingte Probleme als Genehmigungsgrund aus. Die Krisenerscheinungen müssen vielmehr schwerwiegender oder sozialer Natur sein.[944] Das Vorliegen einer beträchtlichen Störung wurde in der Vergangenheit von der Kommission insbesondere danach beurteilt, wie sich die wirtschaftliche Lage im Vergleich mit anderen europäischen Mitgliedstaaten darstellt.[945] Eine beträchtliche Störung liegt insbesondere nicht vor, wenn die wirtschaftliche Lage des betroffenen Staates insgesamt zwar unbefriedigend, aber immer noch besser als in einem anderen Mitgliedstaat ist.[946] Der EuGH hat die bisherige Vorgehensweise anerkannt und räumt der Kommission diesbezüglich ein weites Ermessen ein.[947]

Die bisherige Kommissionspraxis zeigt eine äußerst restriktive Anwendung des Art. 107 Abs. 3 lit. b) 2. Alt. AEUV. Entsprechende Förderungen ergingen lediglich nach der Erdölkrise von 1973 und zugunsten Griechenlands aufgrund seiner ernsthaften wirtschaftlichen Schwierigkeiten in den 80er Jahren.[948] In allen anderen Fällen, wie beispielsweise der Wiedervereinigung Deutschlands, wurde eine Förderung basierend auf dieser Norm abgelehnt. Die Kommission vertrat im Falle der Wiedervereinigung Deutschlands die Ansicht, dass „die deutsche Einigung

---

942 *Bär-Bouyssière*, in: Schwarze, EU-Kommentar, Art. 87, Rn. 55.

943 *Schwarze*, in: Schwarze, Rechtsschutz und Wettbewerb, S. 43, 56, Fn. 60.

944 *Koenig/Kühlig*, in: Streinz, EUV/EGV, Art. 87, Rn. 81; *Bär-Bouyssière*, in: Schwarze, EU-Kommentar, Art. 87, Rn. 63.

945 *Bär-Bouyssière*, in: Schwarze, EU-Kommentar, Art. 87, Rn. 64.

946 EuGH Urt. v. 17.09.1980, Rs. 730/79, Slg. 1980, 2671, 2691, Rn. 25 (Philip Morris/Kommission); *Bär- Bouyssière*, in: Schwarze, EU-Kommentar, Art. 87, Rn. 64.

947 EuGH Urt. v. 17.09.1980, Rs. 730/79, Slg. 1980, 2671, Rn. 24 (Philip Morris/Kommission).

948 *Bär-Bouyssière*, in: Schwarze, EU-Kommentar, Art. 87, Rn. 64.

negative Auswirkungen auf die deutsche Wirtschaft hatte", dies „...für sich genommen aber kein Grund" sei Art. 107 Abs. 3 lit. b) 2. Alt. AEUV anzuwenden.[949]

Die Vielzahl der ergriffenen krisenspezifischen Maßnahmen europaweit unter Anwendung des Art. 107 Abs. 3 lit. b) 2. Alt. AEUV führt zu der Frage, ob bzw. inwieweit diese Vorgehensweise als beihilferechtlich normenkonform zu bewerten ist. Der Wortlaut, der von „einer beträchtlichen Störung eines Mitgliedstaates" spricht, legt nahe, dass die Norm Wirtschaftskrisen erfasst. Dies bestätigt auch die bisherige Geschichte des Beihilferechts. Mit dem Paradigmenwechsel ging allerdings auch eine neue Interpretation einher. Auch eine „beträchtliche Störung im Wirtschaftsleben" nicht lediglich *eines*, sondern gleich *mehrerer* bzw. *aller* Mitgliedstaaten wird nun erfasst. Dabei ist fraglich, ob die Vorschrift wortlautgemäß tatsächlich nur die Störung in *einem* Mitgliedstaat meint oder ob zugleich auch *alle* Mitgliedstaaten von einer schweren Störung betroffen sein und Unterstützungen erhalten können.[950] Die Beantwortung dieser Frage ist im Wege der Auslegung zu ermitteln. Dabei ist zunächst einmal die grammatikalische Auslegung heranzuziehen. Der Wortlaut spielt im Unionsrecht eine entscheidende Rolle. Eine Auslegung allein aufgrund des Wortlautes wird dann als verbindlich betrachtet, wenn er klar, eindeutig, unmissverständlich und zwingend ist.[951] Ist der Wortlaut zweideutig, so greift der EuGH auf andere Auslegungsmethoden zurück.[952] In einem solchen Fall muss die Auslegung nach Ansicht des EuGH auf jeden Fall den Rahmen der Bedeutungsvarianten des Wortlautes reflektieren.[953] Nach Ansicht des EuG sind „bei der Auslegung einer gemeinschaftsrechtlichen Vorschrift nicht nur deren Wortlaut, sondern auch ihr Zusammenhang und die Ziele zu berücksichtigen, die mit der Regelung verfolgt werden, deren Teil sie

---

949 Entscheidung der Kommission, ABl. 1994 Nr. L 385/01, S. 9, Ziff. IX.

950 Vgl. *Schwarze*, in: Schwarze, Rechtsschutz und Wettbewerb, S. 43, 57.

951 Vgl. EuGH Urt. v. 11.03.1965, Rs. 31/64, Slg. 1965, 112, 119 („De Sociale Voorzorg"/ H.W. Bertholet); EuGH Urt. v. 21.02.1974, Rs. 162/73, Slg. 1974, Rn. 8 ff. (Birra Dreher/Amministrazione delle Finanze dello Stato); EuGH Urt. 21.03.1974, Rs. 151/73, Slg. 1974, 285, Rn. 16/17 (Irland/Rat); EuGH Urt. v. 09.03.1978, Rs. 79/77, Slg. 1978, 611, Rn. 6 (Kühlhaus Zentrum AG/Hauptzollamt Hamburg-Harburg).

952 Vgl. EuGH Urt. v. 5.7.1967, Rs. 1/67, Slg. 1967, 240, 250 (Stanislas Ciechelski/Caisse Régionale de Sécurité Sociale); Urt. v. 17.11.1983, Rs. 292/82, Slg. 1983, 3781, Rn. 12 (Merck/Hauptzollamt Hamburg-Jonas).

953 Vgl. EuGH Urt. v. 01.04.1965, Rs. 40/64, Slg. 1965, 296, 312 (Marcella Scarlata u. a./ Kommission der Europäischen Wirtschaftsgemeinschaft); EuGH Urt. v. 13.07.1966, verb. Rs. 56 u. 58/64, Slg. 1966, 322, 387 (Consten und Grundig/Kommission der EWG).

ist".[954] Legt man dieses zugrunde, so ist der Wortlaut eigentlich eindeutig, denn er spricht nur von *einem* Mitgliedstaat.

Möglicherweise kann dies aber auch anders ausgelegt werden. Anhaltspunkte könnte die teleologische Auslegung bieten. Zweck des Art. 107 Abs. 3 lit. b) 2. Alt. AEUV ist die Unterstützung der Mitgliedstaaten bei der effektiven Bekämpfung einer außergewöhnlichen wirtschaftlichen Störung.[955] In einem solchen Fall kann sich jeder der europäischen Mitgliedstaaten auf die Vorschrift beziehen, um effektiv die außergewöhnliche Störung in seinem Wirtschaftsleben zu beseitigen. Die Unterstützung bei der Behebung der gravierenden Störung und damit der Zweck der Norm sind jedoch nicht dadurch ausgeschlossen, dass eine entsprechende Störung auch in anderen oder sogar in allen anderen Mitgliedstaaten existiert. Vor allem verbessert sich die Situation des einzelnen Mitgliedstaates nicht schon deshalb, weil auch alle anderen mit demselben wirtschaftlichen Problem zu kämpfen haben.[956] Die Tatsache, dass alle Mitgliedstaaten in derselben Misere stecken, reduziert letztlich nicht die Not des Einzelstaates und macht die außergewöhnlichen Umstände, die er zu bewältigen hat, nicht zu gewöhnlichen Umständen.[957] In diesem Sinne kann Singularität nicht als conditio-sine-qua-non verstanden werden. Aus diesem Grund scheint es vielmehr sachgerecht, die Frage nach dem Vorliegen einer beträchtlichen Störung alternativ zu prüfen: entweder durch eine vergleichende Gegenüberstellung des Einzelstaates mit der wirtschaftlichen und sozialen Lage in anderen Mitgliedstaaten, oder aber durch Feststellung einer krisenhaften Situation in allen Staaten.[958] Nicht zuletzt greift hier das „Erst-recht-Prinzip", d.h. wenn einem Staat mit außergewöhnlichen wirtschaftlichen Störungen bereits Unterstützungen zufließen können, dann muss dies erst recht geschehen, wenn ein ganzer Staatenbund oder ein Großteil dessen in die wirtschaftliche Schieflage geraten ist, dies umso mehr, wenn ohne die entsprechenden Unterstützungsmaßnahmen der Bestand der Staatengemeinschaft oder deren geförderte Weiterentwicklung stark gefährdet sein kann. Dies muss auch für krisenspezifische Auswirkungen der Finanz- und Wirtschaftskrise gelten, denn sie sind einzigartig und gravierend.

---

954 EuG Urt. v. 15.12.1999, verb. Rs. T-132/96 und T-143/96, Slg. 1999, II-3663, Rn. 133 (Freistaat Sachsen u. a./ Kommission).

955 *Schwarze*, in: Schwarze, Rechtsschutz und Wettbewerb, S. 43, 57.

956 *Schwarze*, in: Schwarze, Rechtsschutz und Wettbewerb, S. 43, 57 f.

957 Vgl. *Schwarze*, in: Schwarze, Rechtsschutz und Wettbewerb, S. 43, 57 f.

958 *Mederer*, in: GS, EUV/EGV, Art. 87, Rn. 190.

Aus diesem Grund ergibt die Auslegung, dass Beihilfen auch gewährt werden dürfen, wenn alle Staaten zur gleichen Zeit von einer beträchtlichen Störung betroffen sind. Mithin finden die erlassenen Krisenmaßnahmen ihre ausreichende materiell-rechtliche Legitimation in Art. 107 Abs. 3 lit. b) 2. Alt. AEUV.[959]

d. *Wirtschaftspolitisch geprägte Ausgleichsmaßnahmen*

Der von der Kommission in der Krise verfolgte flexiblere Ansatz in der Genehmigungspraxis ermöglichte nicht nur zügige Entscheidungen unter erleichterten Voraussetzungen, sondern hatte auch tiefgreifende Umstrukturierungsmaßnahmen bei den Banken zur Folge.[960] Von besonderer Bedeutung hierbei ist die Umstrukturierungsmitteilung.[961] Neben den inhaltlichen Anforderungen an einen Umstrukturierungsplan legt sie dar, welche Maßnahmen die Beihilfeempfänger zu ergreifen haben, um die aus der Unterstützungsmaßnahme hervorgehenden Wettbewerbsverzerrungen auszugleichen.[962] Die Maßnahmen sehen Verhaltensmaßregeln wie Werbeverbote unter Hinweis auf Beihilfen,[963] Expansionsbeschränkungen,[964] das Verbot der Gewährung konkurrenzloser Konditionen[965] sowie der Akquisition von Wettbewerbern[966] vor. Die Umstrukturierungsmitteilung beinhaltet ferner strukturelle Maßnahmen wie die Veräußerung und Verkleinerung von Geschäftsbereichen.[967] Darüber hinaus sind Bonifikations- und Dividendenauszahlungen verboten[968] sowie Begrenzungen bei Vorstandsvergütungen vorgesehen[969].

Nach Auffassung der Kommission dienen die genannten Maßnahmen zum Ausgleich von Wettbewerbsverzerrungen und somit dem Wettbewerbsschutz.[970] Dem ist jedoch entgegenzuhalten, dass Ausgleichsmaßnahmen grundsätzlich einen ambivalenten Charakter haben. Sie schützen einerseits den Wettbewerb sowie dessen Teilnehmer, andererseits erfolgt durch sie auch ein massiver Eingriff

---

959 So im Ergebnis auch *Schwarze*, in: Schwarze, Rechtsschutz und Wettbewerb, S. 43, 58; vgl. *Birnstiel/Heinrich/Keidel*, BRZ 2012, 73, 77.

960 *Zimmer/Blaschczok*, WuW 2010, 142.

961 *Soltész*, EuR 2011, 119, 122.

962 Umstrukturierungsmitteilung, Ziff. 8.

963 Umstrukturierungsmitteilung, Ziff. 44.

964 Umstrukturierungsmitteilung, Ziff. 36.

965 Umstrukturierungsmitteilung, Ziff. 44.

966 Umstrukturierungsmitteilung, Ziff. 40 f.

967 Umstrukturierungsmitteilung, Ziff. 35.

968 Umstrukturierungsmitteilung, Ziff. 26.

969 Vgl. Bankenmitteilung, Fn. 1; Umstrukturierungsmitteilung, Ziff. 39 ff.

970 R&U-LL, Ziff. 38 f.; Bankenmitteilung, Ziff. 27.

in Marktstruktur und Wettbewerb, so dass sie sich auch als Instrument für wirtschaftspolitisches Handeln eignen.[971] Derartige Interventionen sind nur dann verhältnismäßig, wenn sie auf die spezifischen Probleme der Märkte zugeschnitten sind[972] und dadurch konkret identifizierte wettbewerbliche Probleme behoben werden.[973] Die wettbewerbsförderliche Wirkung der Ausgleichsmaßnahme sollte hinreichend genau prognostiziert werden können, damit die Maßnahme gerechtfertigt ist.[974]

Gegen spezifische Verhaltensmaßregeln wie Werbeverbote bestehen in diesem Zusammenhang verhältnismäßig geringe Einwände, da den Begünstigten nur ein Teilbereich ihrer Freiheit genommen wird, die durch die Beihilfe eröffnet wird.[975] Zudem lassen sich bei derartigen Auflagen noch vergleichsweise eindeutig wettbewerbsschützende Ziele annehmen.[976] Demgegenüber enthalten andere strukturelle und verhaltensbezogene Maßnahmen zwar eine wettbewerbsschützende Tendenz, allerdings bleibt zweifelhaft, inwiefern diese Maßnahmen tatsächlich und vorrangig den Wettbewerb schützen.[977] Stellen sie doch vielmehr einen eklatanten Eingriff in die unternehmerische Freiheit des Beihilfeempfängers sowie in die Marktstruktur dar.[978] Damit bietet sich der Kommission die Möglichkeit, den Binnenmarkt wirtschaftspolitisch zu beeinflussen.[979] So zeigt beispielsweise das Verbot der Dividendenausschüttung keine unmittelbare wettbewerbsschützende Wirkung.[980] Vielmehr soll die Thesaurierung von Gewinnen eine nachhaltige Kapitaldecke gewährleisten, die einen weitestmöglichen Eigenbeitrag des begünstigten Unternehmens sicherstellt. Damit wird vorrangig ein wirtschaftspolitisches Ziel verfolgt.[981] Gleiches gilt für die Begrenzung von Vorstandsbezügen sowie das Verbot von Bonifikationszahlungen. Sie tragen nicht[982] bzw. – wenn überhaupt – nur indirekt zum Ausgleich von Wettbewerbsverzerrungen bei, da im Zeitraum

971 *Zimmer/Blaschczok*, WuW 2010, 142, 146.
972 Vgl. Umstrukturierungsmitteilung, Ziff. 30.
973 *Zimmer/Blaschczok*, WuW 2010, 142, 153.
974 *Zimmer/Blaschczok*, WuW 2010, 142, 146.
975 *Zimmer/Blaschczok*, WuW 2010, 142, 146.
976 *Zimmer/Blaschczok*, WuW 2010, 142, 155.
977 *Zimmer/Blaschczok*, WuW 2010, 142, 155.
978 *Zimmer/Blaschczok*, WuW 2010, 142, 146 f.
979 *Zimmer/Blaschczok*, WuW 2010, 142, 147.
980 *Soltész*, WuW 2010, 743, 751.
981 *Zimmer/Blaschczok*, WuW 2010, 142, 155.
982 Vgl. zur Begrenzung von Vorstandsbezügen: *Birnstiel/Heinrich/Keidel*, BRZ 2012, 73, 78.

der Inanspruchnahme der Beihilfe die konkrete wettbewerbsrechtliche Situation in den betroffenen Märkten unbeeinflusst bleibt.[983] Hier scheint es eher um die Begrenzung des moralischen Risikos oder die Verfolgung anderer wirtschaftspolitischer Ziele zu gehen.[984] Ein indirekter Wettbewerbsschutz ergibt sich allenfalls dadurch, dass die Verhaltensmaßregeln einen negativen Einfluss auf die persönlichen Verhältnisse der Organmitglieder und Gesellschafter haben und somit den Anreiz der Entscheidungsträger zur erstmaligen Inanspruchnahme einer Beihilfe senken.[985]

Ebenso ist der wettbewerbsschützende Charakter zu bezweifeln, wenn die Kommission die Aufgabe von riskanten Geschäftsbereichen oder die Veräußerung von Tochtergesellschaften fordert. Bei diesen Standardmaßnahmen[986] scheint die Kommission noch strengere Anforderungen zu stellen als vor der Krise.[987] So verlangt sie regelmäßig eine erhebliche Reduzierung der Bilanzsummen, die im Durchschnitt bei 30% oder im Einzelfall weit darüber liegen.[988] Das Modell der Bilanzverkürzung birgt die Gefahr, dass in den nächsten Jahren ein großer Teil der Banken zum Verkauf stehen wird und diese Veräußerungswelle sich ihrerseits negativ auf den Markt auswirken kann.[989] Insbesondere ist zweifelhaft, ob sich kurzfristig genügend Käufer für die zu veräußernden Geschäftsbereiche finden lassen.[990] Dies kann zu einer Kreditverknappung führen, so dass das eigentlich angestrebte Ziel – die Sicherstellung der Versorgung der Realwirtschaft mit Krediten – nicht erreicht werden kann.[991] Aus wettbewerblicher Sicht sind die relativ pauschalen Reduzierungen der Bilanzsummen nur schwer zu rechtfertigen.[992] Den diesbezüglichen Entscheidungen der Kommission fehlt es häufig an der notwendigen Begründungstiefe. Die Systemrelevanz der Banken wurde größtenteils einfach bejaht. Zudem lassen die Entscheidungen oftmals nicht erkennen, warum zwangsweise Veräußerungen oder Verkleinerungen von Geschäftsbereichen die

---

983 *Zimmer/Blaschczok*, WuW 2010, 142, 151.
984 Umstrukturierungsmitteilung, Ziff. 2 und 28 f.; *Zimmer/Blaschczok*, WuW 2010, 142, 155.
985 *Zimmer/Blaschczok*, WuW 2010, 142, 155.
986 *Birnstiel/Heinrich/Keidel*, BRZ 2012, 73, 77.
987 *Soltész*, WuW 2010, 743, 748.
988 *Birnstiel/Heinrich/Keidel*, BRZ 2012, 73, 78; Soltész, WM 2013, 145, 146; *Soltész*, EuR 2011, 119, 125; *Soltész*, WuW 2010, 743, 748.
989 *Soltész*, EuR 2011, 119, 126.
990 *Soltész*, WuW 2010, 743, 749; *Birnstiel/Heinrich/Keidel*, BRZ 2012, 73, 78.
991 Vgl. *Birnstiel/Heinrich/Keidel*, BRZ 2012, 73, 78.
992 *Zimmer/Blaschczok*, WuW 2010, 142,156.

wettbewerbliche Situation in den betroffenen Märkten verbessern würden. Auf die Prüfung einer möglichen Wettbewerbsverfälschung verzichtete die Kommission in der Regel. In ihren Entscheidungen schloss sie vielmehr direkt auf die Wettbewerbsverzerrung und verzichtete überwiegend auf die Darstellung der Struktur der betroffenen Märkte. Derartige Informationen sind jedoch aus wettbewerblicher Perspektive zwingend erforderlich, um die Auswirkungen einer Beihilfe einschätzen und die Ausgleichsmaßnahmen abschließend beurteilen zu können.[993] Vor allem ist zu monieren, dass sich die angeordneten Veräußerungsauflagen nicht nur auf Märkte mit wettbewerbsrechtlichen Schwierigkeiten konzentrieren.[994] Bei der Bilanzsummenreduzierung drängt sich insgesamt der Eindruck auf, dass es der Kommission weniger um den Wettbewerbsschutz als vielmehr um die Konsolidierung des Finanzmarktes geht.[995] Mit den schwerwiegenden Eingriffen signalisiert die Kommission den Entscheidungsträgern, dass jede Beihilfe ihren Preis kostet, d.h. dass im Gegenzug für die großzügig gewährten Beihilfen „Sonderopfer" zu erbringen sind, die die Benachteiligung der nicht subventionierten Konkurrenz ausgleichen.[996] Die drastische Verkleinerung kann sich lediglich insofern positiv auf den Wettbewerb auswirken, als dass zukünftig einige Banken davon abgehalten sein könnten, eine riskante Geschäftspolitik zu verfolgen.[997] Somit leisten sie zumindest indirekt einen positiven Beitrag zum Wettbewerbsschutz.[998]

Trotz einer gewissen wettbewerbsschützenden Tendenz tragen einige der überwiegend regulatorisch geprägten Maßnahmen nicht vorrangig zum konkreten Schutz wettbewerbsrechtlicher Strukturen bei.[999] Die eigentlich verfolgten Ziele scheinen vielmehr die Versorgung der Wirtschaft mit Kapital[1000] bzw. die langfristige Finanzmarktstabilität[1001] zu sein.[1002] Schließlich werden diese als vorrangige Ziele in der Umstrukturierungsmitteilung genannt. Der Wettbewerbsschutz scheint dabei zwar ein willkommener Nebeneffekt zu sein, jedoch nicht im Fokus

993 Vgl. *Zimmer/Blaschczok*, WuW 2010, 142, 152 f.
994 *Zimmer/Blaschczok*, WuW 2010, 142, 153.
995 Vgl. *Birnstiel/Heinrich/Keidel*, BRZ 2012, 73, 78; *Soltész*, WuW 2010, 743, 749; *Hudig,* mlex Magazine 2011, 44, 48. *Hudig* und *Soltész* warnen dabei insbesondere vor einer Schwächung Europas gegenüber Nicht- EU-Staaten.
996 *Soltész*, WuW 2010, 743, 746; *Soltész/ von Köckritz*, mlex Magazine 2011, 40, 41.
997 *Zimmer/Blaschczok*, WuW 2010, 142, 156.
998 *Zimmer/Blaschczok*, WuW 2010, 142, 156 f.
999 *Zimmer/Blaschczok*, WuW 2010, 142, 155; *Soltész*, EuR 2011, 743, 752.
1000 Umstrukturierungsmitteilung, Ziff. 2.
1001 Umstrukturierungsmitteilung, Ziff. 2, 7, 29.
1002 *Zimmer/Blaschczok*, WuW 2010, 142, 156.

der Kommission zu stehen. Dies wird auch durch die Reihenfolge der Aufzählung der Ziele in der Umstrukturierungsmitteilung deutlich.[1003]

e. Kompetenzüberschreitung durch wirtschaftspolitische Maßnahmen

Nach Auffassung der Kommission werde durch die Erteilung von Auflagen sichergestellt, dass die begünstigten Banken in angemessenem Umfang Verantwortung für das Risiko und die Folgen ihres früheren Verhaltens zu tragen haben. So lassen sich auch unter dem Aspekt moralischer Verpflichtung zukünftig riskante Geschäftsstrategien begrenzen.[1004] Allerdings begründet diese Vorgehensweise auch den Verdacht, dass mit den Verhaltensauflagen und strukturellen Vorgaben die Kommission vorrangig die Umsetzung wirtschaftspolitischer Vorstellungen zu bezwecken scheint.[1005] Schließlich steht ihr mit den Ausgleichsmaßnahmen ein Instrument zur Verfügung, den Binnenmarkt auch nach ihren wirtschaftspolitischen Vorstellungen zu beeinflussen.[1006] In diesem Zusammenhang stellt sich die Frage, ob die Kommission durch ihre Eingriffe in die Marktstruktur in vertragswidriger Weise tätig geworden ist. Insbesondere ist zweifelhaft, ob die von ihr erlassenen Auflagen, die zum Teil mit tiefgreifenden Änderungen am bisherigen Geschäftsmodell einiger Banken verbunden waren und mitunter stark wirtschaftspolitisch geprägt sind, mit dem Schutzzweck der Art. 107 ff. AEUV bzw. mit dem AEUV in Gänze zu vereinbaren sind und ob sie durch derartige Maßnahmen ihren Kompetenzbereich überschritten hat.[1007] Da Beihilfen eine massive Beeinträchtigung des Wettbewerbes bewirken können, wird in der nachfolgenden Analyse die grundsätzliche Notwendigkeit aufzuerlegender struktureller Ausgleichsmaßnahmen nicht in Frage gestellt.

Im Unterschied zu der vollständigen Vergemeinschaftung der Währungspolitik sieht der AEUV für die Wirtschaftspolitik nur einen vergleichsweise niedrigen Grad der Vergemeinschaftung vor.[1008] Insbesondere steht der Kommission gegenüber den Mitgliedstaaten keine haushalts- oder strukturpolitische Kompetenz zu.

1003 Vgl. Umstrukturierungsmitteilung, Ziff. 2. Diese benennt als Ziele zunächst die Finanzstabilität und Aufrechterhaltung der Kreditversorgung und sodann erst die Verhinderung von wettbewerbsschädigenden Subventionswettläufen und die Wahrung der Wettbewerbsfähigkeit.

1004 Vgl. Umstrukturierungsmitteilung, Ziff. 22.

1005 *Zimmer/Blaschczok*, WuW 2010, 142; vgl. *Sonder*, EWS 2012, 170, 176.

1006 *Zimmer/Blaschczok*, WuW 2010, 142, 147.

1007 Vgl. *Zimmer/Blaschczok*, WuW 2010, 142 ff.; *Soltész/von Köckritz*, mlex Magazine 2011, 40, 41.

1008 *Oppermann/Classen/Nettesheim*, Europarecht, § 19, Rn. 17.

Weder der Wortlaut der Art. 107 ff. AEUV noch deren Entstehungsgeschichte geben Anlass zu einer solchen Interpretation.[1009] Der Gründungsvertrag von 1957 bestimmte in Art. 2 EWGV als Aufgabe der EWG, eine harmonische Entwicklung des Wirtschaftslebens innerhalb der Gemeinschaft, eine beständige und ausgewogene Wirtschaftsausweitung und eine größere Stabilität zu fördern. Als Mittel hierfür nannte er „die schrittweise Annäherung der Wirtschaftspolitik der Mitgliedstaaten". Art. 3 g EWGV verdeutlicht dabei jedoch, dass eine Gemeinsame Wirtschaftspolitik nicht das Ziel der EWG war. Vielmehr sollte die Gemeinschaft nach Art. 3 g EWGV Verfahren anwenden, „welche die Koordinierung der Wirtschaftspolitik der Mitgliedstaaten und die Behebung von Störungen im Gleichgewicht ihrer Zahlungsbilanzen ermöglichen". Demzufolge lag die Entscheidungskompetenz in der Wirtschaftspolitik von Anfang an bei den Staaten. Deren Koordination hingegen oblag den Gemeinschaftsorganen. Beschriebene Aufgabenverteilung wurde durch den Maastrichter Vertrag in Art. 3 a EGV bekräftigt und findet sich heute in Art. 119 AEUV. Bis heute wurde die koordinierende Aufgabe der Gemeinschaftsorgane ausgeweitet. In Zusammenarbeit mit der Kommission und nach entsprechender Diskussion im Europäischen Rat verabschiedet der ECOFIN-Rat auf der Grundlage dieser Schlussfolgerungen nach Art. 121 Abs. 2 AEUV Empfehlungen an alle Mitgliedstaaten, diese Grundzüge in ihrer nationalen Wirtschaftspolitik zu berücksichtigen.[1010] Die zunehmende Globalisierung und der verstärktere internationale Wettbewerb führten zur Verabschiedung der sogenannten „Lissabon-Strategie". Dabei handelte es sich um ein im Rahmen des Sondergipfels der europäischen Staats- und Regierungschefs im März 2002 verabschiedetes Programm. Ziel war es, die EU bis 2010 zum wettbewerbsfähigsten und dynamischsten wissensgestützten Wirtschaftsraum der Welt zu machen. Begleitend hierzu wurde innerhalb des Ministerrats ein Rat für Wettbewerbsfähigkeit eingerichtet. Darüber hinaus sollte die Methode der offenen Koordinierung die wirtschaftspolitische Zusammenarbeit der Mitgliedstaaten sicherstellen.[1011] Durch diese Handlungsform kann die Europäische Union außerhalb ihrer vom Primärrecht zugebilligten Kompetenzen politisch tätig werden. Wesentliche Instrumente sind unverbindliche länderspezifische Empfehlungen sowie Leitlinien der Kommission an die Mitgliedstaaten.[1012] Die Empfehlungen haben zwar keine rechtliche Bindungswirkung, veranschaulichen jedoch die zunehmende Einflussnahme

1009 *Zimmer/Blaschczok*, WuW 2010, 142, 144.

1010 *Oppermann/Classen/Nettesheim*, Europarecht, § 19, Rn. 18.

1011 *Oppermann/Classen/Nettesheim*, Europarecht, § 19, Rn. 20.

1012 *Oppermann/Classen/Nettesheim*, Europarecht, § 10, Rn. 145.

der EU-Organe in zuvor noch autonome Politiken der Mitgliedstaaten.[1013] Dies zeichnet sich insbesondere auch in der Genehmigungspraxis ab, in der die Kommission vermehrt auch wirtschaftspolitisch tätig wird. Diesen Gestaltungsspielraum verschafft ihr das durch Art. 107 Abs. 3 AEUV eingeräumte Ermessen. Hier hat die Kommission zwischen den dort festgelegten politisch motivierten Zielen und dem Wettbewerbsschutz im Binnenmarkt abzuwägen.[1014] Da die Bereiche in einem Wechselverhältnis zueinander stehen, erweist sich deren strikte Trennung in der Praxis als schwierig. Eine weitere Ursache für die zunehmende wirtschaftspolitische Tätigkeit der Kommission liegt in der zurückhaltenden Rechtsprechung des EuGH.[1015] Sie räumt der Kommission bei zuvor genanntem Abwägungsprozess einen weiten Spielraum ein.[1016] Schließlich beschränkt sich die gerichtliche Überprüfung lediglich darauf, ob Verfahrensvorschriften eingehalten wurden und ob Ermessens- bzw. offensichtliche Beurteilungsfehler vorliegen. Darüber hinaus ist der EuGH nicht legitimiert, die wirtschaftliche Beurteilung der Kommission durch eine eigene Bewertung zu ersetzen.[1017]

Bei der zunehmenden Einflussnahme in wirtschaftspolitischen Angelegenheiten spielt Art. 7 Abs. 4 VO 659/1999[1018] eine zentrale Rolle. Dieser räumt die Möglichkeit ein, Positiventscheidungen mit verhaltensbestimmenden und strukturellen Auflagen und Bedingungen zu verbinden.[1019] Mittels entsprechender Auferlegung umfangreicher Ausgleichsmaßnahmen konnte die Kommission während der Finanzkrise in Anwendung des sogenannten „Zusagenpakets“[1020] einen Kompromiss zwischen zwei Extrempositionen finden.[1021] So hätte sich eine strikte Ablehnung der in der Krise benötigten Beihilfen folgenschwer auf den Finanzmarkt auswirken können oder sogar zu dessen völligem Zusammenbruch

1013 *Oppermann/Classen/Nettesheim*, Europarecht, § 19, Rn. 20.

1014 *Zimmer/Blaschczok*, WuW 2010, 142, 145.

1015 *Soltész*, EuR 2011, 119, 123; *Zimmer/Blaschczok*, WuW 2010, 142, 145.

1016 EuGH Urt. v. 22.03.1977, Rs. 78/76, Slg. 1977, 595, Rn. 8 (Steinike und Weinlig/Deutschland); Urt. v. 15.12.2005, Rs. C-148/08, Slg. 2005, I-11137, Rn. 71 (Unicredito); *Soltész*, EuR 2011, 119, 123; *Zimmer/Blaschczok*, WuW 2010, 142, 145.

1017 EuGH Urt. v. 15.06.1993, Rs. C-225/91, Slg. 1993, I-3203, Rn. 25 (Matra/Kommission); *Soltész*, EuR 2011, 119, 123.

1018 Verordnung (EG) Nr. 659/1999 des Rates vom 22.03.1999 über besondere Vorschriften für die Anwendung von Artikel 93 des EG-Vertrages, ABl. 1999 Nr. L 83/1, S. 1–9.

1019 Vgl. *Soltész*, WM 2013, 145; *Oppermann/Classen/Nettesheim*, Europarecht, § 22, Rn. 37.

1020 *Soltész*, EuR 2011, 119, 122. Näheres hierzu im 4. Kapitel dieser Arbeit, Ziff. 2. lit. b).

1021 *Soltész*, WuW 2010, 743, 749; *Soltész*, EuR 2011, 119, 122.

führen können. Auf der anderen Seite wäre eine unbegrenzte Beihilfegewährung für den Wettbewerb und somit für den Binnenmarkt fatal gewesen.[1022]

Art. 107 Abs. 3 lit. b) AEUV[1023] bildet im Zusammenspiel mit der Verfahrensermächtigung nach Art. 7 Abs. 4 VO 659/1999 für derartige Ausgleichsmaßnahmen ein rechtliches Fundament.[1024] Allerdings darf die Art der Auflagen nicht grenzenlos sein, vielmehr hat sie den Grundtenor der beihilferechtlichen Vorschriften zu reflektieren. Deren höchstes Schutzgut ist die Aufrechterhaltung sowie die Sicherung des Wettbewerbes. Sofern die Auflagen also vorrangig diesem Ziel dienen, stehen sie im Einklang mit den Beihilfevorschriften. Für den Fall, dass die Kommission jedoch primär wirtschaftspolitische Vorstellungen zu verwirklichen sucht, überschreitet sie ihre Kompetenz. Diese Wertung entspricht auch der Kompetenzverteilung innerhalb der Europäischen Union. Danach obliegt der Kommission gemäß Art. 107 ff. AEUV der Schutz des Wettbewerbes gegenüber politisch motivierten mitgliedstaatlichen Interventionen, während – entsprechend dem Subsidiaritätsprinzip – politische Entscheidungen als solche von den Mitgliedstaaten zu treffen sind.[1025] Sofern die verabschiedeten strukturellen Maßnahmen und Verhaltensauflagen also keinerlei wettbewerbsschützenden Charakter haben oder als politisch und regulatorisch geprägte Auflagen nur mittelbar dem Wettbewerbsschutz zugutekommen, bewegt sich die Kommission außerhalb des ihr von den Beihilfevorschriften sowie von dem AEUV eingeräumten Kompetenzbereiches. Für eine derartige Vorgehensweise ist sie nicht ausreichend demokratisch legitimiert.[1026]

f. Rechtfertigung der Kompetenzüberschreitung

Eine umfassende und sachgerechte Bewertung der zuvor festgestellten Kompetenzüberschreitung darf jedoch den Ausnahmecharakter der Finanz- und Wirtschaftskrise nicht außer Acht lassen. Auch wenn die Kommission teilweise den ihr zugeschriebenen Aufgabenbereich überschreitet und einige ihrer strukturellen Maßnahmen und Verhaltensauflagen dazu geeignet sind, die Bankenlandschaft neu zu gestalten,[1027] so darf nicht übersehen werden, dass dieses Vorgehen vorrangig

1022 Vgl. *Soltész*, EuR 2011, 119, 122.
1023 *Birnstiel/Heinrich/Keidel*, BRZ 2012, 73.
1024 *Soltész*, WM 2013, 145; vgl. *Birnstiel/Heinrich/Keidel*, BRZ 2012, 73, 77.
1025 *Zimmer/Blaschczok*, WuW 2010, 142, 145.
1026 Vgl. *Soltész*, WM 2013, 145, 147.
1027 Vgl. *Drijber/Burmester*, Competition law, S. 582; *Soltész*, WM 2013, 145; vgl. *Sonder*, EWS 2012, 170, 176.

darauf zielte, die Finanzkrise zu bewältigen[1028] oder einer möglichen weiteren Krise gegenzusteuern. Die in diesem Zusammenhang geforderten drastischen Bilanzsummenreduzierungen lassen sich damit rechtfertigen, dass die betroffenen Institute ohne die staatliche Beihilfe ohnehin aus dem Markt ausgeschieden und deren Marktanteile damit den anderen Wettbewerbern zugefallen wären. Mit dem gewählten Kompromiss konnte deren weitere Teilhabe am Marktgeschehen – wenn auch verbunden mit einschneidenden Maßnahmen – ermöglicht werden.[1029] Bei diesem Vorgehen ist zwecks Prognostizierbarkeit und Rechtssicherheit jedoch unabdingbar, dass die Kommission – insbesondere wenn sie sich jenseits der Grenzen des Wettbewerbsschutzes bewegt – näher darlegt, weshalb sie bestimmte strukturelle Ausgleichsmaßnahmen auferlegt oder weshalb gerade die gewählte Auflage die wettbewerbsrechtliche Situation in den betroffenen Märkten verbessern sollte.[1030] Dies ist häufig unterblieben, lässt sich jedoch mit dem durch die Krise hervorgerufenen Handlungsdruck rechtfertigen. Für den Großteil der wirtschaftspolitisch geprägten Maßnahmen ist jedoch anzumerken, dass sie zumindest indirekt dem Wettbewerbsschutz zugutekommen.[1031]

Ein weiterer Rechtfertigungsgrund für die Kompetenzüberschreitung ist, dass es in einer Phase des Vertrauensverlustes, der Ungewissheit und der Orientierungslosigkeit der Kommission möglich gewesen ist, den mitunter widerstreitenden Interessen in einem koordinierten Rahmen Rechnung zu tragen und chaotischen Zuständen gegenzuwirken. Auch ist der Kommission positiv anzurechnen, dass sie sich in dieser Ausnahmesituation derart couragiert und flexibel zeigte, indem sie sich sogar an heikle bzw. unpopuläre Themen herantraute, die zuvor von den Mitgliedstaaten tabuisiert wurden, obgleich hier – wie beim Thema Landesbanken[1032] – großer Handlungsbedarf bestand. Schließlich war nicht weiter hinnehmbar, dass einige Banken mit einem extrem verlustträchtigen Geschäftsmodell mittels staatlicher Unterstützung künstlich am Leben gehalten wurden und somit weiterhin ihren riskanten Bankgeschäften nachgehen konnten. Solchen sogenannten „Zombie-Banken“ galt und gilt es gegenzusteuern.[1033] Trotz allem aber dürfen

---

1028 Vgl. *Sonder*, EWS 2012, 170, 176.

1029 *Soltész*, WuW 2010, 743, 749.

1030 Vgl. *Drijber/Burmester*, Competition law, S. 582; *Zimmer/Blaschczok*, WuW 2010, 142, 153.

1031 *Zimmer/Blaschczok*, WuW 2010, 142, 157.

1032 *Schmidt-Mattern, Barbara*, Katzenjammer in Düsseldorf, Deutschlandradio Online v. 20.12.2011, abgerufen am 10.03.2013 unter: http://www.dradio.de/dlf/sendungen/kommentar/1633611/; *Sonder*, EWS 2012, 170 ff.

1033 Vgl. *Hudig*, mlex Magazine 2011, 44, 48.

alle rechtspolitisch durchaus gerechtfertigten wie auch pragmatischen Maßnahmen nicht übersehen, dass der auf die Finanz- und Wirtschaftskrise zurückzuführende Paradigmenwechsel der Kommission nur von vorübergehender Dauer sein kann. Sobald sich der Finanzsektor wieder erholt hat, müssen die Regulierungsvorschriften umgehend überarbeitet werden.[1034]

Darüber hinaus finden die auferlegten wirtschaftspolitischen Maßnahmen für die Banken ihre Rechtfertigung in folgender Überlegung: Die Vergabe zahlreicher mit Auflagen versehener Beihilfen wird oftmals mit dem Hinweis auf ein vorliegendes Markt- bzw. Regulierungsversagen ökonomisch gerechtfertigt.[1035] Für die Notwendigkeit der Beantragung einer Beihilfe sowie deren ökonomische Rechtfertigung ist es aber unerheblich, ob oder inwieweit die Ausgangssituation ursächlich einem Markt- oder aber Regulierungsversagen zuzuschreiben ist. Das gilt umso mehr, als es den Kritikern bis dato noch nicht gelungen ist, in einer ohnehin eher wirtschaftstheoretischen, sehr differenzierten Argumentation eine klare Zuordnung oder Abgrenzung herbeizuführen.[1036] Einigkeit besteht aber, dass die Funktionsfähigkeit des Marktes in der Finanzkrise beeinträchtigt war. Der sich dadurch ergebende Handlungsbedarf war unübersehbar. Die an die begünstigten Finanzinstitute adressierten Ausgleichsmaßnahmen und Verhaltensauflagen waren nach Maßgabe eines pragmatischen Krisenmanagements von der Sache her geboten und damit auch gerechtfertigt.[1037] Inwieweit damit letztendlich tatsächlich einer weiteren Krise gegensteuert wird oder sich riskante Geschäftsstrategien unterbinden lassen, ist zum jetzigen Zeitpunkt noch nicht abschließend zu beurteilen.

Eine weitere Rechtfertigung für die auferlegten Maßnahmen zur Verhaltensregulierung lässt sich herleiten aus den in diesem Bereich bestehenden Gesetzeslücken, deren Schließung die Gesetzgeber bis dato nicht in Angriff genommen haben.[1038] Auch existiert bis heute kein effektiver europäischer Überwachungsmechanismus für Banken.[1039] Initiativ füllte die Kommission dort das regulatorische

---

1034 Vgl. *Sonder*, EWS 2012, 170, 176.

1035 Vgl. *Langner*, Die Beihilfenkontrolle auf dem Prüfstand, S. 8 f., 11 f., 14; *Birnstiel/Heinrich/Keidel*, BRZ 2012, 73, 79.

1036 Vgl. zum Stand der Diskussion sowie für weitere Verweise: *Birnstiel/Heinrich/Keidel*, BRZ 2012, 73, 79.

1037 Vgl. *Birnstiel/Heinrich/Keidel*, BRZ 2012, 73, 79 f.

1038 Vgl. *Soltész*, WM 2013, 145, 147 f.

1039 *Diekmann/Kaiser*, Krise der Banken – IWF warnt Europa vor instabilem Finanzsektor, Spiegel Online v. 15.03.2013, abgerufen am 18.03.2013 unter: http://www.spiegel.de/wirtschaft/soziales/iwf-fordert-eu-auf-mehr-fuer-finanzstabilitaet-zu-tun-a-889195.html.

„Vakuum“, wo sie sich in eigener Interpretation des Beihilferechts zum Handeln ausreichend autorisiert sah.[1040] Auch wenn die Kommission dabei mitunter ihren Kompetenzbereich überschritten hat und ihr proaktives Vorgehen in dieser Weise nicht ausdrücklich und vollständig demokratisch legitimiert ist, so dürften zumindest die Gründungsverträge und Ratifikationsgesetze der Staaten ein hinlänglich rechtliches Fundament dafür bieten.[1041]

Vor dem Hintergrund, dass die Staaten die Beihilfepraxis der Kommission in der Krise akzeptiert oder zumindest toleriert haben, ließe sich das wirtschaftspolitische Handeln der Kommission auch in Anlehnung an gewohnheits- bzw. völkergewohnheitsrechtliche Vorstellungen durchaus rechtfertigen. Ähnlich dem Gewohnheitsrecht entwickelte sich hier in Bezug auf wirtschaftspolitische Maßnahmen ein neues Rechtskonstrukt, das nicht durch Gesetzgebung, sondern in seiner praktischen Anwendung eine ganz spezifische rechtliche Konkretisierung erfuhr. Danach war es auch zulässig, den Banken Regulierungsmaßnahmen aufzuerlegen.

2. Verfahrensrechtliche Grundlagen für Krisenmaßnahmen

a. Rationalisierung der Genehmigungspraxis

Nach dem bisherigen Beihilferecht müssen nach Art. 108 Abs. 3 AEUV alle neu einzuführenden oder umzugestaltenden bestehenden Beihilfen bei der Kommission angemeldet werden, sofern nicht eine Gruppenfreistellung vorliegt. Bereits genehmigte Beihilfen werden lediglich dahingehend von der Kommission und den Mitgliedstaaten geprüft, ob sie weiterhin vertragskonform sind.[1042] Wird eine Beihilfe ohne bzw. nach der Notifikation, jedoch vor Entscheidung der Kommission gewährt, so gilt sie als rechtswidrig.[1043] Das zugrundeliegende Rechtsgeschäft ist unwirksam. Die Rechtsfolgen richten sich nach dem jeweiligen nationalen Recht.[1044] Nach der Rechtsprechung des Bundesgerichtshofes sind entsprechende Verträge in Deutschland gemäß Art. 108 AEUV i.V.m. § 134 BGB unheilbar

---

1040 Vgl. *Soltész*, WM 2013, 145, 147 f.

1041 Vgl. *Soltész*, WM 2013, 145, 147.

1042 *Oppermann/Classen/Nettesheim*, Europarecht, § 22, Rn. 34.

1043 *Oppermann/Classen/Nettesheim*, Europarecht, § 22, Rn. 38.

1044 EuGH Urt. v. 21.11.1991, Rs. C-354/90, Slg. 1991, I-5505, Rn. 17 (FNCE/Französische Republik); Urt. v. 11.07.1996, Rs. C-39/94, Slg. 1996, I-3547, Rn. 40 (SFEI u.a./La Poste u.a.).

nichtig.[1045] Dies ergebe sich vor allem daraus, dass Art. 108 Abs. 3 AEUV eine verfrühte Beihilfegewährung im Interesse der Wettbewerber des Beihilfeempfängers verhindern soll. Der diesen potentiell entstandene Wettbewerbsnachteil sei durch eine spätere Genehmigung nicht mehr ausgleichbar.[1046] Eine nachträgliche Genehmigungsentscheidung der Kommission in Bezug auf die ergangene Beihilfe habe also keinerlei Rückwirkung und führe daher auch nicht zu einer nachträglichen Heilung des nichtigen Rechtsgeschäftes.[1047]

Für die krisenspezifischen Unterstützungsmaßnahmen während der Finanz- und Wirtschaftskrise ist zu fragen, ob sich die Kommission in dieser Sondersituation an den bestehenden verfahrensrechtlichen Rahmen gehalten hat. Wäre das bisherige beihilferechtliche Verfahren weiterhin konsequent angewendet worden, d. h. hätte die Kommission an einer Notifizierungspflicht für sämtliche Maßnahmen festgehalten, so wären insbesondere die „Rettungsschirme“ erst nach Genehmigung der Kommission wirksam gewesen. Vor der Entscheidung hätten sich die betroffenen Banken und Unternehmen nicht auf die Rechtswirksamkeit der staatlichen Maßnahme verlassen können. Erfahrungsgemäß hätte das jeweilige Entscheidungsverfahren sehr lange gedauert. Schlimmstenfalls hätten einige Unternehmen sogar schon vor der Bekanntgabe der Entscheidung über die Beihilfe schließen müssen. Vor diesem Hintergrund musste die Kommission also flexibel und zügig reagieren. Um das Problem der Langwierigkeit des Verfahrens zu lösen, hat sich die Kommission eines Kunstgriffes bedient: Sie konzipierte und verabschiedete in kürzester Zeit ihre Mitteilungen für den Bankensektor sowie den Gemeinschaftsrahmen für die Realwirtschaft. Damit schuf sie einen rechtlichen Rahmen, an dem sich die Staaten für beabsichtigte nationale Beihilferegelungen orientieren konnten. Die auf den Mitteilungen basierenden Beihilferegelungen waren sodann der Kommission zur Überprüfung vorzulegen. Erst nach deren Genehmigung konnten einzelne Beihilfen, die die Voraussetzungen der Beihilferegelung erfüllten, auf nationaler Ebene erfolgen. In Deutschland führte die Genehmigung des Bankenrettungsschirmes dazu, dass jede Beihilfe, die die Voraussetzungen des FMStFG und der diesbezüglichen Genehmigungsentscheidung der Kommission erfüllte, als „bestehende Beihilfe“ gewertet wurde und damit als mit dem Binnenmarkt vereinbar galt.[1048] Dieses Prinzip fand auch für die Realwirtschaft Anwendung. Erst nach Genehmigung der Konjunkturpakete bzw. des Wirtschaftsfonds konnten hieraus

1045 BGH EuZW 2003, 444 f.; BGH EuZW 2004, 254 f.; *Palandt/Heinrichs*, § 134 Rn. 3.
1046 BGH EuZW 2003, 444 f.
1047 BGH EuZW 2003, 444 f.; BGH WM 2004, 468 ff.; BGH EuZW 2004, 254.
1048 *Soltész*, in: Schwarze, Rechtsschutz und Wettbewerb, S. 61, 69.

Einzelbeihilfen gewährt werden. Somit war eine Notifizierung nach Art. 108 Abs. 3 AEUV nicht erforderlich. Mit dieser Vorgehensweise beugte die Kommission einer möglichen Flut von Einzelbeihilfeanträgen vor, die sicherlich nicht annähernd so schnell zu bearbeiten gewesen wären wie die Bewertung der nationalen Regelungen.

Die krisenspezifische Praxis entspricht in den Grundzügen dem bisherigen beihilferechtlichen Verfahren, da es zwischen neuen und bestehenden Beihilfen unterscheidet. Mit dem Konzept der Rahmenvorgaben ist die Einhaltung der durch die Kommission vorgegebenen Voraussetzungen sichergestellt. Die Kommission hat sich daher auch in der Krise verfahrenskonform verhalten.

b. Zusagenentscheidungen in Abkehr vom ex ante Kontrollsystem

Die Genehmigung von Beihilfen vor der Finanz- und Wirtschaftskrise basierte auf einem *ex ante* Kontrollsystem.[1049] Die Mitgliedstaaten mussten gemäß Art. 108 AEUV jede neue Beihilfe oder Beihilferegelung der Kommission rechtzeitig notifizieren. Nach Art. 4 VO 659/1999 beginnt das Verfahren der Prüfung angemeldeter Beihilfen mit dem vorläufigen Prüfungsverfahren. Es verschafft der Kommission einen ersten Überblick über die beantragte Beihilfe. Lediglich für den Fall, dass sich das Beihilfevorhaben als mit dem Binnenmarkt unvereinbar erweist bzw. dahingehende Zweifel bestehen, hat die Kommission nach Art. 108 Abs. 2 AEUV in Verbindung mit Art. 6 und 7 VO 659/1999 das förmliche Prüfverfahren einzuleiten.[1050] Die Kommission, d. h. in erster Linie die Generaldirektion Wettbewerb[1051], entscheidet dann gemäß Art. 4 Abs. 5 VO 659/1999 innerhalb von 2 Monaten, ob die Beihilfe oder die Beihilferegelung mit dem Binnenmarkt vereinbar ist. Während sich die vorläufige Prüfung lediglich zwischen dem Mitgliedstaat und der Kommission abspielt, sind gemäß Art. 6 Abs. 1 VO 659/1999 beim förmlichen Prüfverfahren auch Dritte im Sinne des Art. 1 lit. h) VO 659/1999 zu beteiligen. Ihnen wird in diesem Prüfungsabschnitt Gelegenheit zur Stellungnahme gegeben. Damit besteht für diese die Möglichkeit, Einwände vorzubringen wie auch abweichende eigene Auffassungen vorzutragen. Diese Vorgehensweise macht die Genehmigungspraxis für Dritte transparenter.[1052] Die Kommission ihrerseits kann sich umfassend über das später zu entscheidende Beihilfevorhaben informieren. Gemäß Art. 7 Abs. 3 und 5 VO 659/1999 ergeht der abschließende

1049 *Soltész/von Köckritz*, mlex Magazine 2011, 40, 41.

1050 Vgl. Art. 108 Abs. 3 AEUV i.V.m. Art. 4 Abs. 4 VO 659/1999.

1051 *Langner*, Die Beihilfenkontrolle auf dem Prüfstand, S. 6.

1052 Vgl. *Jaeger*, EStAL 1/2009, 3, 4.

Bescheid der Kommission als Positiv- oder Negativentscheidung. Alternativ kann die Entscheidung gemäß Art. 7 Abs. 2 VO 659/1999 auch die Feststellung beinhalten, dass es sich bei dem notifizierten Vorhaben nicht um eine Beihilfe handelt. Dabei kann die Positiventscheidung gemäß Art. 7 Abs. 4 VO 659/1999 mit Auflagen und Bedingungen versehen werden.

Da sich während der Finanzkrise die gängige Praxis als zu langwierig erwies, ging die Kommission in der Finanzwirtschaft in gewisser Abkehr vom bisherigen Genehmigungssystem zu einem *ex post* Kontroll- bzw. Überwachungsverfahren über.[1053] Hier kristallisierte sich als neuer Genehmigungstyp die „Zusagenentscheidung" in ihrer besonderen Bedeutung für Ad-hoc-Beihilfen heraus.[1054] Diese basiert rechtlich auf Art. 7 Abs. 4 VO 659/1999.[1055] Dabei handelt es sich um eine vorläufig erteilte Genehmigungsentscheidung der Kommission für die beantragte Beihilfe, die die Zusage für die Beihilfe von der Einhaltung auferlegter Maßnahmen abhängig macht.[1056] Der Empfänger hat sich darauf einzustellen, hierbei auch *ex post* kontrolliert zu werden.[1057] Durch eine zügige Genehmigung der beantragten Beihilfe kann die Kommission in einem weiteren Schritt die Genehmigung der Umstrukturierungsbeihilfe verhältnismäßig einfach von erheblichen Zugeständnissen der begünstigten Finanzinstitute abhängig machen.[1058] Bei den Verhandlungen über die entsprechenden Auflagenpakete stand die betroffene Bank vor der Alternative, entweder die Vorgaben der Kommission zu akzeptieren und weitreichende Zugeständnisse zu machen oder eine Negativ- bzw. Unvereinbarkeitsentscheidung zu riskieren, die die Rückzahlung der Beihilfe zur Folge gehabt hätte.[1059] Solch eine Rückzahlung hätte in den meisten Fällen zur Abwicklung der betroffenen Bank geführt.[1060]

Das dargestellte Grundprinzip fand gelegentlich auch seine Anwendung für die Realwirtschaft, hat allerdings dort nicht in dem Umfang seinen Niederschlag gefunden wie in der Bankenwelt.[1061]

1053 Vgl. *Soltész*, EuR 2011, 119, 131; *Soltész/von Köckritz,* mlex Magazine 2011, 40, 41.

1054 *Soltész*, EuR 2011, 119, 122.

1055 *Birnstiel/Heinrich/Keidel*, BRZ 2012, 73, 77.

1056 Vgl. *Soltész/von Köckritz*, mlex Magazine 2011, 40, 41.

1057 *Soltész*, EuR 2011, 119, 128.

1058 *Birnstiel/Heinrich/Keidel*, BRZ 2012, 73, 77.

1059 *Soltész*, WuW 2010, 743, 744; *Birnstiel/Heinrich/Keidel*, BRZ 2012, 73, 77.

1060 Vgl. *Birnstiel/Heinrich/Keidel*, BRZ 2012, 73, 77.

1061 Vgl. Pressemitteilungen der Kommission vom 04.02.2009 (MEMO/09/50) sowie vom 23.09.2009 (MEMO/09/411); *Soltész*, EuR 2011, 119, 133 f.

c. *Verfahrensrechtliche Aspekte und Rechtsschutz Dritter*

Die genannten Anpassungen des Bearbeitungs- und Genehmigungsverfahrens an das erhöhte Beihilfeaufkommen sind grundsätzlich zu befürworten. Allerdings erscheint in diesem Zusammenhang bedenklich, dass die Kommission in nur wenigen Fällen der genehmigten Beihilfen ein formelles Prüfungsverfahren durchführte.[1062] Darüber hinaus wurden bei der Mehrzahl der genehmigten Beihilfen von vornherein keine Einwände erhoben, so dass diese bereits im Rahmen der Vorprüfung beendet wurden.[1063] Dies mag daran liegen, dass wohl schon im Vorfeld der Notifizierung informelle Konsultationen und Abstimmungen stattgefunden hatten.[1064] Eine weitere Ursache ist, dass die Beihilfen den Vorgaben der Kommission von Anfang an angepasst waren. Nur in Ausnahmefällen wurde ein Verfahren eingeleitet.[1065] Unter solchen Umständen können sich andere Wettbewerber jedoch nicht am Verfahren beteiligen.[1066] Insbesondere wird ihnen das Recht zur Einsicht und Stellungnahme verwehrt, welches nur für das förmliche Prüfungsverfahren vorgesehen ist. Als Folge dieser fehlenden Transparenz[1067] können Dritte nur schwer gegen die Genehmigungsentscheidungen der Kommission vorgehen. So besteht für sie vor allem nicht die Möglichkeit, die im vorläufigen Prüfungsverfahren erlassene Entscheidung in materieller Hinsicht gerichtlich überprüfen zu lassen.[1068] Die Wettbewerber sind darauf beschränkt[1069], den Formalfehler einer unzulässigen Nichteröffnung des förmlichen Prüfungsverfahrens geltend zu machen.[1070] Im Hinblick auf einen umfassenden Rechtsschutz ist dies kritisch anzumerken, allerdings scheint der EuGH der Kommission in ihrer Vorgehensweise mit seiner zurückhaltenden Rechtsprechung den Rücken zu stärken.[1071]

1062 Vgl. Pressemitteilung der Kommission vom 17.12.2009 (MEMO/09/564); *Jaeger*, EStAL 1/2009, 3, 5; *Fehling*, EuR 2010, 598, 599.

1063 Vgl. *Jaeger*, EStAL 1/2009, 3, 5; *Fehling*, EuR 2010, 598, 599.

1064 *Fehling*, EuR 2010, 598, 616; *Zimmer/Blaschczok*, WuW 2010, 142, 151.

1065 *Fehling*, EuR 2010, 598, 599; *Jaeger*, EStAL 1/2009, 3, 5.

1066 *Jaeger*, EStAL 1/2009, 3, 5.

1067 *Jaeger*, EStAL 1/2009, 3, 4.

1068 Vgl. *Drijber/Burmester*, Competition law, S. 582; vgl. *Soltész*, EuR 2011, 119, 123; *Soltész/von Köckritz*, mlex magazine 2011, 40, 42.

1069 Vgl. *Soltész*, EuR 2011, 119, 123.

1070 *Jaeger*, EStAL 1/2009, 3, 4 f.

1071 Vgl. EuGH Urt. v. 22.03.1977, Rs. 78/76, Slg. 1977, 595, Rn. 8 (Steinike und Weinlig/Deutschland); Urt. v. 15.12.2005, Rs. C-148/08, Slg. 2005, I-11137, Rn. 71 (Unicredito); *Soltész/von Köckritz*, mlex magazine 2011, 40, 42; *Zimmer/Blaschczok*, WuW 2010, 142, 145.

d. Qualität der Prüfung

Führt man sich vor Augen, dass die Kommission in der Krise eine Prüfung von Beihilfen innerhalb von 2 Wochen garantierte und sogar ein entsprechendes Eilverfahren innerhalb von 24 Stunden zusagte, so gibt dieses Anlass, die Qualität von Prüfung und Analyse der Beihilfeverfahren, deren Überprüfungen sich sonst über einen deutlich längeren Zeitraum erstrecken, anzuzweifeln.[1072] Ein Blick in die Genehmigungspraxis während der Krise legt sogar die Vermutung nahe, dass viele registrierte Beihilfen nur „durchgewunken"[1073] und überhaupt nicht kontrolliert wurden. Schließlich ist bislang keine einzige ablehnende Entscheidung bekannt.

Zweifelsohne ist Zeitdruck grundsätzlich nicht ohne Auswirkungen für die Kontrolldichte und den zu fordernden Prüfungsumfang.[1074] Insbesondere lassen sich schon aus Zeitgründen keine ausgefeilten ökonomischen Modelle der Bewertung der Beihilfen zugrunde legen.[1075] Die Flut an Beihilfeanträgen kam dabei erschwerend hinzu.[1076] Diese Problematik spiegelt sich zum Teil in den Entscheidungsbegründungen der Kommission wider. Insbesondere in der Anfangsphase der Krise zeigte sich, dass die im Genehmigungsverfahren durchgeführte juristische Aufarbeitung der getroffenen Entscheidungen aufgrund unzureichender oder unvollständiger Begründungen nicht immer überzeugend war. Die Zweifel betreffen zwar nicht alle ergangenen Entscheidungen, vereinzelte Fälle wie die Vereinbarkeitsentscheidungen zu Bradford & Bingley[1077] und Hypo Real Estate[1078] bestätigen jedoch dieses Manko.[1079] Exemplarisch für die Oberflächlichkeit der Begründung ist die Abhandlung des Begriffes der Systemrelevanz in den beihilferechtlichen Entscheidungen. Dabei sollte die Einschätzung des jeweiligen Staates in die Bewertung mit einfließen.[1080] Schließlich vermag dieser am ehesten die Systemrelevanz eines Unternehmens zu beurteilen. Den Staaten wurden damit ein weiter Beurteilungsspielraum sowie eine indirekte und maßgebliche Teilhabe an

1072 Vgl. *Jaeger*, EStAL 1/2009, 3, 4; *Fehling*, EuR 2010, 598, 601.
1073 Vgl. *Jaeger*, EStAL 1/2009, 3, 5.
1074 Vgl. *Fehling*, EuR 2010, 598, 601.
1075 *Fehling*, EuR 2010, 598, 612.
1076 *Fehling*, EuR 2010, 598, 612.
1077 Entscheidung der Kommission vom 01.10.2008, Fall NN 41/2008 (Bradford & Bingley).
1078 Vgl. *Jaeger*, in: Jaeger, S. 4.
1079 Vgl. *Jaeger*, EStAL 1/2009, 3, 4.
1080 Vgl. Bankenmitteilung, Ziff. 9.

der Entscheidung gewährt. Statt einer detaillierten eigenen Bewertung und einem intensiven Auseinandersetzen mit der systemrelevanten Bedeutung einer Bank zeigte die Entscheidungspraxis jedoch im Laufe der Zeit eine auffällige Abkehr von dem eigentlichen Grundgedanken.[1081] Anstelle einer notwendigen Tiefenprüfung wurden die Einschätzungen der Staaten einfach übernommen und für die Systemrelevanz lediglich eine positive Feststellung getroffen.[1082] Solch ein Hinweis ersetzt jedoch keinesfalls die umfängliche Aufarbeitung des Sachverhalts und die kritische Auseinandersetzung damit.[1083] Im Fall Bradford & Bingley beschränkte sich die Kommission in ihrer Vereinbarkeitsprüfung ohne eine entsprechende Sachverhaltswürdigung auf Leerformeln und Zirkelargumente.[1084]

Andere etwas ausführlicher begründete Vereinbarkeitsentscheidungen zeigen nicht den zuvor noch von der Kommission im „Aktionsplan Staatliche Beihilfen 2005“ propagierten verstärkt ökonomischen Ansatz („more economic approach“)[1085,1086] Das hat zur Folge, dass die Entscheidungen überwiegend nicht von ökonomischen Ergebnissen bestimmt werden, was auf mangelnde Beteiligung ökonomischen Sachverstandes schließen lässt. Es ist jedoch nicht nachzuvollziehen, weshalb für wichtige wirtschaftspolitische Steuerungsentscheidungen zusätzlich zu den Juristen Ökonomen nicht verstärkt in den Entscheidungsprozess einbezogen werden.[1087] Angesichts der besonderen Beihilfevolumina in der Krise und ihrer Wettbewerbswirkungen wäre dies erforderlich gewesen.

Unzureichende Begründungen erschweren es anderen Marktteilnehmern abzuschätzen, wie die Kommission weitere Fälle beurteilen wird. Dieser Mangel an Transparenz kann sich negativ auf mögliche Gegenmaßnahmen der Mitbewerber auswirken und führt zu Unsicherheit.[1088] Für einen unverfälschten Wettbewerb sind aber die Solidität der Begründungen und die umfängliche Transparenz wie auch der effektive Rechtsschutz eine notwendige Maxime.[1089] In diesem

---

1081 Vgl. Entscheidung der Kommission v. 22.12.2008, Fall N 639/2008, Ziff. 16 (Garantiemaßnahme für IKB).

1082 Vgl. *Birnstiehl/Heinrich/Dierckens*, BRZ 2010, 67, 71; vgl. zur mitunter fehlenden notwendigen Tiefenprüfung: *Klafki*, EWS 2011, 497, 502.

1083 *Birnstiel/Heinrich/Dierckens*, BRZ 2010, 67, 71.

1084 *Jaeger,* EStAL 1/2009, 3, 4.

1085 Vgl. hierzu ausführlich: *Jaeger*, WuW 2008, 1064 ff; *Kaupa*, in: Jaeger, 385 f.

1086 Vgl. *Kaupa*, Juridikum 2009, 108; *Jaege*r, EStAL 1/2009, 3, 4.

1087 Vgl. *Jaeger*, EStAL 1/2009, 3, 4.

1088 Vgl. *Jaeger*, EStAL 1/2009, 3, 4.

1089 Vgl. *Jaeger*, EStAL 1/2009, 3, 5.

Zusammenhang ist anzumerken, dass einzelne Stimmen[1090] solch eine defizitäre Vorgehensweise akzeptieren, weil sie sie als Ausprägung des Verhältnismäßigkeitsgrundsatzes in jenen Fällen verstehen. Eine verkürzte Prüfung sei akzeptabel, wenn die Durchführung des sonst üblichen umfangreicheren Prüfungsprogrammes geeignet ist, Schäden zu verursachen, die dann in keinem Verhältnis zu den Vorteilen der gründlichen Prüfung stehen. Wenngleich das durch die akuten Probleme in der Krisensituation eine gewisse Rechtfertigung findet,[1091] so muss sich die Kommission langfristig doch dem umfänglichen Begründungserfordernis verpflichtet sehen. Der Marktteilnehmer hat schließlich einen Anspruch auf Transparenz und Rechtssicherheit.

Die Tatsache, dass während der Finanzkrise keine einzige ablehnende Entscheidung im Bereich der Finanz- und Realwirtschaft erging,[1092] könnte den Verdacht befördern, dass vielleicht in dieser Zeit überhaupt keine Beihilfenkontrolle stattgefunden hat. Dem ist jedoch entgegenzuhalten, dass die Kommission während der Krise die Kontrolle nicht suspendiert, sondern diese lediglich modifiziert hat. Die Einhaltung der Vorgaben der Krisenmitteilungen durch die Staaten bei der Verabschiedung ihrer Beihilfeprogramme relativierte die Bedeutung von strengen Kontrollen.[1093] Sicherlich hat auch dazu beigetragen, dass man sich im Vorfeld der Notifizierung über die Bedingungen der Beihilfen einigen konnte.[1094]

II. Denkbare Alternativen während der Krise

Wie bereits im 3. Kapitel dieser Arbeit dargestellt, hat die globale Finanz- und Wirtschaftskrise die Grenzen der R&U-Leitlinien bei deren strikter Anwendung aufgezeigt. Damit wurden lösungsorientierte Handlungsalternativen erforderlich. Da die Kommission in dieser Situation weder auf Erfahrungswerte noch auf bereits bestehende Krisenkonzepte zurückgreifen konnte,[1095] stellte sich zunächst einmal die Frage nach der grundsätzlichen Fortführung oder nach einem gänzlichen Aussetzen der Beihilfenkontrolle.[1096] Die Kommission und die Staaten

---

1090 Vgl. *Jestaedt/Wiemann*, WuW 2009, 606.
1091 Vgl. *Fehling*, EuR 2010, 598, 615.
1092 *Fehling*, EuR 2010, 598, 599.
1093 Vgl. *Fehling*, EuR 2010, 598, 616; *Soltész*, EuR 2011, 119, 133.
1094 Vgl. *Fehling*, EuR 2010, 598, 616; *Jaeger*, EStAL 1/2009, 3, 4.
1095 *Jaeger*, EStAL 1/2009, 3.
1096 *Quard/Lipinsky*, BRZ 2009, 63.

einigten sich auf die Fortführung des Beihilferegimes während der Krise.[1097] Bei der temporären Modifikation des beihilferechtlichen Regelwerks standen die Art und Weise der Ausgestaltung der Beihilfevorschriften wie auch der richtige Grad an staatlicher Unterstützung zur Disposition.[1098] Für die Kommission kamen mehrere Möglichkeiten in Betracht.[1099] Sie entschied sich letztlich für die bereits dargestellte fortgesetzte Beihilfenkontrolle unter Anwendung angepasster Maßstäbe.[1100] Die Begründung für diese Entscheidung wird nachvollziehbar aus der kritischen Bewertung der nachfolgend dargestellten Alternativen.

1. Aussetzen des Beihilfeverbots

Vereinzelt wurde für ein Aussetzen des Beihilfeverbots oder eine vorübergehende Freistellung von der Notifizierungspflicht plädiert.[1101] Für die Suspension bzw. die Abschaffung des gesamten Beihilferechts hätte es jedoch keine ausdrückliche rechtliche Grundlage gegeben. Vielmehr wäre eine Änderung der primärrechtlichen Beihilfevorschriften und somit eine Änderung des AEUV erforderlich gewesen. Als völkerrechtlicher Vertrag kann der Wortlaut des AEUV prinzipiell durch Änderungsverträge geändert werden, was zuletzt durch den Vertrag von Lissabon 2007 geschah. Art. 48 AEUV legt hierfür spezielle Änderungsverfahren fest. Dabei ist in jedem Fall ein einstimmiger Beschluss der nationalen Regierungen notwendig, was das Verfahren angesichts der zunehmenden Anzahl an Mitgliedstaaten nicht erleichtert. Eine Veränderung des AEUV ist daher im Normalfall erheblich schwieriger zu erreichen als eine Änderung nationaler Verfassungen. Solch ein aufwändiges und langwieriges Verfahren zur Vertragsänderung wäre der Notwendigkeit schnellen Handelns in der Krise zuwider gelaufen und kam deshalb nicht in Betracht.

Stattdessen hätte man die Beihilfenkontrolle indirekt umgehen können, indem Rettungsmaßnahmen zugunsten systemischer Banken mit öffentlichen Mitteln nicht als Beihilfen klassifiziert worden wären.[1102] Rechtlich wäre solch eine

---

1097 Schlußfolgerungen des Rates für Wirtschaft und Finanzen vom 07.10.2008 – vgl. Bankenmitteilung, Fn. 1 zu Ziff. 3 und Ziff. 5; Ziff. 2 der Schlußfolgerungen des Vorsitzes des Europäischen Rates vom 19./ 20.03.2009 in Brüssel, Dok 7880/09.

1098 *Quard/Lipinsky*, BRZ 2009, 63; *Jaeger*, EStAL 1/2009, 3.

1099 *Quard/Lipinsky*, BRZ 2009, 63, 67.

1100 *Quardt/Lipinsky*, BRZ 2009, 63.

1101 *Doleys*, Managing State Aid, S. 13; vgl. *Drijber/Burmester*, Competition law, S. 577.

1102 Vgl. Bankenmitteilung, Ziff. 51; *Michaelis*, Beihilfenrecht, S. 68.

Umgehung der Beihilfepolitik der Kommission über ein geschlossenes Auftreten der Staaten mit einem Verweis auf Art. 108 Abs. 2 oder Art. 107 Abs. 2 lit. b) AEUV denkbar gewesen.[1103] Entgegen der sonst bestehenden Kompetenzverteilung enthält Art. 108 Abs. 2 AEUV eine zusätzliche Ermächtigung zugunsten des Rates. Danach kann der Rat auf Antrag eines Mitgliedstaates einstimmig entscheiden, dass eine von diesem Staat gewährte oder geplante Beihilfe in Abweichung von Artikel 107 AEUV oder von den nach Artikel 109 AEUV erlassenen Verordnungen als mit dem Binnenmarkt vereinbar gilt. Für eine solche Entscheidung müssen allerdings außergewöhnliche Umstände vorliegen, die sich nicht schon aus Art. 107 Abs. 2 und 3 AEUV ergeben dürfen.[1104] Sieht der Rat derartige Umstände als gegeben an, kann er – sofern das bisherige Beihilferecht nicht weiterhilft – bei erheblichen wirtschaftlichen Schwierigkeiten in einem Staat einschreiten.[1105] Angesichts der zumeist unterschiedlichen Interessen der im Rat vertretenen Regierungen ist jedoch zweifelhaft, ob die erforderliche Einstimmigkeit der Mitliedstaaten überhaupt erreicht worden wäre. Im Falle der zweiten Rechtsgrundlage, Art. 107 Abs. 2 lit. b) AEUV, hätte die Finanz- und Wirtschaftskrise als „außergewöhnliches Ereignis" klassifiziert werden müssen. Der Kommission hätte dann innerhalb dieser Legalausnahmen *kein* Ermessen[1106] zugestanden, vielmehr wäre sie zur Genehmigung der Beihilfen verpflichtet gewesen. Die staatlichen Zuwendungen wären dann als Ausgleich für die durch die Krise und ihre außergewöhnlichen Ereignisse entstandenen Schäden anzusehen.[1107]

Vor dem Hintergrund des Umfanges[1108] der genehmigten Beihilfen während der Krise wäre es nicht abwegig gewesen, die Beihilfenkontrolle auszusetzen. Insbesondere ist fraglich, ob sich solch eine Kontrolle überhaupt noch als sinnvoll erweist, wenn letztlich de facto fast allen Wettbewerbern in der Krise Beihilfen gewährt werden. Dem schließt sich die Frage an, ob oder inwieweit einzelnen

1103 Vgl. *Losch*, BRZ 2008, 4, 5; vgl. zum Verweis auf Art. 108 Abs. 2: *Arhold*, EuZW 2008, 713, 714.

1104 Vgl. *Bartosch*, EU-Beihilfenrecht, Art. 88 EGV, Rn. 24.

1105 Vgl. *Losch*, BRZ 2008, 4, 5; Art. 108 Abs. 2 AEUV kam bisher überwiegend bei Agrarbeihilfeangelegenheiten zur Anwendung.

1106 Bei Art. 107 Abs. 3 AEUV steht der Kommission hingegen Ermessen zu.

1107 In der bisherigen Anwendungspraxis des Art. 87 Abs. 2 lit. b) EGV bezog sich dieser auf Kriegsfolgen, Industrieunglücke, schwere innere Unruhen oder Folgen terroristischer Anschläge. Daher wäre eine Ausdehnung auf Finanz- und Wirtschaftskrisen wohl eher abzulehnen.

1108 *Mussler*, Die Macht der Kommission Politische Beihilfenkontrolle, Frankfurter Allgemeine Zeitung vom 20.06.2009, Nr. 140, S. 9.

Unternehmen ein Wettbewerbsvorteil zufällt. Dabei muss auch berücksichtigt werden, dass die Finanzinstitute oftmals einen Image- und Vertrauensschaden erleiden, wenn sie sich unter einen staatlichen „Rettungsschirm" flüchten und sich entsprechend hoch verschulden.[1109] Auch die Tatsachen, dass die Rettungsmaßnahmen innerhalb kürzester Zeit genehmigt und somit mehr oder weniger von der Kommission ohne weitergehende Prüfung zugelassen wurden und bislang keine einzige ablehnende Entscheidung erging,[1110] sprechen nicht unbedingt für eine konsequent durchgeführte Beihilfenkontrolle, so dass der oben aufgeführte Vorschlag zumindest nachvollziehbar erscheint. Grundsätzlich stellt sich die Frage nach dem Sinn und der Notwendigkeit einer Beihilfenkontrolle, wenn entweder überhaupt kein Markt besteht oder dieser infolge von Panik, irrationalem Verhalten oder totalem Vertrauensverlust ernsthaft gestört ist.[1111]

Andererseits hätte die Suspension des Beihilfeverbots und damit die gänzlich unkontrollierte Vergabe staatlicher Unterstützungen den Binnenmarkt ernsthaft schädigen können.[1112] Die dabei zu befürchtenden Subventionswettläufe hätten sich vor allem für kleinere und finanzschwächere Staaten negativ ausgewirkt, da diese in einem Wettlauf mit den größeren Staaten langfristig wohl unterlegen wären.[1113] Auch hätten die Subventionswettläufe zu ungeregelten, wenn nicht sogar chaotischen Kaptitalflüssen der Staaten auf der Suche nach möglichst vorteilhaften Konzepten führen können.[1114] Ferner wären die Banken in ihrer teilweisen rücksichtslosen und äußerst riskanten Geschäftspolitik nicht aufgehalten worden. Vielmehr wären sie in der Annahme, dass sie notfalls Rettungsmaßnahmen erhalten würden, verfahren wie zuvor.[1115] Dies hätte sich sicherlich auch negativ auf das Gerechtigkeitsempfinden anderer Marktteilnehmer mit „gesunden Geschäftspraktiken" ausgewirkt, was dem Vertrauen in das Europarecht, die Kommission sowie in den Binnenmarkt abträglich gewesen wäre.

1109 *Fehling*, EuR 2010, 598, 603.

1110 Vgl. *Zimmer/Blaschczok*, WuW 2010, 142, 155; *Fehling*, EuR 2010, 598, 599 ff.

1111 *Drijber/Burmester*, Competition law, S. 577.

1112 *Gibson-Bolton/Reiss*, Corporate Rescue and Insolvency, 162, 165; *Soltész/von Köckritz*, mlex Magazine 2011, 40; European Competition Journal, August 2010, S. 491.

1113 *Soltész/von Köckritz*, mlex Magazine 2011, 40; *Losch*, BRZ 2008, 4, 5; European Competition Journal, August 2011, S. 491, 492; *Soltész*, WuW 2010, 743, 744; *Soltéz*, EuR 2011, 119, 120.

1114 *Gibson-Bolton/Reiss*, Corporate Rescue and Insolvency, 162, 165.

1115 *Gibson-Bolton/Reiss*, Corporate Rescue and Insolvency, 162, 165; vgl. European Competition Journal, August 2011, S. 491.

Insgesamt hätte eine Aussetzung der Beihilfevorschriften zu chaotischen Verhältnissen innerhalb der EU, wenn nicht sogar zu einer kompletten Zerstörung des Binnenmarktes führen können.[1116] Gerade dies widerspricht jedoch der historischen Überlegung und dem ursprünglichen Ziel, „dass die friedliche politische Integration Europas am besten über die Entstehung eines gemeinsamen Wirtschaftsraums erreicht werden kann."[1117] Letztlich trägt ein harmonischer Wettbewerb zur Stabilisierung und Stärkung des Binnenmarktes und somit zum friedlichen Miteinander aller Beteiligten bei. Nur so lässt sich das Ziel der Europäischen Union verwirklichen, langfristig die weltweit wettbewerbsfähigste Volkswirtschaft zu werden und so die Vereinigten Staaten im globalen Wettbewerb zu überholen.[1118]

Derartige Verhältnisse auf dem Binnenmarkt hätten schließlich auch einen hohen Ansehens- und Autoritätsverlust der Kommission zur Folge gehabt.[1119] Daher ist es zu befürworten, dass die Kommission die Beihilfenkontrolle gerade in der Krise fortführte.[1120] Ihr zufolge stelle diese im Prozess der gemeinschaftsweiten Finanzmarktstabilisierung das zentrale Instrument zur Sicherstellung der Kohärenz der einzelstaatlichen Stützungsmaßnahmen und der Vermeidung eines wettbewerbsschädlichen Subventionswettlaufes dar.[1121] Mit dieser Vorgehensweise gewährleistete die Kommission das erforderliche Mindestmaß an Steuerbarkeit der wettbewerbsverzerrenden Beihilfen während der Krise.[1122]

2. Erweiterte Auslegung der R&U-Leitlinien

So wie es vereinzelt am Anfang der Krise geschah,[1123] wäre auch eine zeitweise flexiblere Gestaltung der R&U-Leitlinien und eine weitgefasstere Auslegung der Kriterien möglich gewesen. Wenngleich dies pragmatisch erscheint, ist diese

---

1116 Vgl. *Soltész/von Köckritz*, mlex Magazine 2011, 40; *Soltéz*, EuR 2011, 119, 120.

1117 *Losch*, BRZ 2008, 4.

1118 Vgl. *Losch*, BRZ 2008, 4 f.

1119 *Gibson-Bolton/Reiss*, Corporate Rescue and Insolvency, 162, 165; *Langner*, Die Beihilfenkontrolle auf dem Prüfstand, S. 4.

1120 Vgl. *Kroes, Neelie.* Rede vom 06.10.2008, "Dealing with the Current Financial Crisis" (SPEECH/08/498).

1121 Vgl. Komm, Anzeiger für staatliche Beihilfen, Frühjahrsausgabe 2009, K (2009) 164 endgültig, S. 3 ff.

1122 Vgl. *Michaelis*, Beihilferecht, S. 68.

1123 Vgl. Entscheidung der Kommission vom 01.10.2008, Fall NN 41/2008 (Bradford & Bingley); *Arhold*, EuZW 2008, 713.

Vorgehensweise jedoch nicht frei von zum Teil sogar erheblichen Risiken. Die erweiterte Auslegung könnte dazu führen, dass Unternehmen Beihilfen in einem größeren Umfang als notwendig beantragen. Auch ist nicht auszuschließen, dass „Unternehmen in Schwierigkeiten", die zuvor einem strengen Reglement unterworfen waren, jede Möglichkeit nutzen, sich unter diesen Rettungsschirm zu begeben. Insgesamt könnte eine Lockerung der Kriterien der R&U-Leitlinien eine Vielzahl unübersichtlicher Präzedenzfälle schaffen, die die zukünftige Anwendung sowie die Akzeptanz der R&U-Leitlinien auch außerhalb des Bankensektors erschweren würden.[1124] Für das Beihilferecht hätte das eine mögliche Rechtsunsicherheit zur Folge haben können. In diesem Kontext wäre auch die Autorität der Kommission in ihrer Eigenschaft als zentrale Beihilfenaufsicht beeinträchtigt.[1125] Mangelt es an einem sicheren Regelwerk mit festen Kriterien, so fehlt der Kontrollaufsicht die argumentative Legitimation; ihre Glaubwürdigkeit würde Schaden nehmen.

3. Weitere stringente Anwendung der R&U-Leitlinien

Die Kommission sah sich in einem Spannungsfeld eines schwer aufzulösenden Gegensatzes von gewünschter Flexibilität einerseits und stringenter Handhabung des Regelwerks andererseits. Während eine großzügigere Anwendung der bisherigen Beihilfevorschriften zu genannten Nachteilen hätte führen können, ist aber auch eine fortgesetzt stringente Handhabe des Regelwerks nicht folgenlos. Aus den Zwängen der Krise heraus sahen sich einige Mitgliedstaaten veranlasst, hier unverzüglich gegenzusteuern und zur Rettung ihrer nationalen Märkte Rettungsmaßnahmen einzuleiten. So geschah es jedenfalls in der Anfangsphase der Krise, als die Kommission die R&U-Leitlinien noch strikt anwendete.[1126] Hätte die Kommission an diesem unbeweglichen Kurs festgehalten, so ist davon auszugehen, dass weitere derartige Alleingänge ohne Rücksichtnahme auf das Beihilferecht erfolgt wären. Damit wäre die Kommission schlichtweg übergangen bzw. sogar „overruled" worden.[1127] Wie bereits zuvor dargestellt, wäre dies durch ein gemeinsames und geschlossenes Auftreten der Staaten durchaus mit einem Verweis

1124 Vgl. *Quardt/Lipinsky*, BRZ 2009, 63, 67; *Reynolds/Macrory/Chowdhury*, Fordham International Law Journal 2011, S. 1672.

1125 *Losch*, BRZ 2008, 4, 5.

1126 *Reynolds/Macrory/Chowdhury*, Fordham International Law Journal 2011, S. 1673, 1692 f.

1127 Vgl. *Losch*, BRZ 2008, 4 f.; *Gibson-Bolton/Reiss*, Corporate Rescue and Insolvency, 162, 165; *Jaeger*, EStAL 1/2009, 3; *Soltész/von Köckritz*, mlex Magazine 2011, 40.

auf Art. 107 Abs. 2 lit. b) bzw. Art. 108 Abs. 2 AEUV realisierbar gewesen. Die dann sanktionierten möglichen nationalen Alleingänge hätten die Effektivität und die Kohärenz des Binnenmarktes ernsthaft gefährden und damit zu chaotischen Zuständen in Europa führen können.[1128]

III. Bewährung des (bestehenden) Beihilferechts in der Krise

1. Zwischenbilanz der Beihilfepraxis

Die Wettbewerbspolitik als Teil des Wirtschaftslebens hat zwischenzeitlich einen derartigen Bedeutungszuwachs erfahren, dass ihr in und über die Ausgestaltung und Anwendung des Beihilferechts eine Schlüsselfunktion für die ökonomische, soziale und geographische Integration und Konvergenz in und für Europa zukommt. So ist ihr praktischer Niederschlag auf allen Ebenen und damit letztlich auch für den Bürger in der EU in zahlreichen Lebensbereichen[1129] – pars pro toto seien hier genannt Infrastruktur, Daseinsvorsorge und Administration – unübersehbar. Das Beihilferecht spiegelt dabei die „Dialektik des Europäischen Integrationsprozesses" wider und ist ein äußerst sensibles Feld, da es den unterschiedlichen und konkurrierenden Zielen wie der Integration und wirtschaftlichen Förderung der EU einerseits, wie aber auch dem Subsidiaritätsprinzip sowie Wettbewerbsgedanken andererseits Rechnung trägt.[1130]

Im Interesse der Förderung gemeinschaftlicher Ziele sieht das grundsätzliche Verbot für Beihilfen Ausnahmen davon in Art. 107 Abs. 2 und 3 AEUV vor. Diese sind implementiert durch sekundärrechtliche Verordnungen sowie sogenanntes „soft law" in Form von detaillierten Leitlinien, Gemeinschaftsrahmen und Empfehlungen der Kommission. Das einheitliche Regelwerk beschreibt die Beihilfevergabe und schafft zugleich eine weitgehende Transparenz und Berechenbarkeit für alle Beteiligten.[1131] Dieses über Jahre weiterentwickelte und den wirtschaftspolitischen Zwängen dynamisch angepasste Beihilfekonstrukt hat auf EU- und nationaler Ebene weitestgehend Bestätigung erfahren.

So kann allein die Tatsache, dass sich die europäischen Mitgliedstaaten über das beihilferechtliche Grundregime auf primärrechtlicher Ebene einschließlich

1128 *Reynolds/Macrory/Chowdhury*, Fordham International Law Journal 2011, S. 1693.
1129 *Soltész*, EWS 2011, 1; *Soltész*, in: Schwarze, Rechtsschutz und Wettbewerb, S. 61.
1130 *Losch*, BRZ 2008, 5, 7.
1131 Vgl. *BmWi*, Schlaglichter der Wirtschaftspolitik, März 2011, S. 9.

einer darin vorgesehenen beihilferechtlichen Kontrolle geeinigt und dieses über die Jahre im Rahmen ihrer Zustimmung zu den jeweiligen Unionsverträgen fortgeschrieben haben, als Bestätigung und damit als Bewährung des Beihilferechts gewertet werden. Dies umso mehr, wenn ein primärrechtliches Regelwerk über sekundärrechtliche Vorschriften und Bestimmungen mit dem Charakter des soft laws eine rechtliche Verdichtung erfahren hat in einem Prozess, der von stetigen Konsultationen und öffentlichen Befragungsrunden der Mitgliedstaaten von Seiten der Kommission begleitet wurde. Damit wird sowohl den politischen wie auch psychologischen Aspekten entsprochen, die letztlich auch dem Integrationsgedanken gerecht werden und damit das „Wir-Gefühl" in Europa befördern.

Auch die Vielzahl sowie der Umfang der beantragten und in Anspruch genommenen krisenspezifischen Beihilfen von Seiten der Staaten während der Finanz- und Wirtschaftskrise bestätigen,[1132] dass in einer derartigen Ausnahmesituation einem exorbitanten Bedarf an staatlicher Unterstützung nur in geordneter und koordinierter Form im europäischen Rahmen begegnet werden kann, um zu verhindern, dass nicht der ganze Binnenmarkt kollabiert.[1133] Das ist im Großen und Ganzen gelungen und daher dem Beihilferecht positiv zuzuschreiben. Auch die auf nationaler Ebene festzustellende schnelle und erfolgreiche Umsetzung[1134] der beihilferechtlichen Kriseninstrumente spricht dafür. Allerdings ist eine abschließende Bewertung der Effektivität des Beihilferechts in der Krise zum jetzigen Zeitpunkt noch verfrüht. Zudem kann die Einschätzung der Bewältigung der Krise durch die europäische Wirtschaft zurzeit nur vorläufig sein, da die Auswirkungen noch einige Jahre anhalten werden. Wesentliche Entscheidungen der Kommission bezüglich Umstrukturierungen stehen noch aus. Noch nicht abgeschlossen ist die komplette Umsetzung der umfangreichen Zusagenpakete.[1135]

2. Die Vereinbarkeit von Flexibilität und Kontrolle

Die Kommission hat in der Krise in kürzester Zeit eine Vielzahl von Krisenmitteilungen verabschiedet und zahlreiche Genehmigungsentscheidungen getroffen. Mit den dadurch ermöglichten Unterstützungsmaßnahmen in einer bis dato

1132 Vgl. Bericht der Kommission vom 10.6.2011, Bericht über die Wettbewerbspolitik 2010, KOM (2011) 328 endgültig, Ziff. 35 und 39; Bericht der Kommission vom 1.12.2011, Anzeiger für staatliche Beihilfen, Herbstausgabe 2011, S. 3; *Klafki*, EWS 2011, 497, 505.

1133 Vgl. VGR, Ziff. 1.1.

1134 *Klafki*, EWS 2011, 497, 502.

1135 Vgl. *Soltész*, in: Schwarze, Rechtsschutz und Wettbewerb, S. 61, 75.

noch nicht gegebenen Größenordnung ließ sich der totale Zusammenbruch der Finanzmärkte verhindern. Zudem wurde der Einbruch der Wirtschaftsleistung insgesamt auf einem noch akzeptablen Niveau aufgefangen.[1136] Auch wurde so den gerade in der Frühphase der Bankenrettung sich abzeichnenden protektionistischen Maßnahmen und kontraproduktiven Subventionswettläufen einzelner Mitgliedstaaten rechtzeitig und wirkungsvoll gegengesteuert.[1137] Der Kommission gelang es damit, eine unerwartete, ihr zunächst so nicht zugetraute Flexibilität und ein schnelles Reaktionsvermögen unter Beweis zu stellen. Den krisenbedingten Mehraufwand bei den zu absolvierenden beihilferechtlichen Aufgaben bewältigte sie erstaunlich geräuschlos.[1138] Damit gelang es ihr, ihre Kompetenz als Hüterin des Beihilferechts aufzuzeigen. Zusätzlich erwies sich die Zusammenarbeit aller bei den zu bewerkstelligenden Aufgaben beteiligten Institutionen der Europäischen Union als durchaus effektiv.[1139]

Auch aus materieller Sicht hat die Finanz- und Wirtschaftskrise die Notwendigkeit einer konsequenten Beihilfenkontrolle bestätigt. Immerhin verändern Beihilfen die Marktposition einzelner Unternehmen und verzerren somit den Wettbewerb, wodurch u. a. auch notwendige strukturelle Anpassungsprozesse unterbleiben bzw. hinausgeschoben werden. Damit werden andere effizientere Wettbewerber benachteiligt, da letztlich auf sie die Last der verzögerten Anpassungsprozesse übertragen wird.[1140] Das Beihilfeverbot und die gemäß R&U-Leitlinien nur für Ausnahmen zulässige Unterstützung reflektieren ein marktwirtschaftliches Verständnis, das von seinen Teilnehmern erwartet, für ihr Handeln selbst die Verantwortung zu tragen.[1141] Das erfordert, staatliche Subventionierungen zur Begrenzung von Wettbewerbsverzerrungen einer gemeinschaftlichen Kontrolle zu unterwerfen.[1142] Damit wird letztlich auch der Realisierung des nach Nr. 27 lit. a) Protokollerklärung zum Vertrag von Lissabon zu schaffenden Systems Rechnung getragen, das den Wettbewerb im Binnenmarkt vor Verfälschungen bewahren soll.[1143]

1136 *Birnstiel/Heinrich/Dierckens*, BRZ 2010, 67; *Herrmann*, WiVerw 2010, 36, 46.

1137 Vgl. *Kaupa*, Juridikum 2009, 109.

1138 Vgl. *Klafki*, EWS 2011, 497, 502.

1139 Vgl. *Herrmann*, WiVerw 2010, 36, 46.

1140 Vgl. *Zimmer/Blaschczok*, WuW 2010, 142, 143.

1141 *Zimmer/Blaschczok*, WuW 2010, 142, 143.

1142 EuGH, Urt. v. 15.03.1994, Rs. C-387/92, Slg. 1994, I-877, Rn. 12 (Banco Exterior de España SA gegen Ayuntamiento de Valencia); Urt. v. 02.07.1974, Rs. 173/73, Slg. 1974, 709, Rn. 26 (Italien/Kommission).

1143 *Zimmer/Blaschczok*, WuW 2010, 142, 144.

3. Restriktiver Ansatz und gradueller Ausstieg

In ihrer krisenspezifischen Praxis orientierte sich die Fortführung der Beihilfenkontrolle mit der Weiterverfolgung des bisherigen konservativen Ansatzes auffällig an den bislang geltenden Grundsätzen.

Die am Anfang der Krise noch strikt nach dem alten Regime erfolgte Beihilfenkontrolle modifizierte die Kommission erst dann, als es sich ihrer Auffassung zufolge nicht mehr nur um die Krise einer einzelnen Bank, sondern um eine Systemkrise handelte[1144] und sogar grundsätzlich gesunde Banken von Liquiditätsschwierigkeiten erfasst wurden. Da es sich bei den Banken allerdings eben nicht um „Unternehmen in Schwierigkeiten" im Sinne der R&U-Leitlinien handelte, schien eine Beurteilung von kurzfristigen Beihilfemaßnahmen nach diesen Leitlinien nicht möglich zu sein.[1145] Der restriktive Ansatz zeigt sich bei der ersten Bankenmitteilung darin, dass zunächst nur der Finanzsektor unterstützt werden sollte.[1146] Erst infolge der weiteren Zuspitzung der Krise, als es auch in der Realwirtschaft zu Liquiditätsschwierigkeiten kam, sah die Kommission schließlich auch für diesen Bereich erleichterte Beihilfemaßnahmen vor,[1147] die das bis dato existierende Instrumentarium aber nur unwesentlich erweiterten.[1148]

Ansonsten wurde weiterhin an den strengen Grundsätzen der R&U-Leitlinien festgehalten, indem betont wurde, dass im Falle klassischer R&U-Maßnahmen die dafür geltenden Leitlinien nicht umgangen werden dürften, sondern weiterhin Anwendung finden müssten.[1149] Zudem sollten Beihilferegelungen wie auch Ad-hoc-Maßnahmen trotz der außergewöhnlichen krisenbedingten Maßnahmen im Lichte der allgemeinen Grundsätze der R&U-Leitlinien beurteilt werden.[1150] So schreiben auch die Banken- und Rekapitalisierungsmitteilungen grundsätzlich die Vorlage eines Umstrukturierungsplanes innerhalb von sechs Monaten nach Gewährung einer Finanzmaßnahme vor.[1151] Auch die Einteilung der Banken in „gesunde" und „ungesunde" Finanzinstitute ist Ausdruck dafür, dass das grundsätzliche Beihilfeverbot weiterhin zum Tragen kommen sollte. Waren vor der

---

1144 Bankenmitteilung, Ziff. 9.

1145 *Quardt/Lipinsky*, BRZ 2009, 63, 66.

1146 Bankenmitteilung, Ziff. 11.

1147 VGR, Ziff. 1.1.

1148 *Soltész/von Köckritz*, EuZW 2010, 167.

1149 Vgl. *Jestaedt/Amory*, Beihilfen für Banken in der Finanzmarktkrise, S. 4; vgl. Bankenmitteilung, Ziff. 6.

1150 Bankenmitteilung, Ziff. 10.

1151 Bankenmitteilung, Fn. 1 zu Ziff. 30.

Krise Beihilfen an „Unternehmen in Schwierigkeiten" nur mit einschneidenden Umstrukturierungen möglich, so werden auch in der Krise an Unternehmen mit endogenen Existenzproblemen größere Anforderungen gestellt als an solche mit lediglich exogenen Schwierigkeiten.[1152] Je nach Art der Existenzprobleme[1153] beurteilt sich der Umfang der Umstrukturierung und der Ausgleichsmaßnahmen an den in den R&U-Leitlinien enthaltenen Grundsätzen, denen zufolge ein Beitrag zur Wiederherstellung der langfristigen Rentabilität sowie zur Vermeidung unzumutbarer Wettbewerbsverfälschungen zu erbringen ist.[1154]

Der bereits in der Realwirtschaft erfolgte und auch für den Bankensektor geplante graduelle Ausstieg aus den erleichterten Beihilfebedingungen ist ein Indiz dafür, dass die Kommission an der Beihilfenkontrolle während und außerhalb der Krise unverändert festzuhalten beabsichtigt. Die beabsichtigte Rückkehr zu dem ursprünglichen Prüfungsansatz für Beihilfen wurde insofern erleichtert, als dass die Kommission Art. 107 Abs. 3 lit. b) AEUV als Ausnahmetatbestand in der Krise umfunktionierte. Hier machte sie von Anfang an deutlich, dass es sich bei den Maßnahmen, die auf dieser Norm basieren, um krisenbedingte Ausnahmen handelt. Vor allem aus der zunächst befristeten Umstrukturierungsmitteilung ergibt sich, dass sie Beihilfen nach Fristablauf der Mitteilung wieder nach den auf Art. 107 Abs. 3 lit. c) AEUV basierenden Grundsätzen prüfen wollte.[1155] Insbesondere in der späteren Krisenbeihilfepraxis hat sich die Kommission im Rahmen der Beihilfenprüfung für den Bankensektor wieder verstärkt an den in den R&U-Leitlinien festgelegten Kriterien orientiert anstatt deren Genehmigungskriterien zu modifizieren. Entsprechend hält sie bei Umstrukturierungsbeihilfen streng an den bisherigen Vorgaben wie der Vorlage eines Planes, einem angemessenen Eigenbeitrag sowie den Ausgleichsmaßnahmen fest.[1156]

Der Erlass der Bankenmitteilungen als Reaktion der Kommission auf die Finanz- und Wirtschaftskrise sowie die darin vorgesehene Anwendung von Art. 107 Abs. 3 lit. b) AEUV unter Einbeziehung der bewährten Kriterien der R&U-Leitlinien erscheint für die Abfederung der Krise sinnvoll. Auch wird deren differenzierte Handhabung den konkreten Schwierigkeiten einzelner Kreditinstitute am ehesten gerecht. Aus wettbewerbspolitischer Sicht ist diese Vorgehensweise

---

1152 Bankenmitteilung, Ziff. 14.

1153 Vgl. *Jestaedt/Wiemann*, WuW 2009, 606, 611; *Quardt/Lipinsky*, BRZ 2009, 63, 69; Bankenmitteilung, Ziff. 14.

1154 Risikoaktivamitteilung, Ziff. 53, 57.

1155 Vgl. Umstrukturierungsmitteilung, Ziff. 49; Verlängerungsmitteilung, Ziff. 17.

1156 *Soltész*, in: Schwarze, Rechtsschutz und Wettbewerb, S. 61, 72 f.

als wünschenswert zu bewerten. Im Unterschied zu einem durchaus denkbaren befristeten Aussetzen des Beihilferechts und einer damit entfallenden Notifizierungspflicht führt der während der Krise verfolgte Ansatz dazu, dass Kreditinstituten und Unternehmen, die aufgrund eigenen Verschuldens in Schwierigkeiten geraten sind, für die Gewährung von Beihilfen eine entsprechende Gegenleistung abverlangt wird. Somit bleibt der grundsätzliche Ausnahmecharakter von Beihilfen auch in der Krise bestehen. Vereinzelt geforderte Freistellungen, eine flexibilisierte Anwendung der R&U-Leitlinien oder ein gänzliches Aussetzen der Beihilferegeln hätten indes Ausnahmefälle geschaffen. Nach der Krise wären Rechtsunsicherheiten zu befürchten, da keine Sicherheit bestünde, nach welchen Kriterien in entsprechend gelagerten Fällen nun zu verfahren sei. Dies hätte das Beihilferecht insgesamt schwächen können. Nicht zuletzt wäre ein Abweichen von dem grundsätzlichen Regelwerk sicherlich auch nicht der Justiziabilität zuträglich, da fehlende Transparenz und eingeschränkte bzw. gänzlich fehlende Prognosemöglichkeiten für etwaige Beihilfen die bis dato weitgehend gegebene Rechtssicherheit hätten erschüttern können. Daraus lässt sich folgern, dass die Erhaltung der Rechtssicherheit gerade in der Krise eine maßgebliche Maxime für die Kommission war, die konsequent gegen kurzsichtige und opportunistische Überlegungen durchgehalten wurde. Das ist positiv zu bewerten. Daher kommt man nach jetzigem Stand nicht um die Feststellung umhin, dass die Kommission ihre Beihilfeaufgabe insgesamt gemeistert hat. Auch wenn die R&U-Leitlinien in ihrer direkten Anwendung für Krisenmaßnahmen an ihre Grenzen gestoßen sind, so bildeten sie im Zusammenspiel mit den primärrechtlichen Beihilfenormen doch eine solide Grundlage und Orientierungshilfe für die Reaktion der Kommission auf die Finanz- und Wirtschaftskrise.[1157]

4. Kritische Würdigung der abstrakten Parameter

Art. 107 Abs. 3 lit. b) AEUV sowie die darauf basierenden Mitteilungen für den Bankensektor und die Realwirtschaft ermöglichten zwar die notwendigen krisenspezifischen Unterstützungen, führten aber auch zu offenen Fragen bezüglich deren Umsetzung. Einige nicht zu übersehende Schwachstellen bei der Anwendung sind auf der rechtlichen Ebene und bei der verfahrensmäßigen Umsetzung des Regelwerks zutage getreten, auf die im Folgenden näher eingegangen wird.

1157 Vgl. *Quardt/Lipinsky*, BRZ 2009, 63, 69.

a. Mangelnde Präzision und divergierende Rettungsmaßnahmen

Zunächst einmal stellte sich heraus, dass insbesondere in den ersten verabschiedeten Mitteilungen zum Teil nicht hinreichend genau definiert und konkretisiert wurde. Insbesondere zeigte sich, dass einige während der Krise anzuwendenden Bewertungsmaßstäbe für Beihilfen mangelnde Differenzierungen zeigten[1158] und den Staaten damit ein gewisser Gestaltungsspielraum eingeräumt war[1159]. Infolgedessen fielen die einzelnen Maßnahmen in den Mitgliedstaaten mitunter sehr unterschiedlich aus. Auch in der Bundesrepublik ließen sich handwerkliche Ungenauigkeiten angesichts der schnellen Reaktion auf die Krise kaum vermeiden.[1160]

Eine Ursache für die ungenauen Bewertungsmaßstäbe könnte sein, dass die Kommission nach dem Ausbruch der Krise Grundsätze und Maßstäbe für die beihilferechtliche Beurteilung von Rettungsmaßnahmen im Bankensektor in Rekordzeit erarbeitet hatte.[1161] Hinzu kommt, dass die Kommission durch ihre Mitteilungen erstmals ein eigenes Regelwerk mit Beihilfeinstrumenten für die Banken aufgestellt hatte. Zuvor sahen die R&U-Leitlinien lediglich einige wenige spezielle Kriterien vor.[1162] Mit den spezifisch für Banken geschaffenen Auslegungsregeln hatte sie also „beihilferechtliches Neuland" betreten, so dass als Konsequenz vor allem für die erste Bankenmitteilung weitere Detailregelungen erforderlich waren.[1163] Eine gewisse krisenbedingte Eigendynamik des Beihilferechts war dabei nicht auszuschließen. Dies führte – zumindest zeitweise – zu einer wachsenden Komplexität und Zersplitterung im Bereich der beihilferechtlichen Legislativakte. Zwar war die Kommission stets um Transparenz und Vorhersehbarkeit bemüht. Allerdings bieten die verabschiedeten Mitteilungen in der Gesamtschau nicht immer einen klaren Überblick. Dies zeigt sich vor allem im Zusammenspiel des Art. 107 Abs. 3 lit. b) AEUV mit den Anforderungen und Beurteilungskriterien der Rettungs- und Umstrukturierungsbeihilfen. Die Kommission reagierte darauf, indem sie sukzessive die in kürzester Zeit entwickelten Grundsätze näher ausgestaltete und in den folgenden Mitteilungen teilweise modifizierte.[1164] Auch wenn die Mitteilungen unvollkommen waren, so ermöglichten sie dennoch zumindest

1158 *Jestaedt/Wiemann*, WuW 2009, 606, 618.
1159 *Zimmer/Blaschczok*, WuW 2010, 142, 151.
1160 *Brück/Schalast/Schanz*, BB 2008, 2526, 2527.
1161 Vgl. *Jestaedt/Wiemann*, WuW 2009, 606, 618.
1162 Vgl. Bankenmitteilung, Ziff. 6.
1163 *Ungerer*, BRZ 2009, 58.
1164 *Jestaedt/Wiemann*, WuW 2009, 606, 618.

eine partielle Harmonisierung der staatlichen Stützungsmaßnahmen.[1165] Mit dem gemeinsamen und koordinierten krisenspezifischen Regelwerk, dessen Voraussetzungen für alle Betroffenen galten, war sichergestellt, dass die jeweiligen nationalen Rettungsmaßnahmen nicht willkürlich erfolgten. Jedem Mitgliedstaat blieb es dann überlassen, die vorgeschlagenen optionalen Instrumente nach eigenem Bedarf und Ermessen entsprechend umzusetzen. Die Kommission setzte sich mit den Vorgaben zum sachlichen und zeitlichen Geltungsbereich wie auch zu den Eigenbeiträgen der Begünstigten relativ ausführlich und kritisch auseinander.[1166]

b. Pauschale Einteilung in Bankentypen

Die erste Mitteilung für den Bankensektor enthält eine Reihe von Maßnahmen, die die Kommission als zulässig erachtet, um die Krise zu meistern.[1167] Aufgrund von partiell ungenauen Kriterien und Bewertungsmaßstäben für die Beihilfen erschöpft sich die Bankenmitteilung mehr in einer überblickartigen Darstellung der möglichen Krisenmaßnahmen und deren Voraussetzungen, als dass sie eine detaillierte Anleitung für den Umgang mit ihnen liefert. Nicht nur die pauschale Differenzierung der Bankentypen als Ausgangsbasis bereitet Schwierigkeiten, auch die für die Beihilfen geltenden Bestimmungen sind nicht hinreichend genau präzisiert.

Zunächst einmal ist die vorgenommene Unterscheidung zwischen „gesunden Finanzinstituten"[1168], also solche mit exogenen Problemen, und Finanzinstituten mit endogenen Problemen mit Skepsis zu betrachten. Von ihr hängt ab, inwieweit die flexibleren Regeln überhaupt Anwendung finden und die betroffene Bank in den Genuss von Krisenmaßnahmen kommen kann. Die gelockerten Bestimmungen gelten insbesondere für diejenigen Finanzinstitute, „die nur durch die derzeitigen außergewöhnlichen Umstände in Schwierigkeiten geraten sind".[1169] Dagegen werden Beihilfen an Banken mit endogenen Schwierigkeiten regelmäßig nach den Maßstäben der R&U-Leitlinien beurteilt.[1170] In der Rekapitalisierungsmitteilung

---

1165 Vgl. *Zimmer/Blaschczok*, WuW 2010, 142, 151; *Jestaedt/Wiemann*, WuW 2009, 606, 618.

1166 *Zimmer/Blaschczok*, WuW 2010, 142, 151.

1167 Bankenmitteilung, S. 8–14.

1168 Rekapitalisierungsmitteilung, Ziff. 12 und 22.

1169 Bankenmitteilung, Ziff. 14; vgl. auch zu den Rekapitalisierungsmaßnahmen, die eigentlich nur für grundsätzlich gesunde Banken gelten.

1170 Bankenmitteilung, Ziff. 14; Strategien für den Ausstieg des Bundes aus krisenbedingten Beteiligungen an Banken, Gutachten des von der Bundesregierung eingesetzten Expertenrates vom 24. Januar 2011, 7.

wird zwar weiterhin zwischen den Bankentypen differenziert, allerdings spielt die Einordnung der Bank unter eines der Kriterien weniger für die Frage nach dem „Ob“ der Anwendung der Krisenmaßnahmen eine Rolle, sondern vielmehr für die Bedingungen, unter denen staatliche Hilfe gewährt werden darf. Von der Differenzierung hängt also ab, ob striktere Auflagen für die Banken gelten oder nicht.[1171] Die Abgrenzung ist insbesondere von Bedeutung hinsichtlich der Höhe einer angemessenen Vergütung, der Notwendigkeit zusätzlicher Ausgleichsmaßnahmen und für die Frage, ob eine Umstrukturierung zu erfolgen hat.[1172]

Sich anscheinend der Problematik der nicht hinreichenden Konkretisierung bewusst, bemühte sich die Kommission, mehr Transparenz und Vorhersehbarkeit ihrer beihilferechtlichen Beurteilung durch die Verabschiedung neuer Mitteilungen zu schaffen, in denen sie die Kriterien für Beihilfen weitergehend präzisierte.[1173] Dies wurde insbesondere auch durch das Drängen der Staaten forciert.[1174] Daher nennt die Kommission in der Rekapitalisierungsmitteilung Kriterien, anhand derer sie eine Abgrenzung vornehmen möchte. So soll insbesondere das „Risikoprofil“[1175] der Bank ein Indiz für ihre Lage sein. Hier sind vor allem das aktuelle Rating der Bank und die prognostizierte Perspektive aufschlussreich.[1176] In den weiteren Mitteilungen nahm die Kommission die Differenzierung nicht mehr vor und ließ in der Verlängerungsmitteilung ganz bewusst davon ab.[1177] Insgesamt betrachtet verwendete die Kommission ihre ursprünglich gewählten Termini in der Öffentlichkeit nur äußerst restriktiv. Lediglich im frühen Krisenstadium lassen sich zwei Pressemitteilungen finden, in denen die Kommission eine Bank als ausdrücklich „ungesund“ einstufte.[1178]

Die anfangs von der Kommission gewählten Unterscheidungsmaßstäbe scheinen für die individuelle Positionierung des jeweiligen Unternehmens und dem davon abhängigen Umfang von Folgemaßnahmen wenig geeignet und damit für

1171 Vgl. Rekapitalisierungsmitteilung, Ziff. 43; *Haverkamp/Schmidt*, BRZ 2009, 71, 74 und 76.

1172 Vgl. Rekapitalisierungsmitteilung, Ziff. 12 f., 42, 44.

1173 Umstrukturierungsmitteilung, Ziff. 4; Verlängerungsmitteilung, Ziff. 1; *Haverkamp/Schmidt*, BRZ 2009, 71, 75; *Ungerer*, BRZ 2009, 58.

1174 *Haverkamp/Schmidt*, BRZ 2009, 71, 74.

1175 Rekapitalisierungsmitteilung, Ziff. 13 i.V.m. Anhang 1.

1176 Vgl. Rekapitalisierungsmitteilung, Ziff. 13 i.V.m. Anhang 1.

1177 Vgl. Verlängerungsmitteilung, Ziff. 4.

1178 Vgl. hierzu: Pressemitteilung der Kommission vom 18.12.2008, Fall N 602/2008 (IP/082033); Pressemitteilung der Kommission vom 27.11.2008, Fall N 569/2008 (IP/08/1822).

die Praxis untauglich zu sein. Wenngleich die Differenzierung eigentlich dem Wettbewerbsschutz Rechnung tragen sollte,[1179] so dürfte sich die pauschale Abgrenzung der Bankentypen angesichts der komplexen Wirklichkeit als schwierig erweisen und der jeweiligen Situation der Banken in vielen Fällen nicht gerecht werden;[1180] ein Umstand, der nicht gerade geeignet ist, den Wettbewerb zu befördern, geht es doch letztlich um individuelle Unternehmen mit höchst komplizierten Strukturen und unterschiedlich gearteten Problemen.[1181] Hier könnte vielmehr eine situative Einschätzung oder ein für jede Bank zu erstellendes Rating dem jeweiligen Bankenprofil eher gerecht werden.[1182] Wenngleich die Kommission in der Rekapitalisierungsmitteilung versucht hat, detaillierte Beurteilungsmaßstäbe für die Bewertung des Risikoprofils einer Bank in ihrer Anlage 1 zu setzen, so bleiben letztlich die Parameter zur tatsächlichen Durchführung unklar.[1183] Dies ist jedoch insbesondere vor dem Hintergrund der möglichen Stigmatisierung eines Finanzinstituts, das als eine Bank mit endogenen Problemen eingestuft wurde,[1184] ungünstig. Darüber hinaus sind rechtssichere, praxistaugliche und leicht ermittelbare Kriterien für das Beihilfeverfahren wichtig, weil von ihnen die Schnelligkeit des Entscheidungsverfahrens, der Umfang an Folgemaßnahmen sowie deren Prognose abhängen. Sind die Anforderungen an Beihilfen jedoch unpräzise, so kann es zu unerwünschten Verzögerungen oder Fehlentscheidungen kommen. Hintergrund ist, dass es für die Einstufung der Bank äußerst komplizierter Analysen bedarf. Umso komplexer die Untersuchungen sind, umso mehr beinhalten sie die Gefahr, dass Staat und Kommission bei der Bewertung zu unterschiedlichen Ergebnissen kommen.[1185] Entsprechend kann sich das Entscheidungsverfahren hinziehen. Jedoch ist die Zügigkeit der Entscheidung für das bedürftige Unternehmen überlebenswichtig. In diesem Kontext muss für den Staat und das begünstigte

---

1179 *Haverkamp/Schmidt*, BRZ 2009, 71, 74.

1180 Vgl. *Jestadt/Wiemann*, WuW 2009, 606, 611.

1181 *Zimmer/Blaschczok*, WuW 2010, 142, 149.

1182 Vgl. *Jestaedt/Wiemann*, WuW 2009, 606, 611.

1183 *Quardt/Lipinsky*, BZR 2009, 63, 69.

1184 *Jestaedt/Wiemann*, WuW 2009, 606, 611.

1185 Vgl. Pressemitteilung der Kommission vom 7. Mai 2009 (IP/09/711). Deutschland hat die Gewährung der zweiten Finanzspritze für die Commerzbank aus Gründen der Rechtssicherheit bei der Kommission angemeldet, um die Vereinbarkeit der Kapitalzuführung mit den beihilferechtlichen Vorschriften überprüfen zu lassen. Angesichts des hohen Beihilfebetrages legte sie der Kommission Pläne vor. Auf Grundlage der Pläne kam die Kommission zu dem Ergebnis, dass die langfristige Rentabilität der Bank gegeben ist; vgl. *Zimmer/Blaschczok*, WuW 2010, 142, 149.

Finanzinstitut genau ermittelbar sein, wie die Anforderungen an Beihilfen zu stellen sind und ob auch ein Umstrukturierungsplan vorzulegen ist. Die Kommission löst das Problem, indem sie nunmehr nahezu alle Kreditinstitute als „ungesund" einstuft und somit die Vorlage eines Umstrukturierungsplanes fordert. Trotz aller Pauschalität schafft dieses Vorgehen letztlich einen gewissen Grad an Rechtssicherheit und ist deswegen begrüßenswert.[1186]

c. *Ungenaue Anforderungen an Beihilfen*

Zusätzlich zu den wenig zielführenden pauschalen Einteilungen der Banken in Kategorien wurden die Anforderungen an die Beihilfen teilweise nicht präzise bestimmt. Insbesondere wurde in der Bankenmitteilung nicht genau festgelegt, wie die darin geforderte „marktgerechte Vergütung" auszusehen habe. Abgesehen von dem praktisch seltenen Fall der Vorzugsaktien existierte für den häufigeren Fall hybrider Eigenkapitalinstrumente (z. B. stille Einlagen) keine nähere Konkretisierung. Die dadurch möglichen unterschiedlichen Auslegungen hatten mitunter auch heftige politische Debatten zwischen der Kommission und den Staaten zur Folge. So hätte die mangelnde Präzision der Vorgaben beinahe sogar die Wirkung des deutschen Rettungsschirmes geschwächt.[1187] Dies führte dann letztlich auch zur Verabschiedung der Rekapitalisierungsmitteilung, die genauere Leitlinien für Vorschriften zur Rekapitalisierung von Banken liefert und u. a. klare Vorgaben für die Höhe der von der Bank zu entrichtenden Vergütung setzt.[1188]

Auch im Hinblick auf die für die Beihilfen zu treffenden Ausgleichsmaßnahmen war die Bankenmitteilung relativ fragmentarisch. Die krisenspezifischen Bestimmungen erschöpfen sich in einer überblickartigen Darstellung und gehen kaum näher auf die Maßnahmen zur Begrenzung der Wettbewerbsverzerrungen ein.[1189] Mit der Umstrukturierungsmitteilung wollte die Kommission offensichtlich diesem Manko entgegenwirken, da sie darin sachgerechte Kriterien für Art und Form von Ausgleichsmaßnahmen nennt[1190] und näher auf die Verhaltensmaßregeln für

---

1186 Vgl. *Deselaers/Küpper*, EWS 2009, 212, 213; Verlängerungsmitteilung, Ziff. 14.

1187 Vgl. *Soltész*, in: Schwarze, Rechtsschutz und Wettbewerb, S. 61, 70.

1188 *Soltész*, in: Schwarze, Rechtsschutz und Wettbewerb, S. 61, 71; *Jestaedt/Wiemann*, WuW 2009, 606, 614.

1189 Vgl. Bankenmitteilung, Ziff. 27; *Zimmer/Blaschczok*, WuW 2010, 142, 150; Einzelheiten wurden jedoch später für Rekapitalisierungen und die Übernahme von Risikoaktiva hinreichend konkretisiert; vgl. Rekapitalisierungsmitteilung, Ziff. 19–34; Risikoaktivamitteilung, Ziff. 42 und Anhang IV, Abschnitt II.

1190 Umstrukturierungsmitteilung, Ziff. 30 ff.

Beihilfeempfänger eingeht[1191]. Art und Form der zu treffenden Maßnahme hängen insbesondere von der Höhe, den Bedingungen und den Umständen, unter denen die Beihilfe gewährt wurde, sowie der Marktstruktur ab.[1192] Trotz der vorgenommenen Konkretisierung fehlt es mitunter an präzisen und differenzierten Bestimmungen. Dies gilt beispielsweise für die Anforderungen an Expansionsbeschränkungen sowie deren Inhalte. Vor allem berücksichtigen die Bestimmungen nicht die Marktstellung des betroffenen Unternehmens.[1193]

Ferner erörterte die Kommission in den ersten drei Mitteilungen lediglich ansatzweise die Anforderungen an die Genehmigungsfähigkeit von Rettungs- und Umstrukturierungsbeihilfen, wobei sie zunächst auf die in den R&U-Leitlinien geschilderten allgemeinen Vereinbarkeitskriterien für Umstrukturierungsbeihilfen verwies.[1194] Dabei blieben insbesondere die genauen Anforderungen an einen Umstrukturierungsplan unklar. Wenngleich die Kommission für den Plan die Kriterien Geeignetheit, Notwendigkeit und Verhältnismäßigkeit der Beihilfe[1195] vorsah, so ließ sich anhand dieser Vorgaben nur schwer einschätzen, wie eine Beihilfe ausgestaltet sein musste, die geeignet war um eine Systemkrise abzuwenden. Die Kommission begnügte sich damit, dass die Beihilfe die langfristige Rentabilität einer systemrelevanten Bank sicherstellte, um damit den Zusammenbruch der Bank und damit auch des gesamten Systems zu verhindern.[1196] Der dabei von der Kommission zugrunde gelegte Terminus der Systemrelevanz ist mit einer gewissen Skepsis zu betrachten, da er ebenso unbestimmt ist wie die bereits erörterte Einteilung der Banken in „gesund" und „ungesund". Um jedoch eine höhere Transparenz und Kohärenz sicherzustellen, erläuterte sie in der Umstrukturierungsmitteilung schließlich die Genehmigungskriterien für Beihilfen zur Umstrukturierung von Banken im Rahmen der Krise.[1197] Vor allem beschreibt sie die verschiedenen Aspekte, die ein Umstrukturierungsplan (bzw. Rentabilitätsplan) im Falle krisenbedingter Beihilfen für Finanzinstitute abdecken muss,[1198] und fügt zur Veranschaulichung ein Muster für einen Umstrukturierungsplan ihrer Mitteilung bei.[1199] Gleichwohl bleiben einige Maßnahmen unklar. So regt die Kommission

1191 *Zimmer/Blaschczok*, WuW 2010, 142, 150.
1192 Umstrukturierungsmitteilung, Ziff. 30.
1193 Vgl. Umstrukturierungsmitteilung, Ziff. 36; *Zimmer/Blaschczok*, WuW 2010, 142, 150.
1194 Umstrukturierungsmitteilung, Ziff. 5.
1195 *Deselaers/Küpper*, EWS 2009, 212, 214.
1196 *Deselaers/Küpper*, EWS 2009, 212, 214.
1197 Vgl. Umstrukturierungsmitteilung, Ziff. 4 und 7.
1198 Verlängerungsmitteilung, Ziff. 1.
1199 Umstrukturierungsmitteilung, Anhang.

die Durchführung von Stresstests bei den Banken an. Nach Untersuchung der potentiellen Auswirkungen krisenhafter Entwicklungen im Detail sollen geeignete Gegenmaßnahmen getroffen werden. Der Umstrukturierungsplan sollte dann die Maßnahmen umfassen, mit denen etwaigen, sich aus den Stresstests ergebenden Anforderungen entsprochen werden kann.[1200] Wie genau derartige geeignete Maßnahmen ausgestaltet sein könnten, darauf geht die Kommission jedoch nicht ein. Darüber hinaus lässt sie weitestgehend offen, wie die gemeinsamen, auf EU-Ebene vereinbarten Parameter aussehen sollen, die den Stresstests zugrunde zu legen sind.[1201]

d. Systemrelevanz

Das von der Kommission eingeführte Kriterium der Systemrelevanz, dessen Anwendung in der Praxis sowie die mangelnde kritische Auseinandersetzung mit ihm in den beihilferechtlichen Entscheidungen sind mit Skepsis zu betrachten. Dem Begriff kommt insbesondere deshalb Bedeutung zu, weil die Mitgliedstaaten während der Krise jeden Zusammenbruch „systemrelevanter" Banken verhindern sollten.[1202]

Es ist allerdings schwierig, den Begriff der Systemrelevanz ex ante exakt zu definieren. Die für seine Definition heranzuziehenden vermeintlich eindeutigen Merkmale wie Größe, Ersetzbarkeit und Verflechtung einer Bank vermögen den Begriff nicht vollständig zu erläutern; auch sie weisen letztlich eine gewisse Unbestimmtheit auf, da deren Bewertung mit wirtschaftlichen Rahmenbedingungen korrespondiert, die nur bedingt oder überhaupt nicht prognostizierbar sind. Für das Kriterium der Größe ist anzumerken, dass nicht nur große Banken für ein Wirtschaftssystem von Bedeutung sind, sondern dass sich auch die finanzielle Not kleinerer Finanzinstitute – vor allem, wenn mehrere davon erfasst sind – in nicht vorhersehbarer Weise auf die Wirtschaft auswirken kann und somit für das System jedenfalls alles andere als irrelevant ist. Mithin können also für das einmal ins Straucheln geratene Finanzsystem auch kleinere Banken wie z. B. die IKB in Deutschland eine systemische Bedeutung erlangen. Sie können zum ausschlaggebenden Faktor werden, der schließlich das System infolge von unerwartetem wie auch panischem Vertrauensentzug schädigt oder äußerstenfalls zusammenbrechen

1200 Umstrukturierungsmitteilung, Ziff. 13.

1201 Vgl. Umstrukturierungsmitteilung, Ziff. 13.

1202 Siehe Schlussfolgerungen des Rats der Europäischen Union – Mitteilung an die Presse, 2894. Tagung des Rates Wirtschaft und Finanzen (13784/08 (Presse 279)), S. 6.

lässt. Der FSB (Finanzstabilitätsrat), der die Kriterien zur Bestimmung systemrelevanter Institute festgelegt hat, ist sich dieser Problematik bewusst. Zusammen mit dem IWF und der BIZ (Bank für Internationalen Zahlungsausgleich) stellt er in einem Schreiben an die G20 ausdrücklich fest: „all types of financial intermediaries, markets, and infrastructure can potentially be systemically important to some degree“[1203,1204]

Ungeachtet dessen, dass das Merkmal der Systemrelevanz von einigen Stimmen[1205] angesichts seiner Ungenauigkeit als juristisch kaum tragfähig bewertet wird, ist zweifelhaft, ob es überhaupt weiterführend ist, wenn selbst die BaFin behauptet, dass keine Bank „systemirrelevant“ sei. Wenngleich die Systemrelevanz damit umschrieben wird, dass sie durch ihr Herausbrechen aus dem System gerade die Stabilität gefährdet,[1206] so wird sie nicht den dafür ursächlich speziellen und vor allem krisenbedingten Faktoren und Verhältnissen des Finanzmarktes gerecht. Dort kommt es vor allem darauf an, inwieweit eine Bank im Finanz- und Wirtschaftssystem eingebunden ist. Ihre Größe spielt dabei eine Nebenrolle. Es kann jedoch vorkommen, dass beide Kriterien nebeneinander bestehen. Bemerkenswert ist, dass die Kommission in einigen Fällen förmliche Prüfungsverfahren eingeleitet hat; die Frage nach der Systemrelevanz war jedoch nie Anlass zur Einleitung eines Verfahrens.[1207]

Die geäußerten Zweifel in Bezug auf die Geeignetheit des Kriteriums der Systemrelevanz werden auch durch die Praxis bestätigt. Dort ist auffallend, dass bislang auf EU-Ebene noch keine Bank schließen musste. Im Unterschied zu den USA wurde hier bislang jede Bank vor dem Untergang bewahrt, denn die Kommission stufte während der Krise nahezu jedes Kreditinstitut als systemrelevant ein.[1208] Nach der Lehman-Pleite ging es insbesondere darum, mit der Unterstützung von Systembanken die Funktionsfähigkeit der Wirtschaft zu erhalten und eine Systemkrise abzuwenden. Diese erfolgte teilweise ohne Berücksichtigung marktwirtschaftlich-wettbewerbsrechtlicher Prinzipien, da der potentielle Aspekt

---

1203 Vgl. Report to the G20 Finance Ministers and Governors by the IMF, BIS, and FSB, “Guidance to Assess the Systemic Importance of Financial Institutions, Markets and Instruments: Initial Considerations”, abgerufen am 07.08.2013 unter: http://www.bis.org/publ/othp07.pdf.

1204 *Heise*, in: Dullien/Heise/Schick/Burghof, Wirtschaftsdienst 2010, 79, 81.

1205 Vgl. hierzu: *Stewing*, EWS 2009, 303, 305.

1206 *Stewing*, EWS 2009, 303, 305.

1207 Vgl. *Birnstiel/Heinrichs/Dierckens*, BRZ 2010, 67, 71.

1208 *Birnstiel/Heinrich/Dierckens*, BRZ 2010, 67, 68.

einer jederzeitigen Insolvenz derartiger Banken die Stabilität des Finanzsystems gefährden kann.[1209]

Vor der Krise allerdings standen bei Unterstützungsmaßnahmen primär soziale und regionalpolitische Erwägungen im Vordergrund. Während der Krise konnten die großen systemrelevanten Banken grundsätzlich auf staatliche Unterstützung vertrauen, wollten doch die Staaten infolge ihrer Bedeutung für die Wirtschaft ihren Untergang partout vermeiden. Dies aber birgt die Gefahr, dem Profitdenken durch die Weiterverfolgung[1210] einer riskanten Geschäftsstrategie Vorschub zu leisten. Die Gewissheit, im Falle einer selbstverschuldeten Schieflage wegen der Angst vor einer Systemkrise stets vom Staat durch Steuergelder[1211] aufgefangen zu werden,[1212] ist eine ernstzunehmende Versuchung, der gegengesteuert gehört. Dazu könnte eine höhere Verlusttragfähigkeit systemrelevanter Banken genauso beitragen,[1213] wie auch die Einführung von Krisenreaktionsplänen zu befürworten ist. Dem Steuerzahler ist es nicht zuzumuten, für die Rettung auch einer systemrelevanten Bank herangezogen zu werden.[1214] Die bereits geäußerte Beschwerde der Banken, durch zuvor genannte Instrumente international nicht mehr konkurrenzfähig zu sein, ist vordergründig. Es wäre nicht nachvollziehbar, wenn die durch die Banken in der Krise angerichteten Schäden nicht einmal teilweise von ihnen getragen werden würden. Immerhin ließen sich auch Notfonds denken, um Banken stützen zu können.[1215]

e. Stichtagsregelung

Für den Bereich der Realwirtschaft ist der Entscheidung der Kommission, von ihrer Stichtagsregelung abzusehen, zuzustimmen. Nach dieser Regelung konnten die temporären Beihilfemöglichkeiten nur solche Unternehmen in Anspruch nehmen, die zum Stichtag, dem 1. Juli 2008, keine Unternehmen in Schwierigkeiten im Sinne des Beihilferechts waren und bei denen etwaige spätere

1209 *Zimmer/Rengier*, ZWeR 2010, 105.

1210 *Zimmer*, Wirtschaftsdienst 2010, 140; *Meessen*, WuW 2010, 6, 13.

1211 *Meessen*, WuW 2010, 6, 13.

1212 *Frühauf*, Banken befürchten Regulierungschaos, Frankfurter Allgemeine Zeitung vom 11.10.2010, Nr. 236, S. 15.

1213 Vgl. *Frühauf*, Banken befürchten Regulierungschaos, Frankfurter Allgemeine Zeitung vom 11.10.2010, Nr. 236, S. 15.

1214 *Kafsak*, Banken sollen Krisenpläne entwickeln, Frankfurter Allgemeine Zeitung vom 21. Oktober 2010, Nr. 245, S. 9.

1215 *Mussler*, Preis für die Rettung, Frankfurter Allgemeine Zeitung vom 26.10.2010, Nr. 249, S. 16.

Schwierigkeiten auf die Finanz- und Wirtschaftskrise zurückzuführen waren. Hierdurch sollte die Verschlechterung des Marktumfeldes seit der Verschärfung der Krise 2008 berücksichtigt werden.[1216] Das eigentliche Ziel des vorübergehenden Gemeinschaftsrahmens war es, nur „grundsätzlich gesunde" Unternehmen zu unterstützen, die lediglich durch die Kreditklemme in Schwierigkeiten geraten waren. Unternehmen, die bereits davor in Schwierigkeiten waren, sollten eigentlich von den Krisenmaßnahmen ausgeschlossen sein.[1217] Mit der unterschiedslosen Stichtagsregelung blieb die erforderliche Differenzierung für „Unternehmen mit Schwierigkeiten" resultierend aus der Krise und solchen mit Schwierigkeiten, die nichts mit der Krise zu tun hatten, auf der Strecke. Mit dieser Regelung war es möglich, dass auch Unternehmen mit endogen verursachten Schwierigkeiten ab dem entscheidenden Zeitpunkt in den Genuss der Förderung kommen konnten, ohne dabei durch weitreichende Umstrukturierungspläne und tiefgreifende Ausgleichsmaßnahmen belastet zu werden. Darüber hinaus ist zweifelhaft, ob und wie Unternehmen mit finanziellen Problemen, die jedoch nicht die Kriterien für „Unternehmen in Schwierigkeiten" erfüllen, unterstützt werden können.[1218] Mit dem Wegfall der Stichtagsregelung ist ausgeschlossen, dass auch Unternehmen mit strukturellen Problemen in den Rahmen quasi „hineinrutschen" und somit unberechtigt eine Beihilfeförderung unter günstigeren Bedingungen erfahren.

f. Stellungnahme

Die Kategorisierung der Banken unter Zugrundelegung derer endogener und exogener Probleme stellt rein theoretisch ein überzeugendes Modell zur Beschränkung staatlicher Beihilfen auf das jeweils notwendige Mindestmaß dar.[1219] Allerdings werden die recht pauschalen Abgrenzungskriterien der jeweiligen Situation der Bank sowie den komplexen Wirtschaftszusammenhängen nicht gerecht. Mithin stellen sie insbesondere wegen einer möglichen Stigmatisierung keine geeigneten Kriterien für die Vergabe von Beihilfemaßnahmen dar.

Auch die besonders in der Anfangsphase der Krise praktizierte überblickartige Darstellung der Krisenmaßnahmen und die an diese anzulegende Messlatte sind keinesfalls für einen rechtssicheren Rahmen ausreichend. Ihre vage Umschreibung lädt zu subjektiven bzw. politischen Entscheidungen ein. Immer, wenn es um Themen wie Arbeitsplätze, Standorterhaltungen und parteipolitische Gesichtspunkte

1216 Vgl. *Haverkamp/Schmidt*, BRZ 2009, 71, 79.

1217 *Soltész/von Köckritz*, EuZW 2010, 167.

1218 European Competition Journal, August 2010, S. 491, 500.

1219 Vgl. *Birnstiel/Heinrich/Dierckens*, BRZ 2010, 67, 70.

der Wiederwahl geht, läuft das Beihilferecht Gefahr, durch nationale Egoismen ausgehebelt zu werden. Die Kommission war sich dieser Schwachpunkte jedoch bewusst und konkretisierte sukzessive die Anforderungen an die Krisenmaßnahmen und die anfangs noch ungenauen Begriffe. Es ist daher begrüßenswert, dass sie pragmatisch konzeptionell der Dynamik der Situation angepasst reagierte. Sie lieferte nach und nach detailliertere Informationen über die Anforderungen an Beihilfen und präzisierte den Großteil ihrer anfangs noch ungenauen Begriffe näher bzw. verwendete diese nicht mehr. Insbesondere ist das Absehen von der Differenzierung der Bankentypen positiv zu bewerten, vor allem, weil Banken mit dauerhaft strukturellen Problemen nicht durch etwaige Falschkategorisierung in den Genuss kommen können, zu günstigeren Konditionen subventioniert zu werden. Sie müssen tiefgreifende Maßnahmen hinnehmen oder vom Markt ausscheiden. Entsprechendes gilt auch für den umgekehrten Fall, bei dem einer grundsätzlich gesunden Bank durch fehlerhafte Zuordnung staatliche Unterstützung verweigert werden könnte.

Ferner ist die unzureichende Begründungsdichte der Entscheidungen besonders unter dem Aspekt der Gleichbehandlung und der Transparenz bedenklich. Solch eine Vorgehensweise ist juristisch nicht überprüfbar und birgt die Gefahr willkürlichen Handelns in sich.

Unstreitig wollte die Kommission in bester Absicht mit der Stichtagsregelung ein Kriterium schaffen, um nicht allen Unternehmen mit Schwierigkeiten – gleich welcher Art – einen Freibrief für krisenspezifische Maßnahmen zu gewähren. Auch wenn sicherlich einige Unternehmen mit endogenen, nicht krisenbedingten Problemen, von dem Rahmen profitierten, so hat dieser mit der Stichtagsregelung in gewissem Maße zur Transparenz und damit zur Rechtssicherheit beigetragen. Letztlich ist jedoch einer individuellen Bewertung der finanziellen Lage eines Unternehmens stets gegenüber einer pauschalen Regelung der Vorzug zu geben. So wird möglichem Missbrauch gegengesteuert und die vorhandenen finanziellen Mittel erhalten diejenigen, die durch äußere Umstände in eine finanzielle Schieflage geraten sind.

5. Kritische Würdigung aus praktischer Sicht

Die Beurteilung des europäischen Beihilferechts in der Finanz- und Wirtschaftskrise kann sich nicht nur auf eine theoretische Bewertung des Regelwerkes beschränken. Eine sachgerechte Bestandsaufnahme hat auch die praktische Anwendung und Umsetzung durch alle Beteiligten wie auch die mögliche und nötige Weiterentwicklung zu untersuchen.

a. Restriktive Kreditvergabe

Die Kommission verfolgte durch die Lockerung des Beihilferechts während der Krise das Ziel, die Kreditgewährung an Unternehmen wieder anzukurbeln, um diesen den Zugang zum Kapital zu ermöglichen.[1220] Trotz staatlicher Intervention konnte dieses Ziel nur teilweise erreicht werden. Obwohl durch den Staat unterstützt, agierten die Banken bei der Kreditvergabe an die Realwirtschaft mitunter sehr restriktiv.[1221] Ein Grund dafür war, dass der hohe Abschreibungsbedarf der Banken deren Eigenkapital verringert hatte.[1222] Die zögerliche Vergabe zeigte sich insbesondere bei Unternehmen, die krisenbedingt infolge ihrer mangelnden Bonität ein schlechteres Rating als vor der Krise aufwiesen.[1223] Denn seit der Verabschiedung von Basel II wird von den Banken verlangt, dass Kredite an Unternehmen mit schlechterer Bonität mit mehr Eigenkapital unterlegt werden müssen. Gleiches gilt für bestehende Kredite. Folglich stehen weniger Gelder für die Realwirtschaft zur Verfügung.[1224] Vor allem für Unternehmen ohne Zugang zum Kapitalmarkt ist eine Finanzierung wegen ihres krisenbedingten schlechteren Ratings teurer. Dies ist zwar unter wettbewerbsschützenden Aspekten begrüßenswert[1225], erschwert dem jeweiligen Unternehmen aber den Zugang zu finanziellen Mitteln oder verhindert

1220 VGR, ABl. 2009 Nr. C 83/01, Ziff. 1.3.

1221 Vgl. *Herrmann*, WiVerw 2010, 36, 44; *Paul*, Maschinenbauer ärgern sich über die Banken, Frankfurter Allgemeine Zeitung vom 30.11.2009, Nr. 278, S. 14; *Jahn*, Merkel warnt vor einer Kreditklemme, Frankfurter Allgemeine Zeitung vom 30.11.2009, Nr. 278, S. 11; *o.V.*, Banken vergeben Unternehmens- kredite restriktiver, faz.net v. 24.07.2009, abgerufen am 29.10.2012 unter: http://www.faz.net/s/Rub09556B540AA04D40B015AB81780D56DF/Doc~EB57E17537EDA4D0AB15B0CF1B96460AA~ATpl~Ecommon~Scontent.html; *Braunberger*, Weniger Unternehmenskredite im Euro-Raum, m.faz.net v. 27.07.2009, abgerufen am 29.10.2012 unter: http://m.faz.net/aktuell/wirtschaft/konjunktur/banken-weniger-unternehmenskredite-im-euro-raum-1827596.html; *o.V.*, Firmen klagen über restriktive Kreditvergabe, Spiegel Online v. 30.06.2009, abgerufen am 29.10.2012 unter: http://www.spiegel.de/wirtschaft/ifo-untersuchung-firmen-klagen-ueber-restriktive-kreditvergabe-a-633433.html.

1222 *Konrad-Adenauer-Stiftung e.V.*, Bekommen die Unternehmen noch ausreichend Kredite oder leiden sie unter einer „Kreditklemme“? v. 11.01.2010, abgerufen am 29.10.2012 unter: http://www.kas.de/wf/de/71.7108.

1223 *Birnstiel/Heinrich/Dierckens*, BRZ 2010, 67, 73 f.

1224 *Ramthun/Fischer/Schnitzler*, Kreditklemme verschärft sich immer weiter, Wirtschaftswoche Online v. 06.07.2009, abgerufen am 29.10.2012 unter: http://www.wiwo.de/politik/deutschland/finanzkrise-kreditklemme-verschaerft-sich-immer-weiter/5142594.html.

1225 Vgl. *Birnstiel/Heinrich/Dierckens*, BRZ 2010, 67, 73.

diesen gänzlich. Trotz aller Kritik kann es jedoch nicht dem Beihilferecht zugeschrieben werden, dass Basel II und die darin enthaltenen strengeren Anforderungen an die Kreditvergabe ausgerechnet während der Krise verabschiedet wurden, und somit die Kredite nur sehr zurückhaltend vergeben wurden.

b. Zurückhaltende Inanspruchnahme von Bürgschaften

In der Anfangsphase der Bürgschaftsprogramme wurden diese nur zögerlich[1226] angenommen. Erst mit der Einführung des „Wirtschaftsfonds Deutschland" im Frühjahr 2009 wurden zunehmend Bürgschaften beantragt.[1227] Die Ursache kann darin liegen, dass sich die Berechnung der Bürgschaftsprämie an dem jeweiligen Rating des Unternehmens zum Zeitpunkt der Bürgschaftsbewilligung orientiert. Da sich viele Unternehmen in dieser krisenbedingten Situation in einer sehr schwierigen Lage befanden, fiel ihr Rating schlecht und die entsprechenden zu zahlenden Prämien relativ hoch aus. Folglich fehlte es an Anreizen zur Bürgschaftsbeantragung.[1228] Mit der Verabschiedung des „Wirtschaftsfonds Deutschland" und den darin enthaltenen Anforderungen an die Bürgschaftsvergabe änderte sich die Situation, und das Interesse an Bürgschaften nahm zu. So ließ sich dann schließlich auch das von der Kommission beabsichtigte Ergebnis erzielen.

c. Bedeutungszuwachs der Kommission

Bei der Bewertung des Beihilferechts kommt man nicht umhin, den Bedeutungszuwachs und das gesteigerte Selbstbewusstsein der Kommission festzustellen. Diese Entwicklung zeigt sich vor allem auf nationaler Ebene. Dass sich die Kommission im Rahmen ihrer Beihilfenkontrolle in die wirtschaftlichen Abläufe auf nationaler Ebene derartig einschalten würde, war bis Anfang der 1990er noch undenkbar. Ihre neue Stellung wurde insbesondere durch die Möglichkeit, begünstigende Beihilfeentscheidungen mit Bedingungen und Auflagen zu versehen, forciert. Ihr Selbstbewusstsein wird besonders daran deutlich, dass sie den Staaten Vorgaben erteilt, an denen sich diese zur Rettung wichtiger Unternehmen zu orientieren haben.[1229] Der deutlich gewachsene Stellenwert und die umfassendere Präsenz der Kommission waren für die Staaten vor allem in der Finanz- und Wirtschaftskrise

---

1226 *Soltész/ von Köckritz*, EuZW 2010, 167, 169.

1227 *Drost*, Starke Nachfrage nach Bürgschaften, Handelsblatt Online v. 19.11.2009, abgerufen am 29.10.2012 unter: http://www.handelsblatt.com/unternehmen/mittel stand/buergschaftsbanken-starke-nachfrage-nach-buergschaften/3307332.html.

1228 Vgl. *Haverkamp/Schmidt*, BRZ 2009, 71, 80.

1229 *Soltész*, in: Schwarze, Rechtsschutz und Wettbewerb, S. 61.

spürbar. Während sie vor einigen Jahren noch sehr zurückhaltend agierte, verstand sie es nun, verstärkten Einfluss auf die Rechtsgestaltung zu nehmen. Von der stillen Beobachterin der Geschehnisse und Hüterin der Wettbewerbsregeln war die Entwicklung zu einer initiativ- wie auch aktiv-reagierenden Institution in der Krise unübersehbar. So gelang es ihr, den Spagat zwischen der Rettung der Märkte und dem Aufrechterhalten eines Mindestmaßes an Wettbewerb im Rahmen der beihilferechtlichen Bestimmungen zu meistern. Dafür steht pars pro toto die Verabschiedung eines gänzlich neuen Regelwerkes für den Bankensektor, das mitunter tiefgreifende Umstrukturierungen für Finanzinstitute zur Folge hat.

Kritische Stimmen gehen sogar so weit, die Kommission als „Gestalterin der Märkte“[1230] oder als „Marktdesignerin nach ihren Vorstellungen“[1231] zu bezeichnen.[1232] Als maßgeblich dafür wird vor allem die in den letzten Jahren herausgebildete erhebliche Machtkonzentration[1233] angesehen. Bei den Verhandlungen über die Konditionen der Beihilfe verfüge die Kommission über ein großes Druckpotential. Mittels der Verschärfung von Auflagen könne sie beispielsweise durch die Anordnung des Verkaufs von Unternehmensteilen die Unternehmensgröße festlegen und somit gestaltend in die Strukturen der Marktlandschaft eingreifen. Diese Möglichkeit berge die Gefahr, dass die Kommission unter dem Deckmantel des Beihilferechts ganz andere Ziele als die des Wettbewerbsschutzes verfolgen könnte.[1234]

Diese Auffassung verkennt in zum Teil polemischer Überzeichnung Ursache und Wirkung. Es erscheint weit hergeholt, der Kommission zu unterstellen, über eine Instrumentalisierung des Beihilferechtes für sich selbst eine wirtschaftspolitische Aufwertung und einen deutlichen Zuwachs an rechtspolitischer Kompetenz per se erreichen zu wollen. Sind es doch vielmehr die externen Umstände und die Handlungs und Entscheidungserfordernisse, insbesondere der Finanz- und Wirtschaftskrise, die die Rolle sowie den Stellenwert der Kommission nachhaltig beeinflusst haben. Dabei wird nicht verkannt, dass die Kommission infolge exorbitant gestiegener Beihilfevolumina im Laufe der Jahre auch einen deutlichen Machtzuwachs erfahren hat. Es liegt nahe, dies kritisch zu hinterfragen, zumal

1230 *Soltész*, WuW 2010, 743 ff.

1231 Vgl. *Zimmer/Blaschcok*, WuW 2010, 142 ff.

1232 *Mussler*, Die EU kennt heute auch gute Subventionen, Frankfurter Allgemeine Zeitung vom 16.09.2010, Nr. 215, S. 12.

1233 *Soltész*, WuW 2010, 743.

1234 *Mussler*, Die EU kennt heute auch gute Subventionen, Frankfurter Allgemeine Zeitung vom 16.09.2010, Nr. 215, S. 12.

auch jede getroffene Beihilfeentscheidung im Grenzbereich Anlass für dahingehende Spekulationen liefern kann.

Insgesamt ist die Kommission ihrer Aufgabe der Beihilfenkontrolle gerecht geworden. Auch ist es ihr gelungen, das Spannungsfeld eigentlich gegensätzlicher Pole der Beihilfenkontrolle mit dem obersten Ziel des Wettbewerbsschutzes und der gleichzeitigen Gewährung von Beihilfen auszugleichen. Dies ist eine höchst komplizierte, wenn nicht sogar nahezu unmöglich zu erfüllende Aufgabe. Die Kommission war hierbei durchaus erfolgreich. Darüber hinaus ist darauf hinzuweisen, dass ohnehin eine komplette Trennung von wirtschaftspolitischen Erwägungen sowie ein Agieren lediglich zum Wohle des Wettbewerbsschutzes im Rahmen der Beihilfenkontrolle praktisch äußerst schwierig sind. Immerhin werden Entscheidungen über jegliche Form der staatlichen Unterstützung nie gänzlich ohne, sondern vielmehr immer bis zu einem gewissen Grad von zusätzlichen wirtschaftspolitischen Aspekten begleitet und unter Umständen sogar übersteuert. Schließlich sind Wirtschaft und Politik verzahnt und interdependent. Auch ist anzumerken, dass die vom Beihilfeverbot normierten Ausnahmetatbestände vor allem deswegen bestehen, um Gemeinwohlinteressen, die manchmal durchaus auch stark wirtschaftspolitisch orientiert sind, gerecht zu werden. Letztlich erfährt die EU damit eine Förderung, ihr Bestand wird so gesichert. Im Übrigen sollte man sich vergegenwärtigen, dass die Kommission in der Finanz- und Wirtschaftskrise auf keinerlei Erfahrungswerte zurückgreifen konnte und somit im Rahmen der Ausarbeitung des Krisenmaßnahmenkonzeptes absolutes Neuland betrat.

d. Intransparentes Mandatarsystem

Zur Optimierung des Beihilferechts wäre auch ein entsprechendes klares, justiziables und nachvollziehbares Mandatarsystem auf europäischer Ebene wünschenswert. Die Entscheidungen der Mandatare über die Unternehmen wirken sich zwar nicht direkt auf das Beihilferecht aus, können allerdings mittelbare Wirkungen für dieses entfalten. Eine unterschiedliche Bewertung auf nationaler Ebene ist nicht folgenlos für den europäischen Wettbewerb. Nach den derzeitigen Regelungen ist das Vergütungssystem, die Auftragsvergabe sowie die mangelnde Rotation bei den Mandataren mit einer gewissen Skepsis zu betrachten. Grundsätzlich erhält der Wirtschaftsprüfer für jede Prüfung einen Grundbetrag. Sofern ein Gutachten positiv ausfällt und das Unternehmen die beantragte Förderung erhält, fällt die Vergütung entsprechend höher aus.[1235] Durch dieses System der Vergütung werden Fehlanreize gesetzt. Insbesondere in Graubereichen, in denen die

1235 Vgl. *Dentz*, Trügerische Stütze, Finance Magazin, Juli/August 2009, S. 11.

Fortführungsfähigkeit eines Unternehmens fraglich ist, besteht die Gefahr, dass nicht neutral, sondern eher zu eigenen Gunsten entschieden wird. Für einen Gutachter sind aber gerade Unabhängigkeit, Neutralität und Objektivität unabdingbar.

Die dauerhafte Beauftragung von lediglich einem Mandatar kann zu einem systemischen Risiko führen. An dieser Stelle setzt die Auffassung des EU-Kommissars Barnier hinsichtlich der Unabhängigkeit bei der praktizierten Bilanzprüfung an.[1236] Solange das zu prüfende Unternehmen die Wirtschaftsprüfer engagiert und auch bezahlt, ist die Unabhängigkeit in Gefahr. Ein derartiger „Systemfehler" könnte umgangen werden, wenn die Beauftragung und Bezahlung der Wirtschaftsprüfungsgesellschaft von einer dritten Instanz wie einer EU-Aufsichtsbehörde erfolgte. Das Honorar könnte dann staatlich festgelegt werden. Für ein neutrales Ergebnis könnte die Überprüfung der Bilanzen von zwei Wirtschaftsprüfern erfolgen. So geschieht dies bereits in Frankreich. Außerdem sollten Wirtschaftsprüfer regelmäßig gewechselt werden, möglichst nach einem Rotationsprinzip wie es bereits für Ratingagenturen in der EU-Gesetzgebung vorgesehen ist. Derartige Neuerungen sind jedoch wegen der eklatanten Eingriffe in die Branche in der EU nicht unumstritten.[1237]

D. De lege ferenda

Die vorhergehende Analyse und die Bewertung haben gezeigt, dass sich nach meiner Auffassung das bisherige Beihilferecht in seiner Anwendung als Rechtskonstrukt und Handlungsinstrumentarium durchaus als krisentauglich erwiesen und damit bewährt hat. Allerdings sind unter dem Aspekt einer tragfähigen Krisenvorsorge und einer von der Kommission als notwendig erachteten Weiterentwicklung des Beihilferechts Überlegungen bezüglich dessen zukünftiger Ausgestaltung durchaus angezeigt. Auch das von den Mitgliedstaaten und der EU erkannte Erfordernis, auf zukünftig mögliche Ad-hoc-Krisen besser vorbereitet zu sein, macht dieses unumgänglich. Immerhin kann nicht ausgeschlossen werden, dass die Krise

---

1236 *Berschens/Metzger/Terpitz/Fockenbrock/Maisch*, EU will Marktmacht der Wirtschaftsprüfer zerschlagen, Handelsblatt Online v. 13.10.2012, abgerufen am 16.04.2013 unter: http://www.handelsblatt.com/unternehmen/handel-dienstleister/mehr-transparenz-eu-will-marktmacht-der-wirtschaftspruefer-zerschlagen/3561476.html.

1237 *Berschens/Metzger/Terpitz/Fockenbrock/Maisch*, EU will Marktmacht der Wirtschaftsprüfer zerschlagen, Handelsblatt Online v. 13.10.2012, abgerufen am 29.10.2012 unter: http://www.handelsblatt.com/unternehmen/handel-dienstleister/mehr-transparenz-eu-will-marktmacht-der-wirtschaftspruefer-zerschlagen/3561476.html.

immer noch andauert oder eine weitere Krisenphase gravierenderen Ausmaßes bevorstehen könnte. So jedenfalls äußerte sich Wettbewerbskommissar Almunia über den Status der Krise: "Two years after the crisis erupted, we are at a crucial juncture in the exit strategy, which should be neither too abrupt – because we are not out of the woods yet – nor too slow, because that would be dangerous in the medium term."[1238] In diesem Zusammenhang kommt den krisenbedingten Neuerungen des Beihilferechts sicherlich in gewissem Grad ein Modellcharakter zu. Da die Unterstützungsinstrumente teilweise neu erlassen wurden und sich weitestgehend im Erstdurchlauf bewährt haben, könnte auf die gemachten Erfahrungen und Neuerungen/Ergänzungen gegebenenfalls zurückgegriffen werden. Eine etwaige Wiederauflage könnte Form, Handhabung und Vorgehensweise des Modells übernehmen, ohne dass es eines größeren Aufwandes bedarf.

Die Bewertung des derzeitigen Beihilferegimes unter dem Aspekt denkbarer Alternativen sollte realisieren, dass es sich bei der in den Art. 107 – 109 AEUV enthaltenen Beihilfenkontrolle um eine primärrechtliche Konstante handelt. Bereits zu Beginn der EU waren die in Art. 107 Abs. 2 und 3 AEUV normierten Ausnahmetatbestände zu dem generellen Beihilfeverbot die entscheidenden Voraussetzungen für die Zustimmung der damaligen Mitgliedstaaten, sich überhaupt einer Beihilfenkontrolle auf europäischer Ebene zu unterwerfen. Damit nahmen sie in nicht unerheblichem Umfang Einschränkungen ihrer staatlichen Souveränität für ihre nationale Wirtschaftspolitik hin. Daraus folgt, dass eine Überarbeitung des Beihilferechts auf Primärrechtsebene nahezu ausgeschlossen ist. Ein beispielsweise generelles Beihilfeverbot mit deutlich weniger Ausnahmetatbeständen wäre eher unwahrscheinlich. Insbesondere in Ausnahme- bzw. Extremsituationen wie die der Krise ist davon auszugehen, dass die Staaten solch einer Überarbeitung der primärrechtlichen Regelungen nicht zustimmen würden.[1239]

Maßgeblich ist des Weiteren, dass sich das Beihilferecht über die Jahre im Großen und Ganzen bewährt hat. Darüber hinaus hat das bisherige Regelwerk sogar unter Beweis gestellt, besonders schwere finanzielle Situationen wie die Finanz- und Wirtschaftskrise durch entsprechende Unterstützungsmaßnahmen auf der gesetzlichen Grundlage des Art. 107 Abs. 3 lit. b AEUV abfedern zu können. Mithin finden derartige staatliche Handlungen nicht im rechtsfreien Raum statt. Diese rechtliche Konstante schafft und erhält Vertrauen unter den EU-Mitgliedern. Sie trägt dazu bei, den Zusammenhalt der Staaten zu fördern und den Bestand

1238 *Almunia, Joaquín*. Rede vom 21.10.2010, "Competition Policy: State of Play and Future Outlook" (SPEECH/10/576).

1239 Vgl. *Langner*, Die Beihilfenkontrolle auf dem Prüfstand, S. 23.

der EU sicherzustellen. Insofern ist vor dem Hintergrund der beihilferechtlichen Entstehungsgeschichte und dem Vertrauen der Staaten auf und in das Beihilferecht ausgeschlossen, Alternativen zur derzeitig bestehenden Beihilfenkontrolle auf primärrechtlicher Ebene in Erwägung ziehen zu wollen.[1240]

Folglich könnten allenfalls für den Bereich des Sekundärrechts oder des sogenannten soft laws in Form von Mitteilungen Veränderungen angedacht werden.[1241] Dies vor allem durch Konkretisierung von Termini und Parametern zur Gewährung von Rechtssicherheit. Bei allen Überlegungen, die Begriffe anders oder präziser zu definieren, kann die oberste Maxime immer nur sein, Transparenz und Rechtssicherheit zu gewährleisten.

Auch eine denkbare Erweiterung der primärrechtlichen Ausnahmetatbestände des Art. 107 Abs. 2 und 3 AEUV um das Tatbestandsmerkmal „Wirtschaftskrise" wäre nicht zu befürworten. Die Geschichte hat gezeigt, dass Wirtschaftskrisen – wenn überhaupt – nur schwer zu prognostizieren sind. Ursächlich hierfür könnte sein, dass sich jede Prognose auf Beobachtungen und Erkenntnisse eines Zeitabschnittes in der Vergangenheit stützt. Mangelt es an essentiellen Informationen aus dieser Periode oder werden wesentliche Fakten nicht mitberücksichtigt, so geht dies zu Lasten einer (richtigen) Prognose. Dies ist beispielsweise gegeben, wenn Unternehmen ihre Bilanzen nur begrenzt preisgeben. Zudem wird es „für den externen Bilanzleser [...] eine zunehmende Herausforderung, eine verlässliche Aussage über die Vermögens-, Finanz- und Ertragslage zu treffen".[1242] Darüber hinaus lassen sich Krisen nur schwer vorhersehen, da die Ursachen der Weltkrisen und deren Auswirkungen nicht kongruent sind. Vielmehr ist jede Krise singulär, so dass die jeweilige Situation als Einzelfall betrachtet und die Umstände entsprechend analysiert werden müssen. In der Folge sind dann die entsprechenden darauf ausgerichteten krisenspezifischen Maßnahmen zu ergreifen. Die Krise stattdessen mittels bestimmter Parameter (wie Arbeitslosenzahlen, Bruttoinlandsprodukt, etc.) in einem quasi Bewertungsmechanismus schematisch zu prognostizieren bzw. zu skizzieren dürfte daher nahezu unmöglich sein. Selbst wenn sich eine Wirtschaftskrise theoretisch anhand von bestimmten Termini definieren und mittels theoretischen Modellen vorhersehen ließe, so zeigt die Praxis, dass dies

---

1240 Vgl. *Langner*, Die Beihilfenkontrolle auf dem Prüfstand, S. 23.

1241 Vgl. *Langner*, Die Beihilfenkontrolle auf dem Prüfstand, S. 23.

1242 *Mussler*, Die Bilanzen der Banken sind immer schwerer vergleichbar, Frankfurter Allgemeine Zeitung vom 22.10.2012, zuletzt abgerufen am 28.04.2013 unter: http://www.faz.net/aktuell/finanzen/aktien/im-gespraech-claus-peter-wagner-ernst-young-die-bilanzen-der-banken-sind-immer-schwerer-vergleichbar-11934539.html.

auch nicht in Situationen wie der eines kurzfristigen Börsenzusammenbruches (Black Friday) weiterhelfen würde.

Ungeachtet der o.a. abstrakten und derzeit noch nicht gedanklich zum Abschluss zu bringenden Aspekte ist eine Entwicklung des Beihilferechts insbesondere in seiner Anwendung und Umsetzung offensichtlich. Während im Bereich der Realwirtschaft der vorübergehende Gemeinschaftsrahmen bereits ausgelaufen ist und diesbezügliche Beihilfen wieder nach dem bisherigen Beihilferegime beurteilt werden, ist für den Bankensektor zwar ein Auslaufen der Krisenregelungen von der Kommission geplant, praktisch aber wird das Sonderregelwerk wohl noch länger Geltung haben. Daher ist davon auszugehen, dass sich die Bestimmungen der Beihilfenkontrolle für den Bankensektor und die Realwirtschaft unterschiedlich entwickeln. Diese Vermutung zeichnet sich bereits jetzt schon ab. Auf lange Sicht scheint nicht abwegig, dass für den Bankensektor gänzlich neue bankenspezifische Bestimmungen geschaffen werden. Aufgrund der Notwendigkeit auf unvorhersehbare Geschehnisse und Ausnahmezustände wie die in der Finanzkrise adäquat reagieren zu können, wird die beihilferechtliche Ausgestaltung für den Bankensektor im Vergleich zur Realwirtschaft wesentlich flexibler sein. Das Hauptaugenmerk der Staaten bzw. der Kommission wird weiterhin darauf gerichtet sein, das Bankwesen auf jeden Fall funktionsfähig zu halten. Schließlich handelt es sich bei der Finanzbranche um einen äußerst sensiblen Sektor. Kein anderer Bereich in der Volkswirtschaft hat eine derart zentrale, herausragende und systemsichernde Bedeutung wie die Kreditinstitute. Diese sind für die Funktionsfähigkeit einer Volkswirtschaft unerlässlich, denn ohne sie existiert kein geordneter Ablauf des allgemeinen Zahlungsverkehrs. Als Folge kommt es zur Insolvenz anderer Unternehmen und letztlich äußerstenfalls zum Zusammenbruch der Börsen. Geraten Banken in die Schieflage, können sie das gesamte Kreditwesen und damit das gesamte System mitreißen. Dies ist auch innerhalb kürzester Zeit möglich.

Um dem nachhaltig gegenzusteuern, werden verschärfte und noch detailliertere regulatorische Bestimmungen de lege ferenda eine entscheidende Rolle spielen. In den Bankenmitteilungen zeichnet sich bereits ab, dass der Fokus zukünftig weiterhin auf der Umstrukturierung einzelner bedeutender Banken bzw. des gesamten Bankensektors oder auf der Reduzierung der Bankenanzahl liegen wird.[1243] Diese Prognose entspricht im Wesentlichen der von der ehemaligen Kommissarin Frau Kroes geäußerten Ansicht, wonach die Krise nur durch grundlegende Veränderungen in der Geschäftspraxis der Banken, d. h. in Bezug auf die Art und Weise ihres

---

1243 Vgl. *Doleys, Thomas*, Managing State Aid in Times of Crisis: The Role of the European Commission, S. 21.

Geschäftsbetriebes, gelöst werden konnte. An dieser Auffassung hielt sie weiterhin fest, indem sie äußerte: „Half solutions won't help. We are aiming to clear balance sheets, either though restructuring or winding down of banks, so that the survivors have the best chance at a healthy future." [...] "We must also replace unsustainable, overleveraged structures with simpler, less leveraged, more prudent and more transparent forms of banking."[1244] Später fügte sie hinzu: "[...] while some banks may have been too big to fail, none are too big to restructure".[1245] Dabei übernehme die Kommission zum Teil die Aufgaben, die von „banking regulators" übernommen werden sollten.[1246] Ergänzend zu den Sonderregelungen für den Bankensektor wäre korrespondierend dazu die Überwachung von global aufgestellten Banken durch internationale Aufsichtsbehörden zu befürworten. Wichtig ist dabei, die Aufsicht ebenso global zu organisieren wie die zu beaufsichtigenden Institute global aufgestellt sind. Auch sollte die Zusammenarbeit mit den nationalen Aufsichtsbehörden den länderspezifischen Besonderheiten und Rechtsregelungen entsprechen.[1247] Kompetenz und Perspektive der Aufsicht wären den möglichen Geschäftsrisiken damit angemessen. Da es bislang nur Aufsichtsbehörden auf nationaler Ebene gibt, wäre daher eine europäische Institution zu befürworten. Alle Aufsichtsbehörden Europas mit den gleichen Aufsichtsrechten auszustatten, ist mithin unabdingbar.

Für die zukünftige Ausgestaltung des Beihilferechts ist insgesamt ein schwieriger Spagat zu meistern. Zum einen geht es um die Konkretisierung von zum Teil noch unbestimmten Anforderungen an Beihilfen. Auf der anderen Seite dürfen die Konkretisierung und damit ein „Mehr" an Mitteilungen nicht zur Unübersichtlichkeit innerhalb der Beihilfevorschriften führen, an denen sich die Mitgliedstaaten und die Kommission gleichermaßen orientieren. So haben bereits einige kritische Stimmen angemerkt,[1248] dass das vergrößerte Volumen an beihilferechtlichen Bestimmungen zur Unüberschaubarkeit geführt und die Kommission bei all den Beihilfefällen den Fokus verloren habe, was letztlich zu Lasten der Transparenz gehe. Dies wirkt sich dann zu einem gewissen Grad auch negativ auf die Rechtssicherheit aus. Um den more economic approach weiterhin zu verfolgen und um zu

---

1244 *Kroes, Neelie.* Rede vom 14.03.2009, "Time for Banks to Shoulder Their Responsibilities" (SPEECH/09/117).

1245 *Kroes, Neelie.* Rede vom 11.09.2009, "Competition Law in an Economic Crisis" (SPEECH/09/385).

1246 Vgl. *Kroes, Neelie.* Rede vom 23.06.2009, "Banks Must Reform and Restructure" (SPEECH/09/306).

1247 *Heise*, in: Dullien/Heise/Schick/Burghof, Wirtschaftsdienst 2010, 79, 82.

1248 Vgl. *Soltész*, EWS 2011, 1.

verhindern, dass die Kommission dieses Ziel bei all den beihilferechtlichen Fällen aus den Augen verliert und sich vielmehr auf die großen und für den Bestand der EU bedeutsamen Fälle konzentrieren kann,[1249] wäre zu überlegen, ob man den Staaten im Rahmen der Beihilfebeurteilung mehr Verantwortung überträgt. Man könnte sich in diesem Zusammenhang an dem System der Freistellungsverordnungen orientieren. Dabei wäre es denkbar, die De-minimis-Beihilfen zu erhöhen. Dies käme einerseits den bedeutsamen Fällen zu Gute, denn infolge eines Heraufsetzens der De-minimis-Grenze unterfielen mehr Fälle in die nationalen Kompetenzen, so dass sich die Kommission intensiver mit den größeren Fällen auseinandersetzen könnte.

Langfristig wird auf die Kommission die schwierige Aufgabe zukommen, einerseits die zahlreichen Zusagenpakete zukünftig den veränderten wirtschaftlichen Rahmenbedingungen flexibel anzupassen, andererseits muss sie die Zusagenpakete weiterhin an Bedingungen knüpfen und kann diese nicht unbegrenzt „aufweichen". Schließlich könnte dies ihre Glaubwürdigkeit gefährden.[1250] Darüber hinaus wird der Kommission im Rahmen der Ausgestaltung de lege ferenda mit zunehmender Umstrukturierung und weiteren Regularien sicherlich eine neue Rolle zukommen. Eine gewisse Abkehr vom eigentlichen Grundmodell der Art. 107 f. AEUV ist dabei nicht unwahrscheinlich.[1251] Allerdings wäre wünschenswert, dass sich die Kommission, sofern sie mitunter auch stark wirtschaftspolitisch tätig wird, was von Kritikern häufig auch als Kompetenzüberschreitung ausgelegt und gerügt wird, langfristig wieder nur auf den ihr eigentlich zugeschriebenen Aufgabenbereich, die Beihilfenkontrolle, konzentriert. Dies würde auch dem eigentlichen Grundgedanken des Beihilfemodells entsprechen, das ein Genehmigungssystem für Beihilfen, nicht aber eine Überwachung des Wettbewerbsverhaltens einzelner Banken über mehrere Jahre hinweg vorsieht.[1252]

Verfahrensrechtlich ist de lege ferenda zu befürworten, dass auch Dritte jederzeit an dem Genehmigungsprozess für Beihilfen beteiligt bzw. ihnen Teilnahmerechte am Prüfungsverfahren eingeräumt werden, so dass sie erforderlichenfalls Gegenmaßnahmen ergreifen oder notwendige rechtliche Schritte einleiten können. Auch in Krisensituationen ist dies aus Gründen der Rechtssicherheit eine unabdingbare Maxime.[1253]

1249 Vgl. *Soltész*, EWS 2011, 1.

1250 *Soltész*, EUR 2011, 119, 130.

1251 *Soltész*, EUR 2011, 119, 131.

1252 *Soltész*, EUR 2011, 119, 131.

1253 Vgl. *Jaeger*, EStAL 1/2009, 3, 5.

Auch sollten die Genehmigungsentscheidungen stets ausreichend begründet werden. In diesem Zusammenhang ist zudem zu befürworten, dass die Kommission zukünftig vermehrt Wirtschaftsexperten in den Prüfungsprozess mit einbezieht und die Entscheidungen wirtschaftliche Analysen und konkrete Zahlen widergeben.

5. Kapitel: Fazit

Im Jahre 2005 erging das umfassende Reformprojekt des Beihilferechts „Aktionsplan Staatliche Beihilfen", das 2009 auslaufen sollte. Die zentralen Reformziele orientierten sich insbesondere an der Lissabon-Strategie. Zu ihr gehören die Straffung des Vollzugs, die Vereinfachung des Rechtstatbestandes und die Gewährleistung zukünftig flexiblerer Handlungsspielräume für die Mitgliedstaaten. Bedeutender Zwischenfall während dieser Reform war die Bewältigung der Finanz- und Wirtschaftskrise 2008/2009.[1254] Sie überraschte die Kommission relativ unvorbereitet. Entsprechend war das EU-Beihilferecht auf die Herausforderungen der Krise unzureichend eingestellt.[1255]

Die Krise erforderte staatliche Interventionen in einer Dimension nie erwarteten Ausmaßes. Entsprechend war die Kommission mit einem größeren Umfang an Beihilfeanträgen konfrontiert.[1256] Diese wurden von der Kommission durchwegs im beeindruckenden Eiltempo bearbeitet und genehmigt.[1257] Statt einer grundsätzlichen Abkehr von der Beihilfenkontrolle oder anderer denkbarer Alternativen behielten die Grundsätze des Beihilferechts auch während der Finanz- und Wirtschaftskrise ihre Gültigkeit. Materiell- wie auch verfahrensrechtlich wurden die beihilferechtlichen Bestimmungen jedoch der Lage angepasst. Damit erfuhren die bisherigen Genehmigungskriterien für Beihilfen eine umfänglichere und weiterführende Konkretisierung, so dass die krisenspezifischen Unterstützungsmaßnahmen nicht als eine Ausnahme, sondern als weitergehende Auslegung des Beihilferechts verstanden werden können. Das Beihilferecht zeigte hierbei genügend Gestaltungs- und Anwendungspotential, so dass es auch in schwierigen Zeiten wie auch bei deren krisenhafter Zuspitzung stets als eine sichere Handlungsebene verstanden und angenommen werden kann. Das Europäische Beihilferecht hat sich nicht nur bewährt, sondern auch nicht unerheblich in der Finanz- und Wirtschaftskrise mit dazu beigetragen, konsolidierend gegenzusteuern.

1254 *Jaeger*, EuZW 2010, 47.

1255 *Soltész*, WuW 2010, 743, 744.

1256 *Ungerer*, BRZ 2009, 58, 59.

1257 *Wackerbarth*, EuZW 2010, 47, 49; a. A. Anzeiger für Staatliche Beihilfen, KOM (2009), 164, 4.

Mit der Lockerung des Beihilferechts waren für die Mitgliedstaaten die erforderlichen Voraussetzungen gegeben, entsprechende Krisenmaßnahmen in kürzester Zeit zu ergreifen. Mit der „Fruchtbarmachung" des bisher restriktiv ausgelegten Art. 107 Abs. 3 lit. b) AEUV handelte die Kommission flexibel und lösungsorientiert. Auch das für den Bankensektor neu geschaffene Regelwerk mit Sonderbestimmungen existierte vor der Krise noch nicht.[1258]

Resümierend ist festzustellen, dass die Kommission aus ihrer Zuständigkeit und Verantwortung heraus im Rahmen ihrer Möglichkeiten alles getan hat, sich den aus der Krise ergebenden Problemen zu stellen. Mit Sachbezogenheit und sensiblem politischen Gespür in der Vorgehensweise gelang es ihr, den unterschiedlichen, durchaus auch konkurrierenden Zielen gerecht zu werden. So schuf sie die Voraussetzungen für den Erlass von krisenspezifischen Maßnahmen, gleichzeitig aber steuerte sie Subventionswettläufen entgegen und erhielt so jedenfalls ein Mindestmaß an Wettbewerb aufrecht, der neben der Schaffung eines echten Binnenmarktes[1259] eines der primär verfolgten Ziele der EU darstellt. Insgesamt gelang es ihr damit in beeindruckendem Umfang, ihren Teil zur Bewältigung der Finanz- und Wirtschaftskrise beizutragen. Infolge des Volumens der krisenbedingten Aufgabenbewältigung war ein damit einhergehender außerordentlicher Zuwachs an Bedeutung der Kommission augenfällig.[1260]

Obgleich nicht auszuschließen ist, dass die krisenspezifischen Maßnahmen in gewissem Maße in das freie Marktgeschehen eingreifen und für den Wettbewerb nicht folgenlos bleiben, so geschehen sie nicht in rechtsfreiem Raum, sondern auf der Grundlage der beihilferechtlichen Bestimmungen. In Bezug auf mögliche Wettbewerbsbeeinträchtigungen durch die Maßnahmen stellt sich jedoch die Frage, ob in der Finanz- und Wirtschaftskrise ohne staatliche Intervention überhaupt noch ein Wettbewerb stattgefunden hätte. Schließlich scheuten die Banken die Kreditvergabe sowohl untereinander wie auch für die Realwirtschaft. Ohne die gewährten Kredite hätten nach den Regeln der Marktwirtschaft (drohende) Zahlungsunfähigkeiten zu massenhaften Insolvenzanträgen geführt. Dies hätte unter Umständen sogar den völligen Zusammenbruch des Marktes bedeuten können.

Die Kommission ist lediglich subsidiär und flankierend tätig geworden. Andererseits ist nicht zu verkennen, dass ihr gerade durch die großzügigere Auslegung und Anwendung des Beihilferechts ein enormer wirtschaftspolitischer

---

1258 Vgl. *Herrmann*, WiVerw 2010, 36, 39.

1259 *Haverkamp/Schmidt*, BRZ 2009, 71; so im Ergebnis auch *Soltész*, EuR 2011, 119.

1260 *Soltész*, WuW 2010, 743, 752.

Gestaltungsspielraum zugefallen ist.[1261] Mag sie im Rahmen ihrer unterstützenden Tätigkeit auch wirtschaftspolitische Ziele verfolgt haben, so hat sie den Wettbewerbsschutz nie aus den Augen verloren und durch entsprechende Ausgleichsmaßnahmen sichergestellt. Ihr Vorgehen war damit Mittel zum Zweck. Ohne die Verfolgung der wirtschaftspolitischen Ziele und das Intervenieren der Kommission hätten die Märkte völlig zusammenbrechen können. Mithin gelang ihr so die Weichenstellung, die Wettbewerb und geordnetes Marktgeschehen sicherstellten. Dieses mag man kritisieren, doch fragt man sich dann nach adäquaten Alternativen.

Sofern sie sich durch ihre Vorgehensweise einen größeren Gestaltungsspielraum[1262] verschaffen konnte, kann nicht von einer „carte blanche"[1263] die Rede sein, bei der sich die Kommission bezüglich ihrer Entscheidungen lediglich von politischen Erwägungen leiten ließ. Es liegt allerdings in der Natur der Sache, dass eine Behörde, deren Zuständigkeit eigentlich in einem anderen Bereich liegt, einen erheblichen Bedeutungszuwachs und ein damit einhergehendes gesteigertes Selbstverständnis erfährt, wenn sie Herausforderungen von ganz neuer Dimension zu meistern hat. Dass den Genehmigungsentscheidungen teilweise auch wirtschaftspolitische Erwägungen zugrunde lagen, unterstreicht vielmehr, dass die Kommission sich nicht nur auf Gesichtspunkte ihres Aufgabenbereiches beschränkte, sondern äußerst flexibel auf die Wirtschaftskrise nicht nur reagierte, sondern zusätzlich auch effizient und innovativ agierte.[1264] Die durch die Kommission zu schulternden Lasten wurden auftrags- und lösungsorientiert bewältigt. Das entspricht auch dem Grundtenor, der ein freiheitlich demokratisches System kennzeichnet, nicht die Augen zu verschließen, sondern im Interesse des Ganzen offensiv Verantwortung wahrzunehmen und dafür auch einzustehen. Unübersehbar hat dieses auch zu „einem ganz erheblichen Machtzuwachs der Brüsseler Behörde geführt"[1265]. Auch wenn die Mitgliedstaaten diese Entwicklung in ihren Auswirkungen und Folgerungen für ihre eigene Souveränität stets kritisch begleitet haben, so wurden gerade in der Krise die Vorgaben und die Vorgehensweise der Kommission zur Erhaltung des Wettbewerbs und zur Rettung sowie zum Erhalt wichtiger Unternehmen als völlig selbstverständlich akzeptiert. Die Aussage, „dass man nichts davon halte, Souveränität oder Teile der Souveränität

---

1261 *Birnstiel/Heinrich/Dierckens*, BRZ 2010, 67, 74.
1262 *Arhold*, EuZW 2008, 713, 717.
1263 *Arhold*, EuZW 2008, 713, 715.
1264 Vgl. *Soltész*, EuR 2011, 119, 120.
1265 *Soltész*, EuR 2011, 119, 121.

an Bürokraten abzugeben"[1266], ist vordergründig politisch zu verstehen und bezog sich nicht auf das überwiegend von allen als erfolgreich bewertete europäische Beihilferecht. Sind es doch die Mitgliedstaaten, die zu ihrem Vorteil und unter Inkaufnahme souveränitätsrechtlicher Abstriche in der Zusammenarbeit mit der Kommission deren Gestaltungskraft und Aufgabenkompetenz abgefragt und damit deren Macht- und Bedeutungszuwachs mittelbar sanktioniert haben.

Trotz des außergewöhnlichen und überdimensionalen Handlungsdrucks in der Krise kam es zu keiner nachhaltigen Beeinträchtigung der Beihilfereform.[1267] Für die Kommission ist die konzeptionelle Aufgeschlossenheit zur Weiterentwicklung und Modernisierung des Beihilferechts eine unabdingbare, sich in ihrem Handeln erweisende Selbstverständlichkeit. Insofern ist die Reform des Beihilferechts quantitativ und qualitativ positiv zu bewerten. Die selbst gesteckten Ziele wurden erreicht. Inhaltliche Verbesserungen im Vergleich zum vorherigen Zustand sind unübersehbar. Dies trifft insbesondere zu für Bewertungskriterien wie Verständlichkeit, Transparenz, Vereinfachung, Beschleunigung, Beteiligung usw.[1268] Für die von der Kommission nunmehr angedachten konkreten Arbeitsschritte der Weiterentwicklung des Beihilferechts sind alle Voraussetzungen gegeben, unter Einbeziehung und in enger Zusammenarbeit aller Beteiligten das Reformprojekt „Modernisierung des EU-Beihilferechts" voranzutreiben.[1269]

Insgesamt betrachtet hat sich das Europäische Beihilferecht als Rechtskonstrukt bewährt. Gleiches gilt auch für dessen Handhabung durch die Kommission. Es bedarf daher keiner grundsätzlichen Neuorientierung. Der Kommission, die sich enormen politischen Druck von Seiten der Mitgliedstaaten ausgesetzt sah,[1270] gelang während der Finanz- und Wirtschaftskrise der Spagat zwischen der Vermeidung einer ausufernden Beihilfepraxis einerseits und der krisenangepassten dynamischen Gestaltung des Beihilferechts andererseits. So kam auch ein etwaiges Aussetzen des Beihilferechts für die Kommission niemals ernsthaft in Betracht. Dies wurde zunächst durch die fortgesetzte Prüfung von Rettungs- und Umstrukturierungsbeihilfen im Bankensektor nach den primärrechtlichen

---

1266 Gemeinsames Interview von Bundeskanzlerin Angela Merkel und dem ehemaligen Staatspräsidenten Frankreichs Sarkozy vom 6. Februar 2012 im ZDF und France 2.

1267 *Wackerbarth*, EuZW 2010, 47, 49.

1268 *Wackerbarth*, EuZW 2010, 47, 52.

1269 Mitteilung der Kommission an das Europäische Parlament, den Rat, den Europäischen Wirtschafts- und Sozialausschuss und den Ausschuss der Regionen vom 08.05.2012, COM (2012) 209 final, Modernisierung des EU-Beihilfenrechts, S. 1–10.

1270 Vgl. *Soltèsz/von Köckritz*, Mlex Magazine, April-June 2011, S. 40.

Vorschriften der Art. 107 ff. AEUV deutlich. Mit der konsequenten Befristung[1271] krisenbedingter Regelungen und diesbezüglicher Äußerungen manifestiert sich die Absicht der Kommission, langfristig zu dauerhaft geltenden, nachhaltigen Leitlinien zurückkehren zu wollen.[1272] Nicht zuletzt unterstreichen die zurückhaltenden Maßnahmen im Bereich der Realwirtschaft sowie die strikte Orientierung an den Grundsätzen der R&U-Leitlinien die Bedeutung der beihilferechtlichen Vorschriften für die Kommission und ihr Bestreben daran festzuhalten.

Auch wenn das Europäische Beihilferecht mit dazu hat beitragen können, der Finanz- und Wirtschaftskrise partiell gegenzusteuern, so darf dieser Erfolg nicht zu einer Überfrachtung der originären Aufgabenstellung führen. Ist es doch gerade das auch in der Krise teleologisch konsequent auf Wettbewerbsförderung und Störungsbeseitigung angelegte rechtspolitische Konzept, mit dem ein insgesamt funktionierender europäischer Binnenmarkt erreicht und sichergestellt wurde. Es hieße Zielsetzung und Gewichtung des Beihilferechts falsch zu setzen und zusätzlich ein bewährtes Instrumentarium aufzugeben, wenn sich dieses vorrangig auf die Beseitigung der Finanz- und Wirtschaftskrise fokussierte. Für diese sind die eigentlichen Ursachen und Gründe hinlänglich bekannt: Überschuldung der Staatshaushalte sowie eine Finanz- und Geschäftspolitik der Banken, die unter Aufgabe jeglicher „corporate identity" alles zulässt, was nicht ausdrücklich verboten ist. Der Schuldenabbau und eine rigide Regulierung der internationalen Finanzinstitute und -märkte bzw. „ein robusteres Instrument zur Krisenbewältigung"[1273] ist nur durch eine vom gemeinsamen Willen und von Entschlossenheit getragene langfristige Strategie und deren konsequent aufeinander abgestimmte Anwendung durch alle Beteiligten in der EU erreichbar. Ob oder inwieweit dem Beihilferecht dabei eine erweiterte oder gar eine neue Rolle zukommt, ist zurzeit nicht zu beantworten. Für jetzt aber hat sich das Beihilferecht auch in der Krise bewährt, so dass es keiner grundsätzlichen Neuorientierung bedarf.

1271 Verlängerter Gemeinschaftsrahmen, ABl. 2011 Nr. C 6/05, Ziff. 5.

1272 Vgl. *Mussler*, Wie die Banken Neelie Kroes unterschätzen, Frankfurter Allgemeine Zeitung vom 30.10.2009, Nr. 252, S. 23; *Schwarze*, DVBl. 2009, 1401 f.; Verlängerungsmitteilung, ABl. 2010 Nr. C 329/07, Ziff. 17;

1273 *Schäuble*, Europa und die Weltwirtschaft, Frankfurter Allgemeine Zeitung vom 02.11.2010, Nr. 255, S. 8.

Literaturverzeichnis

Aldestam, Mona: Soft Law in the State Aid Policy Area, in: *Ulrika Mörth*, Soft Law in Governance and Regulation: An Interdisciplinary Analysis, 2004, S. 11–36. (zit.: *Aldestam*, in: Mörth).

Amend, Angelika: Das Finanzmarktstabilisierungsgesetz oder der Bedeutungsverlust des Insolvenzrechts, ZIP 2009, S. 589–599.

Arhold, Christoph: Globale Finanzkrise und europäisches Beihilfenrecht – Die (neuen) Spielregeln für Beihilfen an Finanzinstitute und ihre praktische Anwendung, EuZW 2008, S. 713–718.

Bär-Bouyssière, Bertold: Neuere Entwicklungen im Beihilferecht, in: *Schwarze, Jürgen*, Neuere Entwicklungen auf dem Gebiet des europäischen Wettbewerbsrechts, Baden-Baden 1999, S. 79–94 (zit.: *Bär-Bouyssière*, in: Schwarze, Neuere Entwicklungen).

Bartosch, Andreas: Die neuen Gruppenfreistellungsverordnungen im EG-Beihilfenrecht, NJW 2001, S. 921–927.

Bartosch, Andreas, EU-Beihilfenrecht Kommentar, 2009 (zit.: *Bartosch*, EU-Beihilfenrecht).

Bechthold, Rainer: EG-Gruppenfreistellungsverordnungen – Eine Zwischenbilanz, EWS 2001, S. 49–55.

Becker, Florian/ Mock, Sebastian, Finanzmarktstabilisierungsgesetz, Kommentar, 1. Auflage, 2009 (zit.: *Becker/Mock*, Finanzmarktstabilisierungsgesetz).

Berschens, Ruth/Metzger, Susanne/Terpitz, Katrin /Fockenbrock, Dieter/Maisch, Michael, EU will Marktmacht der Wirtschaftsprüfer zerschlagen, Handelsblatt Online v. 13.10.2012, abgerufen am 29.10.2012 unter: http://www.handelsblatt.com/unternehmen/handel-dienstleister/mehr-transparenz-eu-will-marktmacht-der-wirtschaftspruefer-zerschlagen/3561476.html.

Bieber, Roland/ Epiney, Astrid/ Haag, Marcel, Die Europäische Union, 8. Auflage, Baden-Baden 2009 (zit.: *Bieber/Epiney/Haag).*

Birnstiel, Alexander/ Heinrich, Helge/ Dierckens, Saar: Die flexibilisierte Anwendung des EU-Beihilferechts in der Finanz- und Wirtschaftskrise: Eine Zwischenbilanz, BRZ 2010, S. 67–75.

Birnstiel, Alexander/ Heinrich, Helge/ Keidel, Felix: Nach der Krise ist vor der Krise, BRZ 2012, S. 73–83.

Blumann, Claude, L'émergence de l'exemption catégorielle en matière d'aides d'État: le règlement n° 994/98 du 7 mai 1998, RMCUE 1999, S. 319–327 (zit.: *Blumann*, RMCUE 1999).

Böckenförde, Thomas: Die getarnte Enteignung, NJW 2009, S. 2484–2491.

Braunberger, Gerald, Weniger Unternehmenskredite im Euro-Raum, m.faz.net v. 27.07.2009, abgerufen am 29.10.2012 unter: http://m.faz.net/aktuell/wirtschaft/konjunktur/banken-weniger-unternehmenskredite-im-euro-raum-1827596.html.

Brothwood, M., The Commission Directive on Transparency of Financial Relations between Member States and Public Undertakings, CMLR 1981, S. 207–217 (zit.: *Brothwood*, 1981).

Brück, Michael/ Schalast, Christoph/ Schanz, Kay-Michael: Das Finanzmarktstabilisierungsgesetz: Hilfe für die Banken – Systemwechsel im Aktien- und Insolvenzrecht?, BB 2008, S. 2526–2534.

Bundesregierung, Für Vertrauen auf dem Finanzmarkt, Februar 2012, abgerufen am 28.10.2012 unter: http://www.bundesregierung.de/Content/DE/Artikel/2011/12/2011-12-14-finanzmarktstabilisierung.html;jsessionid=23CB59B4DE422679191B71F27EED35A4.s2t1.

Bundeswirtschaftsministerium für Wirtschaft und Technologie, Wirtschaftsfonds Deutschland, Das Kredit- und Bürgschaftsprogramm der Bundesregierung, Mai 2009 (zit.: *BmWi*, Wirtschaftsfonds Deutschland, Das Kredit- und Bürgschaftsprogramm der Bundesregierung, Mai 2009), abgerufen am 28.10.2012 unter: http://www.existenzgruender.de/imperia/md/content/pdf/podcastpdfs/podcast_wirtschfonds-deutschland.pdf.

Bundeswirtschaftsministerium für Wirtschaft und Technologie, Allgemeine Wirtschaftspolitik, Schlaglichter der Wirtschaftspolitik, Sonderheft Finanzkrise, November 2008 (zit.: *BmWi*, Schlaglichter der Wirtschaftspolitik, Sonderheft Finanzkrise, November 2008).

Bundeswirtschaftsministerium für Wirtschaft und Technologie, Allgemeine Wirtschaftspolitik, Schlaglichter der Wirtschaftspolitik, Monatsbericht Februar 2009 (zit.: *BmWi*, Schlaglichter der Wirtschaftspolitik, Februar 2009).

Bundeswirtschaftsministerium für Wirtschaft und Technologie, Allgemeine Wirtschaftspolitik, Schlaglichter der Wirtschaftspolitik, Monatsbericht März 2009 (zit.: *BmWi*, Schlaglichter der Wirtschaftspolitik, März 2009).

Bundeswirtschaftsministerium für Wirtschaft und Technologie, Allgemeine Wirtschaftspolitik, Schlaglichter der Wirtschaftspolitik, Monatsbericht April 2009 (zit.: *BmWi*, Schlaglichter der Wirtschaftspolitik, April 2009).

Bundeswirtschaftsministeriu für Wirtschaft und Technologie, Allgemeine Wirtschaftspolitik, Schlaglichter der Wirtschaftspolitik, Monatsbericht August 2009 (zit.: *BmWi*, Schlaglichter der Wirtschaftspolitik, August 2009)

Bundeswirtschaftsministerium für Wirtschaft und Technologie, Allgemeine Wirtschaftspolitik, Schlaglichter der Wirtschaftspolitik, Monatsbericht Februar 2011 (zit.: *BmWi*, Schlaglichter der Wirtschaftspolitik, Februar 2011).

Bundeswirtschaftsministerium für Wirtschaft und Technologie, Allgemeine Wirtschaftspolitik, Schlaglichter der Wirtschaftspolitik, Monatsbericht März 2011 (zit.: *BmWi*, Schlaglichter der Wirtschaftspolitik, März 2011).

Bundesministerium für Wirtschaft und Technologie, Praxisratgeber Konjunkturpakete, April 2009 (zit.: *BmWi*, Praxisratgeber Konjunkturpakete).

Bundeswirtschaftsministerium für Wirtschaft und Technologie, Allgemeine Wirtschaftspolitik, Das Kredit- und Bürgschaftsprogramm, Bundesregierung sichert Finanzierung der Unternehmen, März 2009 (zit.: *Bmwi*, Das Kredit- und Bürgschaftsprogramm).

Burghof, Hans-Peter: Füllhorn oder Pandorabüchse? Woher kommen die neuen Vorschläge zur Bankenaufsicht?, in: *Dullien, Sebastian/ Heise, Michael/ Schick, Gerhard/ Burghof, Hans-Peter*, Nach der Krise: Wirksame Regelungen auf dem Finanzmarkt?, Wirtschaftsdienst 2010, S. 88–91.

Calliess, Christian/ Ruffert, Matthias: EUV/ EGV, Das Verfassungsrecht der Europäischen Union mit Europäischer Grundrechtscharta, Kommentar, 4. Auflage, München 2011 (zit.: *Bearbeiter*, in: Calliess/Ruffert, EUV/ AEUV).

Caspari, Manfred, Die Beihilferegeln des EWG-Vertrags und ihre Anwendung, in: *Mestmäcker, Ernst-Joachim*, Eine Ordnungspolitik für Europa, Festschrift für Hans von der Groeben zu seinem 80. Geburtstag 1987, S. 69–91 (zit.: *Caspari*, Ordnungspolitik).

Cecchetti, Stephen G.: Crisis and Responses: the Federal Reserve and the Financial Crisis of 2007–2008, NBER Working Paper No 14134, June 2008, S. 1–23 (zit.: *Cecchetti*).

Chérot, Jean-Yves/ Derenne, Jacques/ Giolito, Christophe, Aides d'État Chroniques – Crise financière globale, Concurrences 4/2008, S. 104–125 (zit.: *Chérot/Derenne/Giolito*, Crise financière globale).

Cini, Michelle, The soft law approach: Commission rule-making in the EU's state aid regime, Journal of European Public Policy 8 (2), 2001, S. 192–207 (zit.: *Cini*, 2001).

Dentz, Markus, Trügerische Stütze, Finance Magazin, Juli/August 2009, S. 11.

Deselaers, Wolfgang/ Küpper, Lars: Umstrukturierungsbeihilfen für Banken in der Finanz-krise – neue Welt, alter Standard?, EWS 2009, S. 212–216.

Döhrn, Roland/ Kambeck, Rainer/ Schmidt, Christoph M.: Senkt die Einkommenssteuer jetzt, RWI: Positionen 2008, Nr. 28, abgerufen am 29.10.2012 unter: http://www.rwi-essen.de/media/content/pages/publikationen/rwi-positionen/Pos_028_Senkt-die-Einkommensteuer-jetzt.pdf.

Doleys, Thomas, Managing State Aid in Times of Crisis: The Role of the European Commission, June 2010, S. 1–32 (zit.: *Doleys*, Managing State Aid).

Drijber, Berend Jan/ Burmester, Lasse, Competition Law in a Crashed Economy: State aid to the Financial Sector. Ondernemingsrecht, 2009, Nr. 14, S. 577–583 (zit.: *Drijber/Burmester*, Competition law).

Drost, Frank M., Starke Nachfrage nach Bürgschaften, Handelsblatt Online v. 19.11.2009, abgerufen am 29.10.2012 unter: http://www.handelsblatt.com/unternehmen/mittelstand/buergschaftsbanken-starke-nachfrage-nach-buergschaften/3307332.html.

D'Sa, Rose, European Community Law on State aid, 1998 (zit.: *D'Sa*).

Ehricke, Ulrich: Die neuen Leitlinien der EG-Kommission über Sofort- und Umstruk-turierungsbeihilfen, EuZW 2005, S. 71–75.

Elsas, Ralf/ Mielert, Sabine: Unternehmenskrisen und der Wirtschaftsfond Deutschland, zfbf Sonderheft 61/2010, S. 18–37 (zit.: *Elsas/Mielert*, zfbf Sonderheft 61/210).

Ernst & Young, Tax Magazine 4/2009, S. 1–11.

Ewer, Wolfgang/ Behnsen, Alexander: Der Finanzmarktstabilisierungsfond – Herzschrittmacher bei drohendem Kollaps der Finanzmärkte, NJW 2008, S. 3457–3462.

Fehling, Michael: Das europäische Beihilfenrecht in der Wirtschaftskrise, EuR 2010, S. 598–617.

Finanzmarktstabilisierungsanstalt, „Wiedereröffnung“ des Finanzmarktstabilisierungsfonds (zit.: *FMSA*, „Wiedereröffnung“ des Finanzmarktstabilisierungsfonds), abgerufen am 28.10.2012 unter: http://www.fmsa.de/de/fmsa/soffin/.

Freshfields Bruckhaus Deringer LLP (Hrsg.): Der „öffentliche“ Weg aus der Finanzkrise, Umfassende Finanzierungshilfen für Unternehmen, Februar 2009, S. 1–5 (zit.: *Freshfields Bruckhaus DeringerLLP*, Der Weg aus der Finanzkrise), abgerufen am 28.10.2012 unter: http://www.freshfields.com/uploadedFiles/SiteWide/Knowledge/der%20o%CC%88ffentliche%20Weg%20aus%20der%20Finanzkrise-%20%20Umfassende%20Finanzierungshilfen%20fu%CC%88r%20Unternehmen.pdf.

Freshfields Bruckhaus Deringer LLP (Hrsg.): Die Mitteilung zu wertgeminderten Aktiva der Kommission vom 25. Februar 2009, März 2009; abgerufen am 28.09.2010 unter*:* http://www.freshfields.com/publications/pdfs/2009/mar09/25406.pdf.

Freshfields Bruckhaus Deringer LLP (Hrsg.): EU-Kommission genehmigt „Bundesrahmenregelung niedrigverzinslicher Darlehen", März 2009; abgerufen am 28.10.2012 unter: http://www.freshfields.com/uploadedFiles/SiteWide/Knowledge/EUKommission%20genehmigt%20%C2%BB Bundesrahmenregelung%20niedrigverzinsliche%20Darlehen%C2%AB.pdf.

Frühauf, Markus, Banken befürchten Regulierungschaos, Frankfurter Allgemeine Zeitung vom 11.10.2010, Nr. 236, S. 15.

Geiger, Rudolf: EUV/EGV, Vertrag über die Europäische Union und Vertrag zur Gründung der Europäischen Gemeinschaft, 4. Auflage, München 2004 (zit.: *Geiger*, EUV/ EGV).

Geiss, Marcus, Rechtsstaatliche Grundsätze im Beihilfenrecht der Europäischen Gemeinschaft, 1. Auflage, Baden-Baden 2001 (zit.: *Geiss*, Rechtsstaatliche Grundsätze).

Gibson-Bolton, Elaine/Reiss, Michael: Bank bailouts, state aid and the financial crisis, in: Corporate Rescue and Insolvency, August 2009 edition, S. 162–165.

Giesberts, Ludger/ Streit,Thilo: Anforderungen an den „Private Investor Test" im Beihilfen-recht, EuZW 2009, S. 484–488.

Gornig, Gilbert/ Trüe, Christiane: Die Rechtsprechung des EuGH und des EuG zum Europäischen Verwaltungsrecht – Teil 1, JZ 2000, S. 395–406.

Grabitz, Eberhard/ Hilf,Meinhard, Kommentar zur Europäischen Union: Vertrag über die Europäische Union, Vertrag zur Gründung der Europäischen Gemeinschaft, Stand 1995, München (zit.: *Bearbeiter*, in: *Grabitz/Hilf*, EU).

Grieser, Simon G./ Heemann, Manfred, Bankenaufsichtsrecht, Entwicklungen und Perspektiven, 1. Auflage, 2010 Frankfurt am Main (zit.: *Grieser/Heemann*, Bankenaufsichts-recht*)*.

Hancher, Leigh/ Ottervanger, Tom/ Slot, Piet Jan, EC State Aids, 1993 (zit.: *Hancher/ Ottervanger/Slot*).

Haverkamp, Kristina/ Schmidt, Martin: Reaktionen auf die Finanz- und Wirtschaftskrise im Beihilferecht – Deutschland und Europa, BRZ 2009, S. 71–81.

Heidenhain, Martin, Handbuch des Europäischen Beihilfenrechts, 1. Auflage, München 2003 (zit.: *Bearbeiter*, in: Heidenhain*)*.

Heise, Michael: Ein effektiver und globaler Regulierungsrahmen für ein stabileres Finanz-system, in: *Dullien, Sebastian/ Heise, Michael/ Schick, Gerhard/ Burghof, Hans-Peter*, Nach der Krise: Wirksame Regelungen auf dem Finanzmarkt?, Wirtschaftsdienst 2010, Heft 2, S. 79–83.

Hellingman, Kees: State participation as State aids under Article 92 of EEC Treaty: The Commission's Guidelines', CMLR 1986, S. 111–133 (zit.: *Hellingman*, CMLR 1986).

Herdegen, Matthias: Europarecht, 11. Auflage, München 2009.

Herrmann,Christoph: Beihilfenrecht als Schönwetterrecht? Die Beihilfenüberwachung in der Europäischen Union während der Finanz- und Wirtschaftskrise, WiVerw 2010, S. 36–46.

Herzog, Bodo: Die Soziale Marktwirtschaft als guter Ratgeber im Krisenmanagement der Bundesregierung, in: Analysen & Argumente 2008, Ausgabe 59: Die Soziale Marktwirtschaft als guter Ratgeber im Krisenmanagement der Bundesregierung, S. 3–4 (zit.: *Herzog*, in: Analysen & Argumente).

Hudig, Dirk: State aid to banks and the real economy, mlex Magazine, April-June 2011, S. 44–48 (zit.: *Hudig*, mlex Magazine 2011).

Jaeger, Thomas, How much flexibility do we need?, EStAL 1/2009, S. 3–5 (zit.: *Jaeger*, EStAL 1/2009).

Jaeger, Thomas: Vorwort und Kurzleitfaden, in: *Jaeger, Thomas*, Beihilferecht: Jahrbuch 2009, 1. Auflage, S. 3–14 (zit.: *Jaeger*, in: *Jaeger*).

Jaeger, Thomas: Systemfragen des More Economic Approach im Beihilfenrecht, WuW 2008, S. 1064–1077.

Jaeger, Thomas: Vier Jahre Beihilfereform – Eine Bilanz, EuZW 2010, S. 47–53.

Jahn, Joachim, Merkel warnt vor einer Kreditklemme, Frankfurter Allgemeine Zeitung vom 30.11.2009, Nr. 278, S. 11.

Jaletzke, Matthias/ Veranneman, Peter, Finanzmarktstabilisierungsgesetz, 1. Auflage, München 2009 (zit.: *Bearbeiter*, in: Jaletzke/Veranneman).

Jansen, Stephan, Redaktionsgespräch mit Stephan Jansen, Kreditwesen 2010, S. 902/12–905/15 (zit.: *Stephan Jansen*, Kreditwesen, 2010).

Jestaedt, Thomas/ Amory, Bernard: Beihilfen für Banken in der Finanzmarktkrise, 2009 (zit.: *Jestaedt/Amory*, Beihilfen für Banken in der Finanzmarktkrise), abgerufen am 28.10.2012 unter: http://www.jonesday.com/files/Publication/e514fe8719f94f028aaacadf362d2a07/Presentation/PublicationAttachment/df076878dc1a4e60aed9d9bd3796aca0/State%20Aid%20in%20Financial%20Markets.pdf.

Jestaedt, Thomas/ Häsemeyer, Ulricke: Die Bindungswirkung von Gemeinschaftsrahmen und Leitlinien im EG-Beihilferecht, EuZW 1995, S. 787–792.

Jestaedt, Thomas/ Wiemann, Joachim: Anwendung des EU-Beihilfenrechts in der Finanzmarktkrise – Wettbewerbspolitisches Regulativ, Hemmschuh oder Feigenblatt?, WuW 2009, S. 606–619.

Kaserer, Christoph/ Köndgen, Johannes/ Möllers, Christoph: Stellungnahmen zum Finanzmarktstabilisierungsgesetz, ZBB-Report 2009, S. 142–152.

Kaupa, Clemens: Huipfui: Widersprüchliche Beihilfenpolitik der Kommission in der Krise, Juridikum 2009, S. 108–109 (zit.: *Kaupa*, Juridikum 2009).

Kaupa, Clemens: Führt der „more economic approach" im Beihilferecht zu einer Reduktion öffentlicher Handlungsfähigkeit? in: Jaeger, Thomas, Beihilferecht: Jahrbuch 2009, 1. Auflage, S. 385–402 (zit.: *Kaupa*, in: Jaeger).

Keßler, Jürgen/ Dahlke, Ann: Die Auswirkungen der Finanzkrise auf das europäische Beihilfenrecht, EWS 2009, S. 79–81.

Keppenne, Jean-Paul, Guide des aides d'État en droit communautaire: Réglementation, jurisprudence et pratique de la Commission, Brüssel 1999 (zit.: *Keppenne*, Guide des aides).

Keppenne, Jean-Paul, (R)évolution dans le système communautaire de contrôle des aides d'État, RMUE 1998, S. 125–157 (zit.: *Keppenne*, RMUE 1998).

Klafki, Andreas: Der Vorübergehende Gemeinschaftsrahmen für staatliche Beihilfen der EU-Kommission in der Wirtschafts- und Finanzkrise, seine Umsetzung in den Mitgliedstaaten und Schlussfolgerungen aus seiner Anwendung, EWS 2011, S. 497–507.

Koenig, Christian: Weichenstellungen im EG-Beihilfentatbestand: „Market-Economy-Investor"-Test und Marktabgrenzung, in: Koenig, Christian/ Roth, Wulf-Henning/ Schön, Wolfgang, Aktuelle Fragen des EG-Beihilfenrechts, Heidelberg 2001 (zit.: *Koenig*, in: Koenig/Roth/Schön, Aktuelle Fragen).

Koenig, Christian/ Kühling, Jürgen/ Ritter, Nicolai, EG-Beihilfenrecht, 2. Auflage, Frankfurt am Main 2005.

Koenig, Christian/ Kühling, Jürgen: Grundfragen des EG-Beihilfenrechts, NJW 2000, S. 1065–1074.

Körnert, Jan/ Wagner, Kristin: Destabilisierung der Finanzmärkte durch das Finanzmarktstabilisierungsgesetz, ZBB-Report 2009, S. 320–325.

Konrad-Adenauer-Stiftung e.V.: Fragen und Antworten zur Finanz- und Wirtschaftskrise, 2. Auflage, 2009.

Konrad-Adenauer-Stiftung e.V., Bekommen die Unternehmen noch ausreichend Kredite oder leiden sie unter einer „Kreditklemme"? v. 11.01.2010, abgerufen am 29.10.2012 unter: http://www.kas.de/wf/de/71.7108.

Kruse, Eberhard: Das Merkmal der „Staatlichkeit“ der Beihilfe nach Art. 87 Abs. 1 EG, ZHR 2001, S. 576–592.

Langner, Benedikt: Die Europäische Beihilfenkontrolle auf dem Prüfstand, Studie, Centrum für Europäische Politik, August 2009, S. 1–27 (zit.: *Langner*, Die Beihilfenkontrolle auf dem Prüfstand).

Lavdas, Kostas A./ Mendrinou, Maria, Politics, Subsidies and Competition, The new Politics of State Intervention in the European Union, 1999 (zit.: *Lavdas/Mendrinou*).

Lenz, Carl-Otto/ Borchardt,Dieter, EU- und EG-Vertrag, 4. Auflage, Köln 2006 (zit.: *Be-arbeiter*, in: Lenz/Borchardt, EU- und EG-Vertrag).

Losch, Michael: Das EU-Beihilfenrecht im wirtschaftspolitischen Spannungsfeld, BRZ 2008, S. 4–8.

Lübbig, Thomas/ Martin-Ehlers, Andres: Beihilfenrecht der EU, Das Recht der Wettbewerbsaufsicht über staatliche Beihilfen in der Europäischen Union, München 2003 (zit.: *Lübbig/Martin-Ehlers)*

Luja, Raymond, State Aid and the Financial Crisis: Overview of the Crisis Framework, EStAL 2/2009, S. 145–160 (zit.: *Luja*, EStAL 2/2009).

Mederer, Wolfgang, The Future of State Aid Control, CPN 3/1996, S. 12–14 (zit.: *Mederer*, CPN 3/1996).

Meessen, Karl M.: Wettbewerb – richtig dosiert, WuW 2010, S. 6–16.

Michaelis, Oliver: Das EU-Beihilfenrecht, Hamburg 2011 (zit.: *Michaelis*, Beihilfenrecht).

Müller, Klaus-Peter: Lehren aus der Finanzmarktkrise: Hat sich die Soziale Marktwirtschaft überlebt?, in: Analysen & Argumente 2009, Ausgabe 63, S. 3–7 (zit.: *Müller*, in: Analysen & Argumente).

Mußler, Hanno, Preis für die Rettung, Frankfurter Allgemeine Zeitung vom 26.10.2010, Nr. 249, S. 16.

Mussler, Werner, Die Macht der Kommission Politische Beihilfenkontrolle, Frankfurter Allgemeine Zeitung vom 20.06.2009, Nr. 140, S. 9.

Mussler, Werner, Wie die Banken Neelie Kroes unterschätzen, Frankfurter Allgemeine Zeitung vom 30.10.2009, Nr. 252, S. 23.

Mussler, Werner, Die EU kennt heute auch gute Subventionen, Frankfurter Allgemeine Zeitung vom 16.09.2010, Nr.215, S. 12.

Mussler, Werner, Die Bilanzen der Banken sind immer schwerer vergleichbar, Frankfurter Allgemeine Zeitung Online, v. 22.10.2012 abgerufen am 28.4. unter: http://www.faz.net/aktuell/finanzen/aktien/im-gespraech-claus-peter-wagner-ernst-young-die-bilanzen-der-banken-sind-immer-schwerer-vergleichbar-11934539.html.

Nitsche, Rainer/ Milde, Christopher/ Soltész, Ulrich: Eigentümereffekt und versunkene Investitionen: Der Private Investor Test im Lichte früherer Kapitalzuführungen, EuZW 2012, S. 408–413.

Nolte, Martin, Staatliche Wirtschaftsförderung, Tagungsband zum neunten Schleswiger Forum, 1. Auflage, Kiel 2006 (zit.: *Bearbeiter*, in: Nolte, Staatliche Wirtschafts-förderung).

Nordberg, Christian: Aktuelle Entwicklungen zu staatlichen Beihilfen zur Überwindung der Finanzkrise, BRZ 2009, S. 10–12.

Oppermann, Thomas/ Classen, Claus Dieter/Nettesheim, Martin: Europarecht, 4. Auflage, München 2009 (zit.: *Oppermann/Classen/Nettesheim*, Europarecht).

Palandt, Kommentar zum Bürgerlichen Gesetzbuch, 71. Auflage, München 2012 (zit.: *Be-arbeiter*, in: Palandt).

Pampel, Gunnar: Europäisches Wettbewerbsrecht – Rechtsnatur und Rechtswirkungen von Mitteilungen der Kommission im europäischen Wettbewerbsrecht, EuZW 2005, S. 11–13.

Pannen, Klaus: Krise und Insolvenz bei Kreditinstituten, 3. Auflage, Köln 2010 (zit.: *Pannen*).

Panster, Christian/ Köhler, Peter, Banken-Stresstest deckt Schwächen auf, Handelsblatt v. 15.07.2011. abgerufen am 28.10.2012 unter: http://www.handelsblatt.com/unternehmen/banken/ergebnisse-vorgestellt-banken-stresstest-deckt-schwaechen-auf-seite-all/4399494-all.html.

Paul, Holger, Maschinenbauer ärgern sich über die Banken, Frankfurter Allgemeine Zeitung vom 30.11.2009, Nr. 278, S. 14.

Quardt, Gabriele/ Lipinsky, Julia: Beihilfenkontrolle in der Krise, BRZ 2009, S. 63–69.

Ramthun, Christian/ Fischer, Malte/Schnitzler, Lothar, Kreditklemme verschärft sich immer weiter, Wirtschaftswoche Online v. 06.07.2009, abgerufen am 29.10.2012 unter: http://www.wiwo.de/politik/deutschland/finanzkrise-kreditklemme-verschaerft-sich-immer-weiter/5142594.html.

Rawlinson, Francis (1993), The Commission's Policy Frameworks: The Role of the Policy Frameworks, Codes and Guidelines in the Control of the State Aid, in: *Ian Harden*, State Aid: Community Law and Policy, Bundesanzeiger, Köln, S. 52–60 (zit.: *Raw-linson*, in: Harden).

Reynolds, Michael/ Macrory, Sarah/ Chowdhury, Michelle: EU Competition Policy in the Financial Crisis: Extraordinary Measures, Fordham International Law Journal 2011, Volume 33, Issue 6 (zit.: *Reynolds/Macrory/ Chowdhury*, Fordham International Law Journal).

Rinze, Jens Peter/ Ohler, Christoph, Das Rettungsübernahmegesetz und Pfandrechte Dritter an den Enteignungsgegenständen, NJW 2009, S. 1847–1851

Schäuble, Wolfgang, Europa und die Weltwirtschaft, Frankfurter Allgemeine Zeitung vom 02.11.2010, Nr. 255, S. 8.

Schick, Gerhard: Finanzmarktregulierung zwischen Licht und Schatten, in: *Dullien, Sebastian/ Heise, Michael/ Schick, Gerhard/ Burghof, Hans-Peter*, Nach der Krise: Wirksame Regelungen auf dem Finanzmarkt?, Wirtschaftsdienst 2010, S. 84–87.

Schmidt, Karsten/ Uhlenbruck, Wilhelm: Die GmbH in Krise, Sanierung und Insolvenz, 4. Auflage, Köln 2009.

Schmidt, André, Die Wirtschafts- und Finanzkrise 2008/09 – die erste Bewährungsprobe für die Europäische Wirtschafts- und Währungsunion, Integration 2009, S. 388–397.

Schroth, Hans-Jürgen/ Koch, Christian, Subventionsbeschwerde, 1. Auflage, 2001

Schütte, Michael/ Kirchhoff, Wolfgang: Staatliche Bürgschaften und EG-Beihilferecht, EWS 1996, S. 189–192.

Schütterle, Peter: Die Beihilfenkontrollpraxis der Europäischen Kommission im Spannungsfeld zwischen Recht und Politik, EuZW 1995, S. 391–396 (zit.: *Schütterle*, Beihilfenkontrollpraxis).

Schwarze, Jürgen: EU-Kommentar, 2. Auflage, 2009 (zit.: *Bearbeiter*, in: *Schwarze*, EU-Kommentar).

Schwarze, Jürgen: Die europäische Beihilfenkontrolle (Art. 87 ff. EG) in Zeiten der Finanz- und Wirtschaftskrise, in: *Schwarze*, Rechtsschutz und Wettbewerb in der neueren europäischen Rechtsentwicklung, 1. Auflage, Baden-Baden 2010, S. 43–60 (zit.: *Schwarze*, in: Schwarze, Rechtsschutz und Wettbewerb).

Schwarze, Jürgen: Die europäische Beihilfenkontrolle (Art. 87 ff. EG) in Zeiten der Finanz- und Wirtschaftskrise, DVBl. 2009, S. 1401–1408.

Sinnaeve, Adinda: Die ersten Gruppenfreistellungen: Dezentralisierung der Beihilfenkontrolle?, EuZW 2001, S. 69–77.

Sinnaeve, Adinda: Die neue Verfahrensordnung in Beihilfesachen, EuZW 1999, S. 270–277.

Sinnaeve, Adinda, Block exemptions for state aid: More scope for state aid control by Member States and competitors, CMLR 2001, S. 1479–1501.

Sinnaeve, Adinda, Les premières exemptions par catégorie en matière d'aides d'Etat, CPN 1/2001, S. 22–26.

Slot, Piet Jan, Procedural aspects of State aids: the guardian of competition versus the subsidy villains?, CMLR 1990, S. 741–760.

Soltész, Ulrich: Hat sich das Europäische Beihilferecht in der Krise bewährt? in: *Schwarze, Jürgen*, Rechtsschutz und Wettbewerb in der neueren europäischen Rechtsentwicklung, 1. Auflage, Baden-Baden 2010, S. 61–77 (zit.: *Soltész*, in: Schwarze, Rechtsschutz und Wettbewerb).

Soltész, Ulrich: Wann ist eine Beihilfe „staatlich"? – Das Kriterium der „Zurechenbarkeit" nach Stardust, ZWeR 2010, S. 198–208.

Soltész, Ulrich: Von der Beihilfekontrolle zur Neugestaltung des Marktes – Schafft die Kommission eine „bessere Bankenwelt"?, WuW 2010, S. 743–752.

Soltész, Ulrich: Kein Freifahrschein für nationale Subventionspolitik – Die neuen Gruppenfreistellungsverordnungen im Europäischen Beihilferecht, ZIP 2001, S. 278–284.

Soltész, Ulrich/ von Köckritz, Christian: Der „vorübergehende Gemeinschaftsrahmen" für staatliche Beihilfen – die Antwort der Kommission auf die Krise in der Realwirtschaft, EuZW 2010, S. 167–170.

Soltész, Ulrich: Das Beihilferecht im Härtetest der Finanz- und Wirtschaftskrise, EuR 2011, S. 119–136.

Soltész, Ulrich/ von Köckritz, Christian: Three years after the financial meltdown: Quo vadis, state aid control?, mlex Magazine, April-June 2011, S. 39–43 (zit.: *Soltész / von Köckritz*, mlex Magazine 2011).

Soltész, Ulrich: „New economic approach" im Europäischen Beihilferecht – Mehr Fokus wäre besser!, EWS 2011, S. 1.

Soltész, Ulrich: Regulierung durch EU-Beihilfenrecht in der Finanz- und Staatsschuldenkrise, WM 2013, S. 145–148.

Sonder, Nicolas: Europäisches Beihilferecht und Bankenrestrukturierungen – Der Fall WestLB, EWS 2012, S. 170–176.

Stewing, Clemens: Enteignung und Systemrelevanz von Finanzunternehmen vor dem Hinter-grund des Europäischen Wettbewerbs, EWS 2009, S. 303–309.

Streinz, Rudolf: EUV/EGV, Vertrag über die Europäische Union und Vertrag zur Gründung der Europäischen Gemeinschaft, Band 57, München 2003 (zit. *Bearbeiter*, in: Streinz, EUV/EGV).

Thomas, Stefan: Die Bindungswirkung von Mitteilungen, Bekanntmachungen und Leitlinien der EG-Kommission, EuR 2009, S. 423–443.

Tollmann, Claus: Das Nichtigkeitsrisiko von Staatsbürgschaften vor dem Hintergrund des EG-Beihilfeverbots, WM 2000, S. 2030–2040.

Uerpmann, Robert: Kooperatives Verwaltungshandeln im Gemeinschaftsrecht: die Gemeinschaftsrahmen für staatliche Beihilfen, EuZW 1998, S. 331–335.

Uhlenbruck, Wilhelm: Das neue Insolvenzrecht als Herausforderung für die Beratungspraxis, BB 1998, S. 2009–2021.

Ungerer, Herbert: Staatliche Beihilfen in Zeiten der Krise – Die neuesten Entwicklungen in der EU-Beihilfenpolitik, BRZ 2009, S. 58–61.

Valle, Eva/ Van de Casteele, Koen, Revision of the State aid Rescue and Restruction Guidelines, CPN 3/2004, S. 58–62.

von Danwitz, Thomas: Grundfragen der europäischen Beihilfeaufsicht, in: *von Danwitz*, Rechtsfragen der europäischen Beihilfeaufsicht, Stuttgart (u. a.) 2000, S. 13–29 (*von Danwitz*, in: von Danwitz).

von Danwitz, Thomas: Grundfragen der europäischen Beihilfeaufsicht, JZ 2000, S. 429–435.

von Danwitz, Thomas, Verwaltungsrechtliches System und Europäische Integration, 1. Auflage, Tübingen 1996 (zit.: *von Danwitz*, Verwaltungsrechtliches System).

von der Groeben, Hans/ Thiesing, Jochen/ Ehlermann, Claus D., Kommentar zum EU-/EG-Vertrag, 5. Auflage, 1997 ff. (zit.: *Bearbeiter*, in: G/T/E, EU-/ EGV).

von der Groeben, Hans/ Schwarze, Jürgen, Kommentar zum Vertrag über die Europäische Union und zur Gründung der Europäischen Gemeinschaft, Band 2, 6. Auflage, 2003 (zit.: *Bearbeiter*, in: G/S, EUV/EGV).

von Usslar, Ludolf: Effizienz staatlicher Förder- und Stabilisierungsmaßnahmen in der Finanz- und Wirtschaftskrise, Wirtschaftsdienst 2010, S. 385–392.

Wackerbarth, Ulrich: Wo liegen die wahren Probleme der Corporate Governance in Deutschland?, EuZW 2010, S. 46.

Weber,Rolf/ Grünewald, Seraina: Finanzkrise und Wirtschaftspolitik: Herausforderungen für das Europäische Wettbewerbsrecht, EuZ 2009, S. 58–67.

Werner, Philipp/ Maier, Martina: Procedure in Crisis? Overview and Assessment of the Commission's State Aid Procedure during the Current Crisis, EStAL 2/2009, S. 177–186 (zit.: *Werner/ Maier*, EStAL 2/2009).

Wieberneit, Bernd, Europarechtlicher Ordnungsrahmen für Umweltsubventionen: Grund-lagen, Bestand und Perspektiven, Berlin 1997 (zit.: *Wieberneit*, Ordnungsrahmen).

Wieland, Joachim: Finanzkrise und Bundesstaat, ZG 2009, S. 140–150.

Wielpütz, Dinah: Wenn der Staat bürgt – Finanzmarktkrise und Europäisches Beihilfenrecht, EWS 2010, S. 14–19.

Wolfers, Benedikt/ Rau, Markus: Enteignung zur Stabilisierung des Finanzmarktes: Das Rettungsübernahmegesetz, NJW 2009, S. 1297–1302.

Zimmer, Daniel/ Blaschczok, Martin: Die Banken-Beihilfenkontrolle der Europäischen Kommission: Wettbewerbsschutz oder Marktdesign?, WuW 2010, S. 142–157.

Zimmer, Daniel/ Rengier, Lukas: Entflechtung, Fusionskontrolle oder Sonderregulierung für systemrelevante Banken? Ansätze zur Lösung des „Too-big-to-fail"-Problems, ZWeR 2010, S. 105–138.

Zimmer, Daniel: Banken-Beihilfen für wettbewerbliche Lösungen, Wirtschaftsdienst 2010, S. 140.

Zivier, Ezra Constantin: Grundzüge und aktuelle Probleme des EU-Beihilferechts unter Berücksichtigung der Bezüge zum deutschen Verwaltungsrecht, Jura 1997, S. 116–122.

Zuleger, Volker: Die neue Gruppenfreistellungsverordnung für Beschäftigungsbeihilfen, EuZW 2003, S. 270–274.